ELLIOTT WAVE PRINCIPLE
KEY TO MARKET BEHAVIOR

艾略特波浪理论
市场行为的关键

【原书第11版】

[美] 小罗伯特·R.普莱切特（Robert R.Prechter, Jr.）·著
阿尔弗雷德·J.弗罗斯特（Alfred J.Frost）

陈 鑫·译

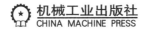

波浪理论是预测趋势的有效工具，其主要价值在于它为市场分析提供了一种前后关系。这种前后关系既为有条理的思考提供了基础，又为市场的总体目标位置及后市发展提供了正确判断。在很多时候，它识别和预测市场走向变化的准确性几乎让人难以置信。

Elliott Wave Principle:Key to Market Behavior by Robert Rougelot Prechter, Jr.and Alfred John Frost
Copyright © 1978-2017 by Robert Rougelot Prechter, Jr.
First Edition:November 1978.Eleventh Edition :2017.Second printing
All Rights Reserved. Authorized translation from the English language edition of the Work originally published by New Classics Library, a division of Elliott Wave International Inc., Gainesville, Georgia, U.S.A.
www.elliottwave.com
Copyright of the Translation in the name of Chen Xin
This title is published in China by China Machine Press with license from ELLIOTT WAVE INTERNATIONAL, INC.. This edition is authorized for sale in the Chinese mainland (excluding Hong Kong SAR, Macao SAR and Taiwan). Unauthorized export of this edition is a violation of the Copyright Act. Violation of this Law is subject to Civil and Criminal Penalties.

此版本由 ELLIOTT WAVE INTERNATIONAL,INC.授权机械工业出版社仅限在中国大陆地区（不包括香港、澳门特别行政区及台湾地区）销售。未经许可之出口，视为违反著作权法，将受法律之制裁。
版权所有，侵权必究。
北京市版权局著作权合同登记 图字：01-2016-0482 号。

图书在版编目（CIP）数据

艾略特波浪理论：市场行为的关键：原书第 11 版/（美）小罗伯特·R. 普莱切特，（美）阿尔弗雷德·J. 弗罗斯特著；陈鑫译. —北京：机械工业出版社，2021.8（2025.5 重印）
书名原文：The Elliott Wave Principle
ISBN 978-7-111-68572-2

Ⅰ. ①艾⋯ Ⅱ. ①小⋯ ②阿⋯ ③陈⋯ Ⅲ. ①股票市场—市场分析 Ⅳ. ①F830.91

中国版本图书馆 CIP 数据核字（2021）第 140362 号

机械工业出版社（北京市百万庄大街 22 号　邮政编码 100037）
策划编辑：李　浩　　　责任编辑：李　浩
责任校对：李　伟　　　责任印制：李　昂
北京联兴盛业印刷股份有限公司印刷
2025 年 5 月第 1 版第 15 次印刷
145mm×210mm・10 印张・3 插页・221 千字
标准书号：ISBN 978-7-111-68572-2
定价：88.00 元

电话服务　　　　　　　　　网络服务
客服电话：010-88361066　　机　工　官　网：www.cmpbook.com
　　　　　010-88379833　　机　工　官　博：weibo.com/cmp1952
　　　　　010-68326294　　金　书　网：www.golden-book.com
封底无防伪标均为盗版　　　机工教育服务网：www.cmpedu.com

中文版推荐序

再次经历一轮牛熊的中国股市让股民们学到了许多，也感触了许多。多数人都希望自己成为买在"钻石底"，卖到"地球顶"的股市高手，而能做到的就只有少数精英。现在市面上充斥着形形色色的技术分析、实战技法，在一定程度上它们有可用之处，但万变不离其宗——顺势而为。我曾经也提到过，选股就如同选伴侣，眼光要放长远。正确判断出趋势，才能在大概率事件上做出正确的选择，才能获得机会，并把握住机会。

波浪理论正是一套判断大趋势的经典理论，被无数人研究和推崇。

《艾略特波浪理论》堪称股票技术分析的经典著作之一，是研究波浪理论的权威之作，它也是国内股票投资领域的畅销书。作为一代经典，艾略特波浪理论给很多股民带来了不菲的收益，帮他们从波浪理论的分析中，寻找趋势的拐点，做到顺势而为；同样作为一代经典，艾略特波浪理论也受到一些非议，甚至产生了对其有效性的一些争论。在我看来这都是正常业务范围内的讨论，也说明《艾略特波浪理论》这本书在投资者中的影响力和受关注程度。

作为一个在股市中闯荡 20 多年的老兵，经常关注我的人都知道，我会经常在不同媒体或场合表达我对当前市场的看法。我认为，越是在行情选择方向的时候，越是在飘忽不定的关口，越是需要分析员分析方向的时候,一个鲜明的观点与判断才是真正有价值的,任何模棱两可的判断、任何捣糨糊的观点对听众并没有任何帮助,仅仅是浪费了听众的时间,辜负了粉丝的信任。我坚定地认为,生命是异常宝贵的,我不愿意在模糊中浪费时间和生命。

所以,我向大家推荐这本由小罗伯特·R. 普莱切特和阿尔弗雷德·J. 弗罗斯特所著的全新版《艾略特波浪理论》,它会为你对行情的判断提供帮助。

这部新作与老版本相比,新增了驱动浪和调整浪的应用方法,并更正了老版本中的一些错误和语句,让股民朋友更好地理解和应用波浪理论,使其不仅仅是技术分析理论,更是一种对趋势判断的方法论。相信股民朋友会在最新版的《艾略特波浪理论》中有所收获。

英大证券研究所所长　李大霄

原书第 11 版译者序

自《艾略特波浪理论》英文版首版问世以来，已经过去 40 多年。读者现在看到的这本书是原著第 11 版的第 2 次印刷版。在这本书中，作者普莱切特对波浪理论进行了更加细致的阐述。

《艾略特波浪理论》20 周年纪念版的中文版诞生于 1998 年。时隔 23 年之后，出版《艾略特波浪理论》（原书第 11 版）的目的，一是为了向读者奉献更全面的波浪理论；二是为了纠正以往版本中出现的翻译错误。

最后，祝你在投资中取得成功，那将是物质与精神的双重收获。

陈 鑫

》》 20周年纪念版译者序

自《艾略特波浪理论》英文版首版问世以来，已过了24年，读者现在看到的这本20周年纪念版是英文版第9版的第2次印刷版。在这本《艾略特波浪理论》中，普莱切特将过去几年里波浪理论的最新进展做了全面的总结，并将其贯穿在各个章节中。

艾略特波浪理论中三段式的波浪前进，符合事物发生、发展和消亡的三个基本过程。在学习波浪理论之前，我认为应当首先明确股票市场的运动是有规律的，而这种客观规律是可以被我们通过某种手段认识的。

我第一次接触到波浪理论是在大学四年级。当时，我参加了张东平先生在沪北万国（今申银万国）举办的股票投资分析讲习班，比较系统地学习了波浪理论的基本常识。我清楚地记得，在第一堂课上张先生就说过，"股票投资分析是十年磨一剑"。我想这也是对所有学习艾略特波浪理论，并希望从中受益的投资者的忠告。没有哪个人可以独自成功。可以说，如果没有张东平先生将我引入股票投资分析领域，那么《艾略特波浪理论》的简体中文版绝不可能这么早与读者见面。

在本书的翻译过程中，挚友吴鸣申为我提供了必要的信息技术支持，极大提高了我的工作效率。我大学时的同学周怡皎花了许多时间，为我在美国印第安纳大学的图书馆里查找翻译本书所必需的背景资料。

我还要感谢美国道琼斯公司的 Richard A. Ciuba，他热情地为我寄来了道琼斯指数 100 多年来的行情数据，并介绍了有关道琼斯指数的知识；还有 Charlotte Mathews，她不厌其烦地为我解答了有关黄金交易方面的问题；还有 Gary Feuerstein、英国牛津大学 Bodleian 图书馆的 Nick Millea、美国弗吉尼亚大学科学与工程图书馆的 Fred O'Bryant 和《斐波那契传》的作者 Karen Parshall，同我详细探讨了有关欧洲中世纪史及斐波那契生平的方方面面；还有美国 Tufts 大学 Perseus 工程（旨在发掘、整理和保护古希腊文化）的计算机程序员 David Smith，没有他以及 Perseus 工程，我绝不可能对古希腊的历史有深入的了解；还有《史密森人》杂志社读者服务部的 Karla A. Henry、《大英百科全书》编辑部的 Helen L. Carlock、美国 Haverford 学院图书馆的 Diana Franzusoff Peterson、英国 Exeter 大学图书馆的 Roy Davies、我的大学同学陈佳蕾和时炜程，以及我的同事张军都曾为本书的翻译提出过建议。另外，我需要特别感谢我的挚友王云海，他为本书的问世提供了财务与精神上的支持。

机械工业出版社的编辑以及艾略特波浪国际公司的 Nancy Admas、Jane Estes、David Moore、Sally Webb、Holly Rosche、Pam Kimmons 和 Paula Roberson 为本书的出版付出了劳动。

《艾略特波浪理论》20 周年纪念版的中文版诞生于 1998 年（我翻译的第一本书）。我推出这本中文修订版的目的，一是为了纠正以往版本中出现的翻译错误和印刷错误；二是为了向读者奉献一本制作更加精美的中文版。我尽可能地考察在原作中出现的所有专有名词和历史事件，并做出注释。

你或许已经注意到，由我翻译的《艾略特名著集》也已经面市。如果你想了解艾略特的生平、波浪理论的由来以及艾略特的原始著作，不妨一读。这两部姊妹篇是目前国内关于波浪理论的权威译著。

我本人应当为翻译上的错误负责，如果你在阅读过程中发现了什么错误，请通过 xinchenc@online.sh.cn 这个地址与我取得联系。事实上，已有数位热心的读者通过电子邮件向我指出了上一个版本中的各种错误。在此，我要对他们表示感谢。我期待着你的评论。

最后，祝你在投资中取得成功，那将是物质和精神的双重收获。

陈 鑫

≫ 20周年纪念版原出版者按

《艾略特波浪理论》诞生于1978年11月,那时道指还在790点。尽管评论家们立刻认定这是一本关于波浪理论的权威教科书,但它还是因几千本的差距与畅销书排行榜失之交臂。然而,由于对本书内容感兴趣的读者不断增加,加之其成功的长期预测,因此,该书的销量逐年递增,获得了华尔街经典著作的地位。就像波浪理论本身,本书经受住了时间的考验。

不仅如此,《艾略特波浪理论》这本书在修订过程中日臻完善。在每一个新版本里,这本书都更圆满地实现了作为一本综合性教科书的目的,而这要归功于小罗伯特·R.普莱切特多年来精益求精地提炼、提升和扩充这本书。这种努力现已结出了硕果。在20世纪70年代,阿尔弗雷德·J.弗罗斯特还经常遇到汉密尔顿·博尔顿(Hamilton Bolton)在60年代观察到的现象,即"在100个知道道氏理论(Dow Theory)的人中,只有一个**听说过**艾略特"。到了1986年夏,弗罗斯特致电普莱切特说:"这种状况终于变了。"

仅在几年前,市场运动呈现自相似(Self-similar)模式的观点还受到极大的争议,但最近的科学发现已经证实,自相似模式构造是包括金融市场在内的复杂系统的基本特性。某些此类系统经历着"间断式成长",即成长期与非成长期或称下降期交替出现,形成了不断增大的相似模式。这种"分形"(Fractal)⊖遍布自然界，而且正如 20 年前我们在本书中证明的那样，也正如大约 60 年前拉尔夫·尼尔森·艾略特（Ralph Nelson Elliott）揭示的那样，股票市场也不例外。

很难相信，在我们向世界介绍了普莱切特和弗罗斯特的股票超级牛市预言之后，已经过了 20 年。这场牛市比原先预计的延长了许多，但本书的作者仍然将这轮上涨标记成循环浪 V。今天的市场特征与普莱切特在 15 年前预测的完全一致："在浪 V 的终点，投资者的群体心理应该会达到疯狂的程度，加上 1929 年、1968 年和 1973 年的因素共同作用，最终变得更加极端。"在 1998 年，每一种市场统计和每一个投资者的狂热，恰好反映了这种状况。

对于预测未来的每一个词，本版本都保持其本来的面貌，让新读者得以研究普莱切特和弗罗斯特多年前的预测成败。关于这种预测，投资分析师詹姆斯·W. 科万（James W. Cowan）认为："即使存在微小的失误，但 1978 年的股票市场预测必定会成为有史以来最出色的。"

这场超级牛市之后是否会出现美国历史上最大的熊市，并因此印证本书后半部分的预测，尚有待观察。但是，本书作者坚信自己的预测。

新经典文库，出版者

⊖ 分形指的是数学上的一类几何形体，在任意尺度上都具有复杂并且精细的结构。一般来说分形几何体都是自相似的，即图形的每一个局部都可以被看作是整体图形的一个缩小复本。美国数学家彼诺伊特·曼德勃洛特（Benoit Mandelbrot，1924—2010 年）最早对分形进行系统研究，并在 1975 年创立了分形几何学这一新的数学分支。——译者注

致　　谢

本书作者已经尽力阐明了艾略特波浪理论最值得探讨的各个方面。然而，若是没有一些人的帮助，本书就不会呈现在这里，我们会以感激之情铭记他们。大名鼎鼎的《银行信用分析家》(*Bank Credit Analyst*)杂志的安东尼·博伊克（Anthony Boeckh）分享了他的所有资料。乔安妮·德鲁（Jo-Anne Drew）在第一稿上倾注了许多精力，为本书奉献出她的艺术才能。小罗伯特·R.普莱切特先生和夫人仔细地编辑了最后的手稿。美林分析公司的阿瑟·美林（Arthur Merrill）在摄影和制作上给予了我们宝贵的建议和协助。还有数不胜数的人以建议和鼓励支持着我们。请所有这些人接受我们的谢意。

承蒙以下机构和个人提供了本书部分插图的背景资料：加拿大蒙特利尔市的《银行信用分析家》（图2-11、图5-5、图8-3）；新泽西州泽西市的R.W.曼斯菲尔德（R. W. Mansfiled）（图1-18）；美林证券（图3-12、图6-8、图6-9、图6-10、图6-12、图7-5）；马萨诸塞州波士顿市的证券研究公司（Securities Research Inc.）（图1-13、图6-1至图6-7）；纽约州标准普尔公司的分部《趋势线》(*Trendline*)杂志（图1-14、图1-17、图1-27、图1-37、图4-14）。图3-9包括注释受惠于特鲁迪·H. 嘉兰德（Trudi H. Garland）所著的《奇妙的斐波那契数字》(*Fascinating Fibonaccis*)（图画），大卫·伯加米尼（David Bergamini）和《生活》(*Life*)杂志的编辑所著的《数学》(*Mathematics*)(螺旋形的花朵和帕特农神庙)，1988年3月号的《万能》(*Omni*)杂志（飓风、漩涡和贝壳），1969年3月号的《科学美国人》(*Scientific American*)杂志（向日葵），1986年5月号的《科学86》(*Science 86*)（松果），1987年6月号的《大脑/意识简报》(*Brain/Mind Bulletin*)（DNA），1979年12月号的《斐波那契季刊》(*Fibo-nacci Quarterly*)（人体），科学新星探索公司（Nova-Adventures in Science）（原子的粒子），以色列海法市的以色列理工学院（Technion）的丹尼尔·施特曼（Daniel Schechtman）（准晶体），加利福尼亚州帕萨迪纳市的黑尔天文台（Hale Observatories）（星系）。附录中的某些走势图由佛罗里达州诺克米斯市的内德·戴维斯研究公司（Ned Davis Research）、宾夕法尼亚州温尼市的循环研究基金会（Foundation for the Study of Cycles）和弗吉尼亚州里士满市的《大众金融周刊》(*The Media General Financial Weekly*)提供。

所有未提到的注释均由普莱切特（正文）和 Dave Allan（附录）制作。Robin Machcinski 极有耐心地完成了艰难的排字和制版工作。本书的封套由作者构想并由路易斯安那州新奥尔良市的艺术家 Irene Goldberg 绘制。后续版本的制作由 Jane Estes、Susan Willoughby、Paula Roberson、Karen Latvala、Debbie Iseler、Pete Kendall、Stephanie White、Leigh Tipton、Angie Barringer、Sally Webb 和 Pam Greenwood 进行。

本书作者尽力对本书所用的全部资料来源致谢。任何遗漏均属意外，并将在未来重印时更正。

前　言

大约 2000 年前，有个人说过一些话[一]，其真理响彻了几个世纪：

> 一代过去，一代又来。地却永远长存。日头出来，日头落下，急归所出之地。风往南刮，又向北转，不住地旋转，而且返回转行原道。江河都往海里流，海却不满。江河从何处流，仍归还何处……已有的事，后必再有。已行的事，后必再行。日光之下并无新事。

对这种深邃见解的一个推论是，人性不变，人性的模式也不变。在我们这代人里，有四位人物凭借这个事实在经济领域中树立了名望：阿瑟·庇古（Arthur Pigou）[二]、查尔斯·H. 道（Charles H. Dow）[三]、伯纳德·巴鲁克（Bernard Baruch）[四]和拉尔夫·尼尔森·艾略特。

对于经济的盛衰，也就是所谓的经济周期：由政令、消费者态度、资本支出，甚至太阳黑子和行星并列导致的货币供应变动、存货的多寡，以及世界贸易变化，人们已经提出了成百上千种理

[一] 取自《旧约全书》的《传道书》（*Ecclesiastes*）的第一节。——译者注
[二] 1877—1959 年。英国经济学家。创立了"福利经济学"（Welfare Economics），并于 1920 年出版了同名著作。——译者注
[三] 1851—1902 年。美国经济学家兼出版家。与爱德华·D. 琼斯（Edward D. Jones, 1856—1920 年）创立了出版金融信息的道琼斯公司（Dow Jones）。——译者注
[四] 1870—1965 年。美国经济学家，曾任美国总统罗斯福和杜鲁门的经济顾问。——译者注

论。英国经济学家庇古将其简化为人类的平衡。庇古认为，经济的上下波动是由人类的过度乐观以及随后的过度悲观导致的。经济朝一头波动太远会有过剩，而朝另一头波动太远会有短缺。一个方向上的过度导致了另一个方向上的过度，如此往复，舒张和收缩永不停息。

查尔斯·H.道是美国对股市运动造诣最深的学者之一，他注意到了市场持续波动中的某种重复现象。从貌似的混乱中，道发现市场不像风中的气球般飘忽不定，而是有序地运行。道曾明确阐述过两个理论，它们都经受住了时间的考验。他的第一个理论是，市场在其主要上升趋势中有三次向上波动的特征。他将第一次波动归结为从前一轮向下波动的价格过度悲观开始的反弹；第二次向上波动与经济和公司盈利的改善联动；第三次且最后一次波动是价格与价值的背离。道的第二个理论是，在每次市场波动——无论向上还是向下——中的某一时刻，会有一轮将此次波动抵消 3/8 或更多的反向运动。道或许并未有意将这些规律同人类因素的影响联系起来，但市场是由人建立的，道曾经观察出的市场连续性和重复现象必源于此。

通过股票市场操作成为百万富翁，当过几位美国总统顾问的巴鲁克一语道破天机。"但是，实际在股票市场振荡中记录下来的"，他说，"不是各种事件本身，而是人类对这些事件的反应。简而言之，数百万男男女女如何感受这些事件，会影响事件的未来。"巴鲁克补充道："换言之，股票市场首先是人。正是人在试图预言未来。而且正是这种强烈的人性使股票市场成了一个极富戏剧性的舞台，在这里，男男女女与他们相互冲突的判断，他们的希望和恐惧、坚强和软弱以及贪婪和幻想搏斗。"

现在我们来说说拉尔夫·尼尔森·艾略特,他在逐渐形成自己理论的时候,很可能从未听说过庞古。艾略特原来一直在墨西哥工作,但由于疾病——我认为他说的是贫血症——他回到了加利福尼亚州自家前门廊的摇椅上。有了足够的时间,为了想方设法摆脱拮据的生活,艾略特开始研究各种道琼斯平均指数的历史运动所展现出的股票市场。从长期的研究中,艾略特发现相同的现象一再重演,正如本文开头引用的《传道书》中的传道士说的那样。艾略特在通过观察、研究和思考发展其理论的过程中,融会了道的发现,但在综合性与精确性上远超道氏理论。这两个人都已经感觉到了支配市场运动的人为因素,只不过道用了写意,而艾略特用了工笔,广度更大。

我通过书信往来结识了艾略特。我那时正在出版一份全国性的股票市场简报,而艾略特希望加入他的研究成果。此后我们又通了许多书信,但事情的转折出现在 1935 年首季。当时,股票市场从 1933 年的最高点跌至 1934 年的最低点之后再次上升,但到了 1935 年首季,道氏铁路股平均指数(Dow Railroad Average)跌破了它在 1934 年的最低点。投资者、经济学家和股票市场分析师们都还没有从 1929 年至 1932 年的恐慌中恢复过来,因此 1935 年初的这次向下突破让人心慌。美国遇上了更大的麻烦吗?

在铁路股下跌的最后一天,艾略特给我发来电报,他非常肯定下跌行情已经结束,而且这只是一轮还有很长路要走的大牛市的第一次回调。后来的几个月证明艾略特非常正确,于是我邀请他来我在密歇根州的家中度周末。艾略特接受了邀请,并向我详细阐述了他的理论。然而,我仍然不能让他加入我的组织,因为他坚持所有的市场判断必须基于他的理论。我确实曾帮他在华尔街立足，而且为了感谢他对我公开其研究成果，我以他的名义将其理论编入了一本名为《波浪理论》(The Wave Principle)的小册子中。

随后，我将艾略特引见给了我一直为之撰稿的《金融世界》(Financial World)杂志，在那本杂志中，他通过一系列文章论述了其理论的基本知识。后来，艾略特将波浪理论编入一本名为《自然法则》(Nature's Law)的更全面的著作中。在那本书里，艾略特介绍了神奇的斐波那契数，以及某些常人难以理解的见解，他相信这些证实了自己的观点。

本书的作者阿尔弗雷德·J. 弗罗斯特和小罗伯特·R. 普莱切特是热衷于艾略特理论的研究者，而那些希望运用艾略特的发现及其在成功投资中的应用来获利的人，将会发现他们的著作很值得一读。

查尔斯·J. 柯林斯

1978年于密歇根州格罗斯波因特市

谨以本书纪念已故的汉密尔顿·博尔顿，感谢他的天赋、不屈不挠的职业精神，以及对艾略特波浪理论的巨大推动。

艾略特致柯林斯的信

R. N. ELLIOTT
833-Beacon Avenue
Los Angeles, California
FEderal 2667

Nov. 28, 1934

Mr. C. J. Collins,
Investment Counsel,
Detroit, Mich.

PERSONAL
and
CONFIDENTIAL

Dear Mr. Collins:-,

    For some time I have been trying to formulate this letter, but unable to find expressions that would convey the desired impression and still doubt that I can do so. I am a stranger to you, but feel that I know you through the service letters which I admire very much. On my recommendation some friends have subscribed thereto. I was one of the first subscribers to Mr. Rhea's book and service.

    About six months ago I discovered 3 features in market action, and insofar as I know they are novel. I do not believe that it is egotistical to allege that they are a much needed complement to the Dow theory.

    Naturally I wish to benefit from these discoveries. You have a very extensive following and it has occurred to me that we might reach an arrangement mutually satisfactory. In your letters I have occasionally seen reference to "other sources of information" which prompted me to hope that you might become interested. Moreover from your service letters I judge that you are not familiar with my discoveries.

    Their adoption would in no wise necessitate any reference thereto in service letters. For example when the Dow-Jones Industrials made a top of 107 last April I could have forecasted the 85 bottom and the approximate date it would be reached but your letters could have used the Dow theory as a reason for abandoning long positions. I do not claim that this can always be done. Needless to say the prestige of your service would have materially benefited thereby. <u>Incidently permit me to forecast that the present major bull swing will be followed by a major bear collapse.</u> This is not an opinion but simply the application of a rule.

    These discoveries are much less mechanical than the Dow theory but add great forecasting value which it lacks. One gives reversal signals almost invariably at minor, intermediate and major terminals. Another classifies waves of all movements of which I find six. The other covers the time element which has been 83% correct since the 1932 bottom. When divergence occurs the time element slips out of gear temporarily.

    Unless you contemplate an early visit to the Coast, would you be willing to pay the expense of a trip to Detroit and back? I know your agent here, Mr. Osbourn, and believe he would give me a "good character", but please note that neither he nor any one else knows anything about my discoveries.

Yours very truly,

R. N. Elliott

原作者按

在共同撰写本书时,我们一直记着一位小姑娘,她在读完了一本关于企鹅的书后说:"这本书讲的企鹅的故事比我想要知道的多"。⊖我们尽力用简明的语言阐释波浪理论,并在大多数情况下避免在技术要点上过于繁复、死抠细节。

如果呈现得简洁明了,波浪理论的基本概念是很容易学习与应用的。遗憾的是,波浪理论的早期著作现已停印,而且从那以后文章的零散性带来了问题,因为没有权威性的参考文献可供研究。在本书中,我们尽力全面地阐释波浪理论,希望把艾略特理论的精彩既介绍给经验丰富的分析师,又介绍给对此感兴趣的门外汉。

我们相信,坚持绘制道琼斯指数60分钟走势图来进行研究,会让读者们更有信心,直到他们可以兴奋地说:"我看出来了!"一旦你领悟了波浪理论,你将掌握一种崭新且神奇的市场分析方法,甚至是一种可以应用到其他生活空间的数理哲学。本书不会是解答你所有问题的灵丹妙药,但它给你提供了一种视角,同时使你认识到人类行为的,尤其是市场行为的奇妙心理。艾略特的

⊖ 1944年,一家美国儿童读书俱乐部把一本关于企鹅的书寄给一位10岁的小姑娘,并附上了一张征求她评价的卡片。小姑娘写道:"这本书讲的企鹅的故事比我想要知道的多。"美国外交家休·吉布森(Hugh Gibson)评价说,这是他读过的最佳文学评论。
——译者注

各种观点表达出了一种理论,你能很容易地亲自加以验证,并从此以一种崭新的眼光看待股票市场。

——阿尔弗雷德·J. 弗罗斯特
——小罗伯特·R. 普莱切特
于 1978 年

目录

中文版推荐序

原书第 11 版译者序

20 周年纪念版译者序

20 周年纪念版原出版者按

致谢

前言

艾略特致柯林斯的信

原作者按

第一部分　艾略特理论

第一章　总体概念 ··· 3
　一、基本原则 ··· 6
　二、详细分析 ·· 17
　三、其他命名法（选读） ···························· 46
　四、错误的概念与形态 ······························ 48

第二章　波浪构造准则 ································· 53
　一、交替 ·· 54

XXI

二、调整浪的深度 58
　　三、第五浪延长后的市场行为 60
　　四、波浪等同 61
　　五、绘制波浪 62
　　六、通道 64
　　七、翻越 66
　　八、刻度 67
　　九、成交量 70
　　十、恰当的外观 71
　　十一、波浪个性 72
　　十二、波浪的各种规则与准则总结 82
　　十三、学习基本原理 90
　　十四、实际应用 94

第三章　波浪理论的历史背景与数学背景 99
　　一、来自比萨的列奥纳多·斐波那契 100
　　二、斐波那契数列 105
　　三、黄金比率 107
　　四、黄金分割 114
　　五、黄金矩形 115
　　六、黄金螺线 118
　　七、Phi 的含义 126
　　八、螺线形演化的股市中的斐波那契数学 129

九、波浪理论结构中的斐波那契数学 …………………… 133
十、*Phi* 与加法生长 …………………………………………… 136

第二部分　应用艾略特波浪理论

第四章　比率分析与斐波那契时间数列 …………………… 141
一、比率分析 …………………………………………………… 142
二、应用比率分析 ……………………………………………… 149
三、多重波浪关系 ……………………………………………… 156
四、斐波那契时间数列 ………………………………………… 158
五、贝纳理论 …………………………………………………… 162

第五章　长期浪及最新的合成走势图 ……………………… 169
一、从黑暗时代开始的千年浪 ………………………………… 173
二、1789 年至今的甚超级循环浪 ……………………………… 177
三、从 1932 年开始的超级循环浪 ……………………………… 180

第六章　股票与商品 …………………………………………… 185
一、个股 ………………………………………………………… 186
二、商品 ………………………………………………………… 192
三、黄金 ………………………………………………………… 198

第七章　股市的其他分析手段及其与波浪理论的关系 ……… 205
一、道氏理论 …………………………………………………… 206

二、"经济周期"的康德拉蒂耶夫波 ………………… 208
三、周期 …………………………………………… 211
四、十周年模式 …………………………………… 213
五、随机游走理论 ………………………………… 217
六、技术分析 ……………………………………… 218
七、"经济分析"手段 ……………………………… 221
八、外生的力量 …………………………………… 223

第八章 艾略特演说 ……………………………… 225
一、下一个十年 …………………………………… 226
二、自然法则 ……………………………………… 235

附 录

长期预测更新，1982年至1983年 ……………………… 242
下列所有文字引用自所示日期的小罗伯特·R.普莱切特撰写的
《艾略特波浪理论家》 ……………………………… 243
1982年1月　80年代的蓝图 ……………………… 243
1982年9月13日　长期波浪模式——接近结论 ……… 246
　双重三浪调整仍在演化中 ………………………… 247
　演化中的一系列1和2 …………………………… 247
　在1982年8月结束的双重三浪 ………………… 249
1982年11月29日　一图值千言 …………………… 256

1983年4月6日	一轮上升浪潮：道琼斯工业股
	平均指数中的浪V ································ 257
1983年8月18日	80年代的超级牛市：
	最后的狂欢真的开始了吗？ ············· 272

  波浪理论 ·· 273
  动量 ··· 274
  情绪 ··· 275
  社会场景 ·· 276
  开始明朗 ·· 276
  视角 ··· 279
词汇表 ··· 282
原出版者后记 ·· 287

第一部分
艾略特理论

第一章

总体概念

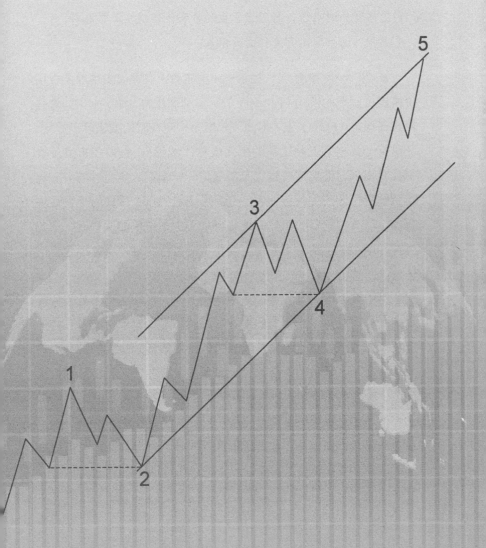

在《艾略特波浪理论：一份审慎的评价》(*The Elliott Wave Principle-A Critical Appraisal*)这篇专论里，汉密尔顿·博尔顿做了以下开场白：

  我们已经渡过了某些想象中最难预料的经济形势，包括大萧条、第二次世界大战，以及战后的重建与繁荣，因此我注意到艾略特的波浪理论与已经发生的各种生活现实非常相符，于是更相信这个理论有着稳固的根基。

  在20世纪30年代，拉尔夫·尼尔森·艾略特发现股票市场价格以可识别的模式（Pattern）趋势运动和反转。他辨别出的这些模式在**形态**（Form）上不断重复，但不一定在时间或幅度上重复。艾略特分离出了五种这样的模式或称"波浪"，它们在市场价格中反复出现。他给这些模式及其变体一一命名、定义并图解。他随后解释了它们如何连接在一起，形成它们自身模式的更大规模版本，以及它们是如何转而连接形成更大一级的相同模式，依此类推，这产生了结构化的价格演化。艾略特将这种现象称为波浪理论。

  尽管波浪理论是现存最好的预测工具，但它**主要**不是一种预测工具，它是对市场行为的细致刻画。不过，对于市场在行为连续统一体中所处位置，及其随后可能出现的运动轨迹，这种刻画的确传授了大量知识。波浪理论的主要价值在于它为市场分析提供了一种**前后关系**。这种前后关系既为有条理的思考提供了基础，又为市场的总体位置及前景提供了一种视角。在很多时候，它识别甚至预测市场走向变化的准确性几乎让人难以置信。人类群体活动的许多方面符合波浪理论，但它在股市中的应用最为广泛。

第一章 总体概念

不管怎样，股市对于人类生存条件的重要性比普通观察者看上去的，甚至比那些依靠股市谋生的人看上去的重要得多。股票的总体价格水平是对人类总生产力直接且迅速的估价。这种估价有**形态**，其深远含意终将变革社会科学。然而，这需要另行讨论。

艾略特的天赋由一种极为有条理的思维过程组成，它适于对道琼斯工业股平均指数（Dow Jones Industrial Average，DJIA）⊖的走势图，以及其前身的走势图进行彻底而精确的研究，这使他能够建立起一套反映20世纪40年代中期以前市场行为的理论体系。当时，道琼斯指数几乎要跌至100点，但是艾略特预言会有一轮持续几十年的大牛市，这超出了所有人的预期，因为大多数投资者甚至认为道琼斯指数不可能冲破1929年的顶点。正如我们将要看到的，非凡的股市预测——有些甚至达到了提前数年的领先程度——与艾略特波浪理论的应用史相伴相随。

艾略特有各种理论，解释了自己发现的各种模式的起源与含义，对此我们将在第三章中介绍并展开讨论。在那之前我们只需说第一章和第二章讲述的各种模式已经经受了时间的考验。

对于市场的艾略特波浪状态，我们时常会听到几种不同的研判，尤其是在当今的专家们对指数做出草率的、即兴的研究时。然而，通过坚持用算术刻度（Arithmetic Scale）和半对数刻度（Semilogarithmic Scale）⊖绘制走势图，并且认真遵循本书阐述的

⊖ 由查尔斯·道于1896年5月26日创立，基值为40.94点。该指数最初包含12家工业股，目前有30家。——译者注

⊖ 算术坐标也称笛卡儿坐标，其横坐标与纵坐标的刻度都是等距的。例如横坐标的单位刻度代表1天，而纵坐标的代表1元；对数坐标的坐标轴是按照相等的幂指数变化来增加的，强调变化的幅度；半对数坐标只有一个坐标轴是对数坐标，另一个是算术坐标。例如在股票市场指数分析中，半对数坐标走势图的横坐标采用普通算术坐标，表示时间，而纵坐标采用对数坐标，表示价格，此时纵坐标的单位刻度若代表股票市场指数10点的1次方增加，则纵坐标轴的单位刻度为1点、10点、100点、1000点、10000点⋯⋯ ——译者注

各项规则与准则，就可以避免绝大多数不确定性因素。欢迎来到艾略特波浪理论的世界。

一、基本原则

波浪理论由人的社会本性支配，既然人**具有**这样一种本性，因此其表达产生了各种形态。由于各种形态重复出现，所以它们有预测价值。

有时，市场显得对各种外部条件和事件做出了反应，但在另一些时候它会对大多数人认为的因果条件无动于衷。其原因是市场有其自身的规律。它不受人们在日常生活经验中习以为常的外部因果关系驱动。价格轨迹**不是**消息的产物。市场也不像某些人说的那样，是台循环性的机器。它的运动反映了各种形态的重复出现，这种重复出现与假定的因果关系和周期性无关。

市场的演化在**波浪**中展开。波浪是有向运动的模式。更确切地说，一个波浪是任何一种自然产生的模式，正如本章接下来描述的那样。

1. 五浪模式

在各种市场里，价格演变最终呈现出一种特定结构的五浪形态。这些浪中的三个，分别标记为1、3和5，实际产生有向运动。它们又被两个标记为2和4的逆势休整期所分割，如图1-1所示。对于将要发生的整个有向运动，这两个休整期显然必不可少。

艾略特曾指出五浪形态的三个一贯之处。它们是：浪2的运动永远不会超过浪1的起点；浪3永远不是最短的一浪；浪4永远不会进入浪1的价格区域。

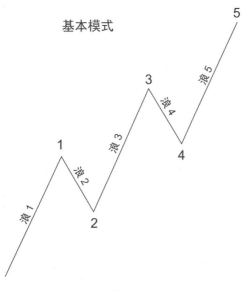

图 1-1

艾略特并未确切说仅有一种高于一切的形态,即"五浪"模式,但这是不可否认的事实。在任何时候,市场都能被研判为处于最大浪级(Degree)趋势中的基本五浪模式中的某个位置。由于五浪模式是市场演化中的高于一切的形态,因此其他所有模式都被纳入其中。

2. 波浪形成方式

有两种波浪形成方式:**驱动的**(Motive)和**调整的**(Corrective)。驱动浪有一个**五浪结构**,而调整浪有一个**三浪结构**或其变体。图 1-1 中的五浪模式**以及**其各个同向分量(Component),也就是浪 1、3 和 5,都采用驱动方式。它们的结构之所以被称为"驱动的",是因为它们有力地驱使着市场。所有逆势的休整期，包括图 1-1 中的浪 2 和 4，均采用调整方式。它们的结构之所以被称为"调整的"，是因为每一浪都显得是对前一个驱动浪的回应，但仅对前一个驱动浪取得的进展做出部分回撤，或称"调整"。因此，无论在角色上还是在结构上，这两种波浪形成方式都大相径庭，对此本章将详细论述。

3. 完整的循环

总之，一个包含八浪的完整循环由两个截然不同的阶段组成：五浪驱动阶段（也称作"五浪"），其子浪（Subwave）用数字标记；以及三浪调整阶段（也称作"三浪"），其子浪用字母标记。就像图 1-1 中浪 2 调整了浪 1 那样，图 1-2 中的波浪序列 A、B、C 调整了波浪序列 1、2、3、4、5。

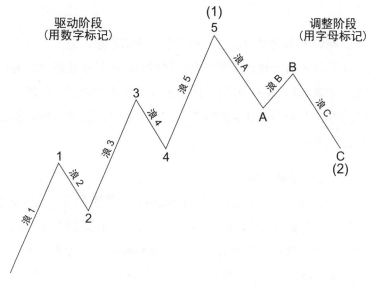

图 1-2

4．复合结构

当图 1-2 所示的最初八浪循环结束的时候，一个相似的循环会接着发生，也就是说，接着发生另一个五浪运动。这种完整的演化产生了一个五浪模式，它比组成它的各浪**大一浪级**（也就是相对规模）。如图 1-3 所示，其结果是到达标记着(5)的顶点。然后，这个浪级更大的五浪模式又被相同浪级的三浪模式所调整，这就完成了一个大一浪级的完整循环，如图 1-3 所示。

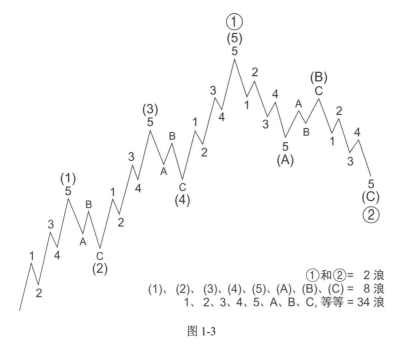

图 1-3

正如图 1-3 说明的那样，**一个驱动浪中的每个同向分量**（也就是，浪 1、3 和 5），**以及一个完整循环中的每个全循环分量**（也就是，浪 1+浪 2，或浪 3+浪 4），**是这个驱动浪或者完整循环的小一浪级版本**。

必须理解这个要点：图 1-3 中的浪不仅比图 1-2 中的浪**大一浪级**，而且更详细地表明了**图 1-2 中的浪本身**。在图 1-2 中，每个子浪 1、3 和 5 均是必定能细分成一个"五浪"的驱动浪，而每个子浪 2、4 均是必定能细分成一个"三浪"的调整浪。如果在"显微镜"下剖析，那么图 1-3 中的浪(1)和浪(2)会呈现与浪①和浪②相同的形态。无论浪级是大是小，波浪的形态始终不变。根据我们提及的不同浪级，我们可用图 1-3 来表示 2 浪、8 浪或 34 浪。

5. 本质结构

现在来观察，在图 1-3 中标记为浪②的调整模式中，向下的浪(A)和浪(C)每个都由 1、2、3、4 和 5 这五个浪组成。相似地，向上的浪(B)由 A、B 和 C 这三个浪组成。这种结构揭示出一个要点：驱动浪并不总是向上，而调整浪并不总是向下。波浪的状态并不取决于它的绝对方向，而主要取决于它的**相对**方向。除了本章后面会谈到的五种特定的例外，当波浪与其组成的大一浪级波浪同向运动时，划分为**驱动**方式（五浪）；当波浪与其组成的大一浪级波浪反向运动时，划分为**调整**方式（三浪或某种变体）。浪(A)和(C)是驱动浪，与浪②同向运动。浪(B)是调整浪，因为它调整了浪(A)，而且与浪②**逆向**运动。总之，波浪理论中的本质倾向是，在任何浪级的趋势中，**与大一浪级趋势同向的作用浪以五浪方式展开，而与大一浪级趋势逆向的反作用浪以三浪方式展开。**

图 1-4 进一步说明了**形态、浪级**和**相对方向**这三种现象。这幅图反映了这样一种总体原则，即在任何市场循环中，各个波浪均可按表 1-1 细分。

第一章　总体概念

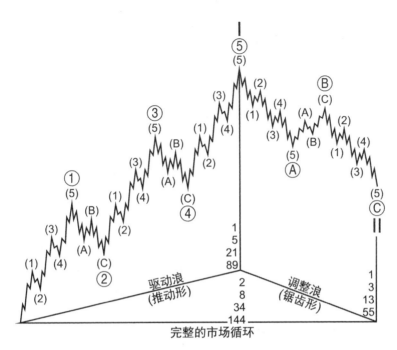

图 1-4

表 1-1　每个浪级的波浪数

	驱动浪	+	调整浪	=	循环
	（推动形）		（锯齿形）		
最大的浪	1		1		2
最大的细分浪	5		3		8
小一浪级的细分浪	21		13		34
再小一浪级的细分浪	89		55		144

　　与图 1-2 和图 1-3 一样，图 1-4 中的这个大一浪级的循环自动成为**更大**一浪级波浪的两个子浪。只要这种演化不停，构建更大一浪级波浪的过程就不止。细分成小一浪级波浪的相反过程显然也无止境。因此，到目前为止我们可以确定的是，所有的波浪不

仅含有分量波浪,而且**本身也是**分量波浪。

6. 为何是 5-3

艾略特本人从未思索过,为何市场的基本形态是五浪前进和三浪后退。他只是注意到这就是所发生的事实。本质形态非得是五浪和三浪吗?考虑一下你就会认识到,这是在线性运动中实现**振荡**(Fluctuation)与**前进**的最低要求,因此也是最有效率的方式。一浪不允许有振荡。创造振荡的最少子浪是三浪。两个方向上的(不限制规模的)三浪都不允许有前进。纵使有后退期,要向一个方向前进,那个方向中的运动就必须至少是五浪,这比介于中间的三浪涵盖更广。尽管可能有比这更多的波浪,但是分段前进的最有效形式是 5-3,自然界往往采用效率最高的途径。

7. 浪级:符号与名称

所有的波浪都可按相对规模或称浪级来分类。一个波浪的浪级取决于它**相对于分量波浪、毗邻波浪和所含波浪**的规模和位置。艾略特命名了九个浪级,从在 60 分钟走势图上可辨认出的最小波浪,直到他认为当时可获得的数据中存在的最大浪。由大到小,他为这些浪级选定了以下的名称:甚超级循环浪(Grand Supercycle)、超级循环浪(Supercycle)、循环浪(Cycle)、大浪(Primary)、中浪(Intermediate)、小浪(Minor)、极小浪(Minute)、细浪(Minuette)、亚细浪(Subminuette)。循环浪细分成大浪,大浪细分成中浪,中浪再依次细分成小浪,以此类推(见表 1-2)。尽管出于习惯,这种特殊的命名法并不是辨别浪级的关键,但今天的波浪理论实践者已经适应了艾略特发明的名称。

第一章　总体概念

表 1-2　浪级名称

(↑继续展开是大写罗马数字/阿拉伯数字；大写字母/小写字母)

	浪级	顺势的五浪					逆势的三浪		
1	超级千年浪（Supermillennium）	①	②	③	④	⑤	Ⓐ	Ⓑ	Ⓒ
2	千年浪（Millennium）	(1)	(2)	(3)	(4)	(5)	(A)	(B)	(C)
3	亚千年浪（Submillennium）	1	2	3	4	5	A	B	C
4	甚超级循环浪（Grand Supercycle）	Ⓘ	Ⓘ	Ⓘ	Ⓘ	Ⓥ	ⓐ	ⓑ	ⓒ
5	超级循环浪（Supercycle）	(I)	(II)	(III)	(IV)	(V)	(a)	(b)	(c)
6	循环浪（Cycle）	I	II	III	IV	V	a	b	c
7	大浪（Primary）	①	②	③	④	⑤	Ⓐ	Ⓑ	Ⓒ
8	中浪（Intermediate）	(1)	(2)	(3)	(4)	(5)	(A)	(B)	(C)
9	小浪（Minor）	1	2	3	4	5	A	B	C
10	极小浪（Minute）	ⓘ	ⓘⓘ	ⓘⓘⓘ	ⓘⱽ	ⱽ	ⓐ	ⓑ	ⓒ
11	细浪（Minuette）	(i)	(ii)	(iii)	(iv)	(v)	(a)	(b)	(c)
12	亚细浪（Subminuette）	i	ii	iii	iv	v	a	b	c
13	微浪（Micro）	①	②	③	④	⑤	Ⓐ	Ⓑ	Ⓒ
14	亚微浪（Submicro）	(1)	(2)	(3)	(4)	(5)	(A)	(B)	(C)
15	太微浪（Miniscule）	1	2	3	4	5	A	B	C

(↓继续展开是小写罗马数字/阿拉伯数字；大写字母/小写字母)

　　在走势图上标记各个波浪时，有必要采用某个方案来区分市场演化中的各种浪级。我们已经将一系列包含数字和字母的标识标准化了，如表1-2所示，它们有先前的标识所缺乏的几个优点。浪级标识在两个方向上无限展开。它基于一种易于记忆的重复。

驱动浪用三套罗马数字和随后的三套阿拉伯数字交替标记。相似地，调整浪的标识在三套大写字母和三套小写字母之间交替更换。罗马数字总是与小写字母相配，而阿拉伯数字总是与大写字母相配。最后，罗马数字在小浪级以下是小写，而在大浪级以上是大写，这样一来，对走势图迅速一瞥就能在它的时间刻度上看出某种全景（本书中的几幅走势图偏离了这个标准，因为它们是在采用该标准之前制作的）。⊖

我们还可以用浪级数来称呼波浪。循环浪级波浪是浪级六波浪。从石器时代（Stone Age）算起，演化中最大的浪级是浪级零[纪元级（Epochal Degree）]，因此这些数字应该可以用于所有的浪级分析。对于科研工作而言，浪级标识的最理想形式或许是 1_1、1_2、1_3、1_4、1_5 等，也就是用下标来表示浪级，但在走势图上阅读大量这样的符号非常困难，而前述的浪级标识标准更易于识别。

重要的是得理解，这些名称和标识指的是可明确区分的浪级。通过使用某种命名方法，分析人员就可以精确地确定一个波浪在股市整体演化中的位置，这很像用经度和纬度来确定地理位置。说"道琼斯工业股平均指数处于当前甚超级循环浪中的超级循环浪(V)中的循环浪Ⅰ中的大浪⑤中的中浪(3)中的小浪1中的极小浪ⓥ中"，就可以确定市场历史演化中的一个具体位置。

所有的波浪都有一个特定的浪级。然而，要精确辨别一个正在行进中的波浪——尤其是处于一轮新浪起始位置的子浪——的浪级是不太可能的。浪级不是基于特定的价格或特定的时间长度，而是基于**形态**，形态是价格与时间共同作用的结果。幸运的是，

⊖ 在中文版中，译者已根据新标准重新绘制了这些走势图。——译者注

确切的浪级通常与成功的市场预测无关,因为**相对浪级才最关键**。知道一轮大涨势即将来临,比知道它的确切名称更重要。以后的市场活动总能使浪级清晰明了。

8. 波浪的功能

每一浪都起到这两个功能之一:**作用(Action)**或**反作用(Reaction)**。确切地说,一个波浪既可推进,又可阻碍大一浪级的波浪。波浪的功能取决于其**相对方向**。一个**作用浪**或称**顺势浪**是任何与其组成的大一浪级波浪同向运动的波浪;一个**反作用浪**或称**逆势浪**是所有与其组成的大一浪级波浪反向运动的波浪。作用浪用**奇数**和字母标记(例如,图1-2中的浪1、3、5、A和C)。反作用浪用偶数和字母标记(例如,图1-2中的浪2、4和B)。

所有的反作用浪都以调整浪方式演化。如果所有的作用浪都以驱动浪的方式演化,那就不需要用其他不同的名称了。事实上,大多数作用浪的确细分成五浪。但是,正如本书后续部分揭示的那样,少数作用浪以调整浪方式演化,也就是它们细分成三浪或三浪的变体。要分清楚**作用浪**功能与**驱动浪**方式之间的差别,就必须掌握波浪形态结构的详尽知识,图1-1至图1-4所示的基本波浪模型没有这种差别。彻底理解本章后面详细论述的各种波浪形态,就可以弄清楚我们为何要把这些名称引入到艾略特波浪理论的词汇表里。

9. 基本图形的变体

如果上述波浪基本结构就是对市场行为的完整刻画,那么波浪理论就太容易应用了。然而,幸或不幸,真实世界没这么简单。市场或人类经历有循环性,这种观念意味着精确的重复,尽管如此，波浪的概念允许有无穷的变化，实际上这些变化的证据非常多。本章的其余部分讨论市场实际是如何表现的。这也是艾略特曾着手描述的，而且他做得很成功。

波浪的基本形态有几种特定的变化，艾略特对此做了认真仔细的说明和图解。他还注意到一个重要的事实，即每种模式都有可以辨别的**必要条件**和**趋向**。通过这些观察，他能够为正确的波浪识别建立起大量的规则与准则。彻底理解这些细节，对于理解市场的可能走势，以及同等重要的不可能走势来说，必不可少。

第二章和第四章介绍了正确波浪研判的若干准则。如果你不想成为市场分析人员，或是担心在技术细节中越陷越深，那就阅读下面的段落，然后直接跳到第三章。熟读下面的波浪理论概要，应该会确保你至少认得后面几章中提到的，作为波浪理论必要成分的概念和名称。

10. 额外的技术层面之概要

从此处至第二章详细讨论的波浪理论的各种技术层面概括如下：大多数驱动浪以推动浪（Impulse Wave）的形态出现，即图1-1至图1-4显示的那些五浪模式，其子浪4不与子浪1重叠，且子浪3不是最短的子浪。推动浪通常限制在一对平行线内界。推动浪中的一个驱动浪，即浪1、3或5通常会延长，也就是远长于其他两个浪。驱动浪有一种少见的变体，称作斜纹浪（Diagonal），它是一种楔形模式，出现在大一级波浪的起始位置（浪1或浪A）或结束位置（浪5和浪C）。调整浪有许多种变体。其中最主要的变体称作**锯齿形调整浪**（即图1-2、图1-3和图1-4显示的那种）、**平台形调整浪**和**三角形调整浪**（它的标识包含D和E）。这三种简单调整模式可以串在一起，形成更复杂的调整浪（其分量标记为W、X、Y和Z）。在推动浪中，浪2和浪4的形态几乎总是交替，此处的一个调整浪通常属于锯齿形家族，而另一个则不是。每一个波浪都展现出特有的成交量行为，以及就伴随的动量和投资者情绪而言的"个性"。

一般读者现在可跳到第三章。对于那些想要学习细节的读者，我们将把注意力转移到波浪形态的具体细节上。

二、详 细 分 析

1．驱动浪

驱动浪细分成**五浪**，而且总是与大一浪级的趋势同向运动。它们简洁明了，相对容易识别和研判。

在驱动浪中，浪2总是回撤不了浪1的100%，而且浪4总是回撤不了浪3的100%。此外，浪3总会行进超过浪1的终点。驱动浪的目标是前进，而这些驱动浪形成规则确保了前进的发生。

艾略特进一步发现，就价格而言，在驱动浪的三个作用浪（浪1、3和5）中，浪3常常是最长的，且永远不是最短的一浪。只要浪3经历了比浪1或浪5更大百分比的运动，就满足这条规则。这条规则在算术刻度上也几乎总是成立。有两种类型的驱动浪：**推动浪**和**斜纹浪**。

2．推动浪

最常见的驱动浪是**推动浪**，如图1-1所示。在一个推动浪中，浪4不会进入浪1的价格区域（即"重叠"）。这个规则对所有无杠杆作用的"现货"市场都有效。期货市场有着极高的杠杆，可以引发在现货市场中不会出现的短期极端价格。即便如此，重叠现象通常仅出现在日线的价格波动中，以及交易日内的分时价格波动中，尽管这样，重叠现象也很罕见。此外，一个推动浪中的作用子浪（浪 1、浪 3 和浪 5）本身也是驱动浪，而且子浪 3 总是推动浪。图 1-2、图 1-3 和图 1-4 全都表明了浪 1、浪 3、浪 5、浪 A 和浪 C 位置上的推动浪。

正如前面三张走势图详细说明的那样，正确研判推动浪仅有几条简单的规则。称为**规则**是由于它支配所有它应用到的波浪。各种波浪的典型特征，但不是必然特征称为**准则**（Guideline）。从下面开始到第二章和第四章，我们将讨论推动浪构造的准则，包括延长浪（Extension）、缩短（Truncation）、交替（Alternation）、等同（Equality）、通道（Channeling）、个性（Personality）和比率关系（Ratio Relationship）。规则不容漠视。在多年对无数波浪模式的研判中，本书作者发现在亚细浪级以上仅出现过一两次，此时所有其他规则与准则合起来表明某条规则被打破了。频繁打破本节详述的各项规则的分析人员，是在进行某种形式的分析，但它与波浪理论所指导的完全不同。这些规则在正确数浪中有着重要的实践作用，对此我们将在讨论延长浪时做进一步研究。

3. 延长浪

大多数推动浪包含艾略特所称的延长浪。延长浪是被扩大的细分浪拉长了的推动浪。在绝大多数推动浪的三个作用子浪中有一个且只有一个是延长浪。其余的推动浪或是不包含延长浪，或是其子浪三和子浪五都是延长浪。在许多时候，一个延长浪的各个细分浪与大一浪级推动浪的其他四浪有着几乎相同的运动幅度和持续时间，对于这个波浪序列，就产生了规模相似的九浪，而不是通常数出的"五浪"。在一个九浪序列中，有时很难说哪一浪延长了。不过这没有多大关系，因为在艾略特理论体系中，九浪计数和五浪计数有着相同的技术意义。图1-5中的各种延长浪将阐明这一点。

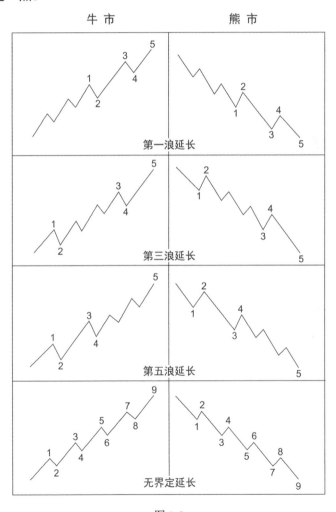

图1-5

事实上，延长浪通常只在一个作用子浪中出现，这为即将出现的各个波浪的预期长度提供了有效的指引。比如，如果第一浪和第三浪的长度大致相同，那么第五浪就可能持久地喷涌。相反，如果第三浪延长了，那么第五浪就会简单地构建，因而与第一浪相似。

在股票市场中，**最常见的延长浪是浪3**。如果与推动浪的两条规则结合起来考虑：浪3永远不是最短的作用浪，以及浪4不会与浪1重叠，那么这个事实在实际的波浪研判中就尤为重要。为了说清楚这个问题，让我们假设两种包含了一个不合理的中间浪的情况，如图1-6和图1-7所示。

在图1-6中，浪4与浪1的顶部重叠。在图1-7中，浪3既比浪1短，又比浪5短。根据规则，它们哪个都不是可以接受的标记方案。一旦浪3明显被证实无法接受，就应当用某种**可接受的**数浪方案进行重新标记。事实上，它总是像图1-8显示的那样得到标记，这意味着延长了的浪(3)在形成之中。别犹豫，要养成标记第三浪延长的早期阶段的习惯。你将从"波浪个性"（见第二章）的讨论中理解这么做很值得。图1-8可能是本书中唯一最有用的推动浪实际数浪准则。

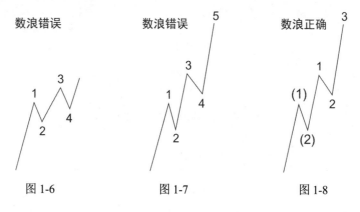

图1-6　　　　　图1-7　　　　　图1-8

延长浪中也会出现延长浪。在股票市场中，延长了的第三浪中的第三浪通常也是延长浪，产生如图1-9所示的波浪外形。图5-5显示了实际的例子。图1-10说明了第五浪延长中的第五浪延长。在商品市场的大牛市中，延长的第五浪相当常见（见第六章）。

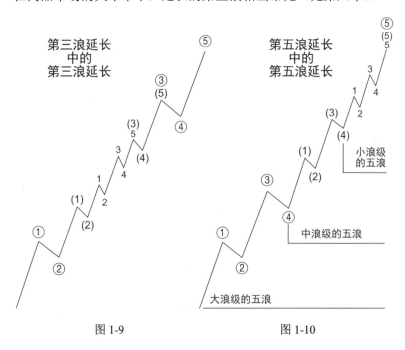

图1-9　　　　　图1-10

4．缩短

艾略特用"失败"一词来描述第五浪的运动未能超过第三浪终点的情况。但我们喜欢更明确的名称："缩短"，或"缩短的第五浪"。如果观察到假设中的第五浪已经含有必需的五个子浪，那么通常就可由此判定第五浪缩短了，如图1-11和图1-12所示。第五浪缩短通常出现在超强的第三浪之后。

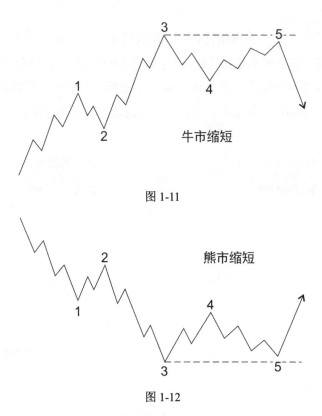

图 1-11

图 1-12

1932年以来，美国股市出现过两例主要浪级的第五浪缩短。第一例出现在1962年10月的古巴危机（Cuban Crisis）⊖时（见图1-13）。它跟随在作为浪3出现的大跌之后。第二例出现在1976年年末（见图1-14），在1975年10月至1976年3月的爆发性浪(3)之后出现。

5. 斜纹浪

斜纹浪是一种驱动模式，但不是推动浪，因为它有两个调整

⊖ 古巴危机，又称古巴导弹危机。1962年10月苏联在古巴建立导弹基地，引起苏、美两国在加勒比海地区的尖锐冲突。——译者注

浪的特征。与推动浪一样,在斜纹浪中,反作用子浪不会完全回撤掉前一个作用的子浪,而且第三子浪永远不是最短的一浪。然而,斜纹浪是唯一这样一种在主要趋势方向上的五浪结构:其浪

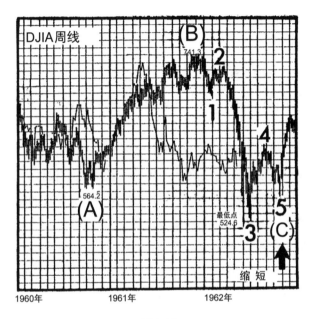

图 1-13

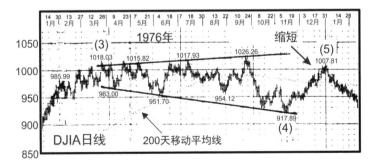

图 1-14

四几乎总会进入浪一的价格区域（也就是重叠），而且其子浪都是"三浪"，这产生了总体上 3-3-3-3-3 的波浪数。在极少数情况下，斜纹浪会在缩短中结束，尽管根据我们的经验，这种缩短只会以微不足道的幅度出现。在波浪结构中，斜纹浪会在两个特定位置替换推动浪。

6．终结斜纹浪

一般来说，当前一个市场运动如艾略特所说已经走得"太远太快"的时候，终结斜纹浪（Ending Diagonal）就会出现在第五浪的位置上。很小百分比的斜纹浪会出现在 A-B-C 结构的 C 浪位置上。在双重三浪和三重三浪中（见下一节），它们仅作为**最后的 C 浪**出现。在所有情况下，斜纹浪如果在**大一浪级模式的终点**出现，就标志着大一浪级运动的竭尽。

终结斜纹浪呈两条会聚线内的楔形。终结斜纹浪的最普通形态如图 1-15 和图 1-16 所示，这也是它们在大一浪级推动浪中的典型位置。

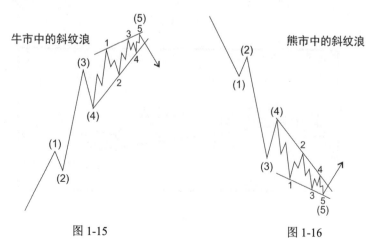

图 1-15　　　　　　　　图 1-16

我们已经发现一个例子,此时终结斜纹浪的边界线是**扩散的**,这产生了一个扩散的而不是会聚的斜纹浪。然而,这在分析上很别扭,因为它的第三浪是最短的作用浪。

终结斜纹浪于 1976 年 2 月至 3 月出现在极小浪级中,于 1978 年年初出现在小浪级中,并且于 1976 年 6 月出现在亚细浪级中。图 1-17 和图 1-18 反映出这两个时期,显示了上升斜纹浪和下降斜纹浪的"现实"构造。图 1-19 可能是现实中的扩散斜纹浪。请注意,在每个情形中,斜纹浪之后会出现重大的方向变化。

尽管没有在图 1-15 和图 1-16 中显示得很明显,但是终结斜纹浪的第五浪通常在"翻越"(Throw-over)中结束,也就是短暂突破连接浪一终点和浪三终点的趋势线。图 1-17 和图 1-19 中的实际

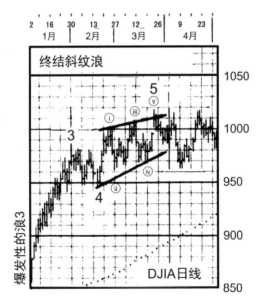

图 1-17

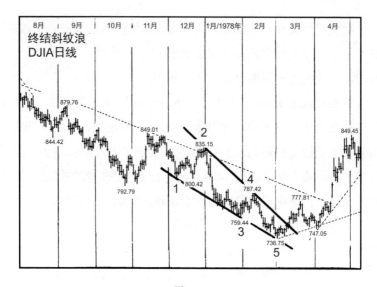

图 1-18

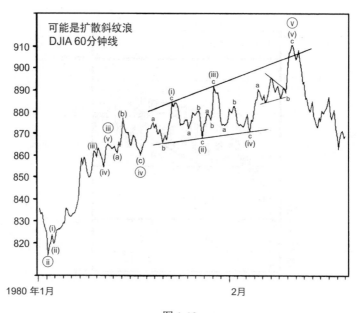

图 1-19

例子都显示出了翻越。尽管成交量往往随着较小浪级斜纹浪的行进而逐渐减少，但在翻越发生时，斜纹浪总是以成交量相对较大的长钉形态（Spike）结束。在极少数情况下，第五子浪才会达不到它的阻力趋势线。

上升终结斜纹浪之后通常是陡直的回撤，它至少会跌到斜纹浪的起始位置，而且通常跌得更多。同理，下降终结斜纹浪通常带来向上的冲击。

第五浪延长、缩短的第五浪和终结斜纹浪都意味着同一件事：**戏剧性的反转近在眼前**。在某些转折点，其中**两种**现象会一起出现在不同的浪级上，使下一个反向运动更剧烈。

7．引导斜纹浪

现在众所周知，斜纹浪时常出现在推动浪的浪 1 位置，以及锯齿形（Zigzag）调整浪的浪 A 位置。在我们仅见的少数斜纹浪中，其细分浪看起来都相同：3-3-3-3-3 模式，尽管有两个例子，其细分浪呈现出 5-3-5-3-5 模式，因此斜纹浪没有严格的定义。分析人员应该知道这种模式，以免将其与一种常见的波浪演化模式，也就是图 1-8 所示的一系列第一浪和第二浪相混淆。浪一位置的引导斜纹浪（Leading Diagonal）之后，往往是深度回撤（见第四章）。

图 1-20 显示了现实中的引导斜纹浪。我们最近还观察到，引导斜纹浪也可以呈现出扩散形状。这种形态主要出现在股票市场的**下跌初期**（见图 1-21）。这些波浪模式原本不是由艾略特发现的，但在相当长的时间里，它们已经出现了足够多次，因此本书作者确信它们的效力。

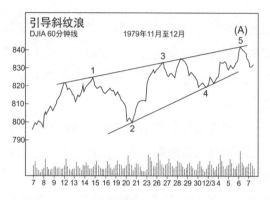

图 1-20

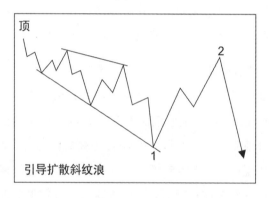

图 1-21

8. 调整浪

市场逆着大一浪级趋势的运动只是一种表面上的搏斗。来自大一浪级趋势的阻力，似乎要防止调整浪发展成完整的驱动浪结构。这两个互为逆向的浪级之间的搏斗，通常使调整浪比驱动浪难识别，驱动浪总是相对轻松地沿着大一浪级趋势的方向运动。这两种趋势间的冲突的另一个结果是，调整浪的变体比驱动浪的变体多。而且，调整浪在展开时，其复杂性时而增加或时而减少，

第一章　总体概念

以至于在技术上属于同一浪级的子浪，会因其复杂性或时间跨度，显得像是其他浪级的子浪（见图 2-4 和图 2-5）。出于所有这些原因，有时在调整浪完全形成，成为过去之前，将其归入某个一眼就能认出的模式是很困难的。正因为调整浪的终点比驱动浪的终点难预测，所以当市场处于迂回曲折的调整气氛中，而不是处于持续的驱动趋势中时，你必须在分析中展现更多的耐心与灵活性。

从对各种调整模式的研究中，可以获得的唯一重要原则是**调整浪永远不会是五浪**。只有驱动浪才是五浪。出于这个原因，与大一浪级趋势反向的最初五浪运动永远不会是调整浪的结束，而仅仅是调整浪的一部分。本节中所有的图示都是为了说明这一点。

调整过程呈现出两种风格。**陡直（Sharp）**调整与大一浪级趋势相逆成陡峭的角度。**横向（Sideways）**调整尽管总是对前一个波浪产生净回撤，但通常包含返回调整起点的或超过调整起点的运动，这就形成了总体上横向运动的样子。第二章中对交替准则的讨论，解释了注意这两种调整风格的原因。

具体的调整模式主要分成三类：

锯齿形调整浪（Zigzag）[5-3-5；包括三种类型：单锯齿形（Single Zigzag）、双重锯齿形（Double Zigzag）和三重锯齿形（Triple Zigzag）]。

平台形调整浪（Flat）[3-3-5；包括三种类型：规则平台形（Regular Flat）、扩散平台形（Expanded Flat）和顺势平台形（Running Flat）]。

三角形调整浪（Triangle）[3-3-3-3-3；有三种类型：收缩三角形（Contracting Triangle）、屏障三角形（Barrier Triangle）和扩散三角形（Expanding Triangle）；以及一种变体：顺势三角形

（Running Triangle）]。

上述形态的**联合**（Combination）呈现出两种类型：双重三浪（Double Three）和三重三浪（Triple Three）。

锯齿形（5-3-5）

牛市中的**单锯齿形调整浪**是一种简单的三浪下跌模式，标记为 A-B-C。其子浪序列是 5-3-5，而且浪 B 的顶点应明显比浪 A 的起点低，如图 1-22 和图 1-23 所示。

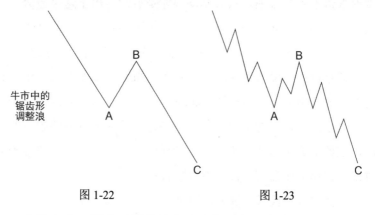

图 1-22   图 1-23

在熊市中，锯齿形调整浪发生在相反的方向上，如图 1-24 和图 1-25 所示。因此，熊市中的锯齿形调整浪常常被称作倒锯齿形调整浪。

锯齿形调整浪偶尔会一连出现两次，或至多三次，尤其是在第一个锯齿形调整浪没有达到正常目标的时候。在这些情况下，每个锯齿形调整浪会被一个介于其间的"三浪"分开，产生所谓的**双重锯齿形调整浪**（见图1-26）或**三重锯齿形调整浪**。这些构造类似于推动浪的延长浪，但不常见。1975 年 7 月至 10 月，道琼斯工业股平均指数的调整浪（见图 1-27）可以标记为一个双重锯齿形调整浪，1977年1月至1978年3月，标准普尔500指数（Standard and Poor's 500 Stock Index，S&P500）中的调整浪（见图1-28）也可以这样标记。在推动浪里，第二浪常常走出锯齿形调整浪，而第四浪很少如此。

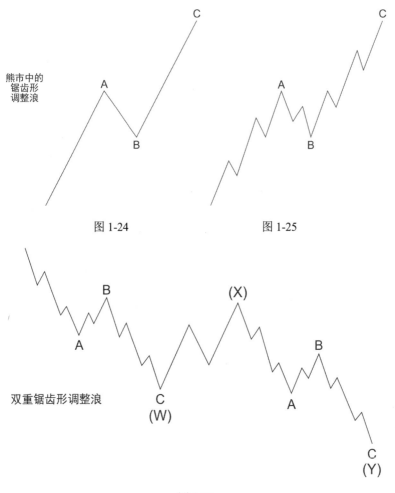

图1-24　　　　　　　图1-25

图1-26

艾略特波浪理论

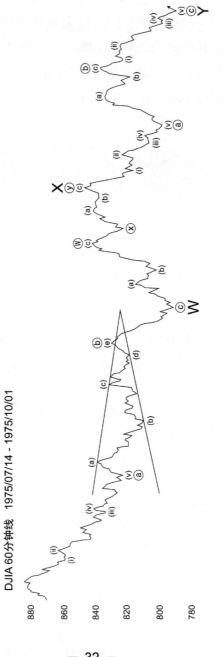

图 1-27

第一章　总体概念

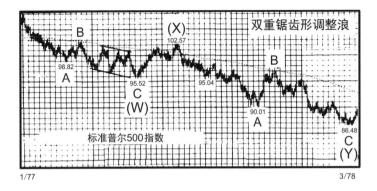

图 1-28

艾略特原来对双重锯齿形调整浪和三重锯齿形调整浪，以及双重三浪和三重三浪（见后面一节）的标记，用的是一种速记法。他把介于其间的波浪运动标记成浪 X，因而双重调整浪就标记成了 A-B-C-X-A-B-C。不幸的是，这种符号错误地说明了每个简单模式的各个作用子浪的浪级。它们被标记成只比整个调整浪小一个浪级，而实际上它们小两个浪级。通过引入一种有效的标记方法，我们已经解决了这个问题：把双重调整浪或三重调整浪的作用分量依次标记成浪 W、Y 和 Z，因而整个波浪模式就数成"W-X-Y(-X-Z)"。字母 W 现在表示双重调整浪或三重调整浪中的第一个调整模式，Y 表示第二个，而 Z 表示三重调整浪中的第三个调整模式。这样，每一个子浪（A、B 或 C，以及三角形调整浪中的 D 和 E——见后面一节）现在都合理地显示出比整个调整浪小两个浪级。每一个浪 X 都是反作用浪，因此总是一个调整浪，而且通常是另一个锯齿形调整浪。

9．平台形（3-3-5）

平台形调整浪与锯齿形调整浪不同，因为它的子浪序列是

— 33 —

3-3-5，如图1-29和图1-30所示。既然第一个作用浪——浪A，缺乏足够的向下动力，不能像它在锯齿形调整浪中那样展开成一个完整的五浪，所以不奇怪，浪B的反作用好像是继承了这种逆势压力的匮乏，并在浪A起点的附近结束。相应地，浪C通常在略微超过浪A终点的位置结束，而不像在锯齿形调整浪中那样明显地超过浪A的终点。

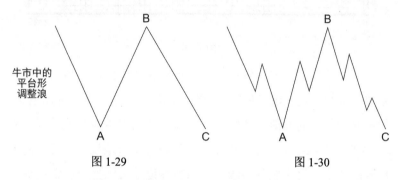

图 1-29   图 1-30

在熊市中，调整浪模式相同，但倒置，如图1-31和图1-32所示。

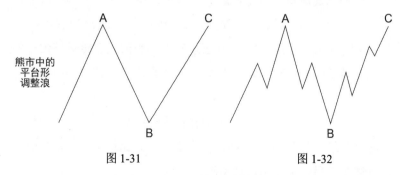

图 1-31   图 1-32

相比锯齿形调整浪，平台形调整浪对前一个推动浪的回撤小。平台形调整浪往往出现在大一浪级趋势强劲有力的时候，因此实际上它们总是出现在延长浪之前或延长浪之后。潜在的趋势越强，平台形调整浪就越简洁。在推动浪中,第四浪常常走出平台形调整浪,而第二浪很少如此。

所谓的"双重平台形调整浪"(Double Flat)确实会出现。然而,艾略特把这种构造归类为"双重三浪"(Double Three),这是我们将在本章后面要讨论的名称。

"平台形调整浪"这个词作为一个总称,用于任何细分为3-3-5的 A-B-C 调整浪。然而,在艾略特的著作中,三种类型的 3-3-5 调整浪已经根据其总体外形的不同得到了命名。在**规则**平台形调整浪中,浪 B 在浪 A 起点的附近结束,而浪 C 会在略微超过浪 A 终点的位置结束,就像我们在图 1-29 至图 1-31 中展示的那样。然而,更常见的是我们称之为**扩散**平台形调整浪的变体,它含有超出前一个推动浪的极端价格。艾略特称这种变体是"不规则"(Irregular)平台形调整浪,不过这个词不太合适,因为它们实际上比"规则"平台形调整浪更常见。

在扩散平台形调整浪中,3-3-5 模式中的浪 B 会在超过浪 A 起点的位置结束,而浪 C 会在远远超过浪 A 终点的位置结束,牛市中的扩散平台形调整浪如图 1-33 和图 1-34 所示,熊市中的如图 1-35

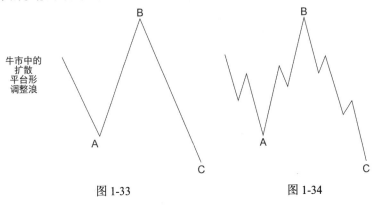

图 1-33　　　　　　　图 1-34

和图 1-36 所示。1973 年 8 月至 11 月，DJIA 的构造就是一个熊市中的扩散平台形调整浪，或称为"倒置的扩散平台形调整浪"（见图 1-37）。

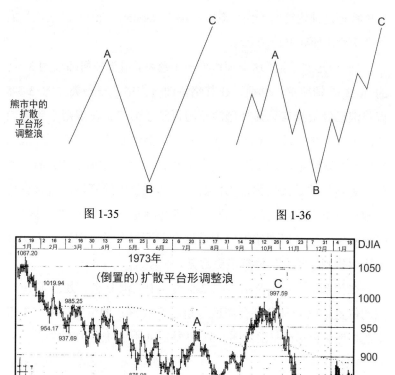

图 1-35　　　　　　　　　图 1-36

图 1-37

在 3-3-5 模式的一个罕见变体中——我们称之为顺势平台形调整浪——浪 B 会像在扩散平台形调整浪中那样，在远超过浪 A 起点的位置结束，但浪 C 会走不完全程，达不到浪 A 终点的位置，

第一章　总体概念

如图 1-38 至图 1-41 所示。很明显，在这个情形中，大一浪级趋势上的力量是如此强劲，以至于在这个方向上扭曲了该模式。其结果就像推动浪的缩短。

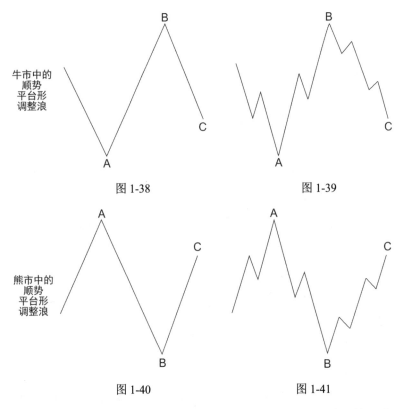

图 1-38　　　　　　　图 1-39

图 1-40　　　　　　　图 1-41

内部子浪必须服从艾略特波浪理论的规则是非常重要的，尤其是在判定出现了顺势平台形调整浪的时候。例如，如果假定的浪 B 划分成五浪，而不是三浪，那么它就很可能是大一浪级推动浪中的第一个上升浪。毗邻推动浪的强度在识别顺势平台形调整浪时很重要，后者往往只出现在强劲且快速运动的市场中。但是，我们必须提醒，在价格记录中几乎没有这种类型调整浪的例子。永远不要过早地用这种方法标记调整浪，否则十有八九你会发现自己错了。相比之下，顺势**三角形**调整浪常见得多（见下面一节）。

10. 三角形

三角形调整浪看上去反映了一种力量的平衡，这种平衡导致了价格的横向运动，该运动通常伴随着成交量逐渐减少，以及波幅逐渐减小。三角形模式包含了细分为 3-3-3-3-3 的五个重叠浪，标记为 A-B-C-D-E。连接浪 A 和浪 C 的终点，以及浪 B 和浪 D 的终点，就可勾画出一个三角形调整浪。浪 E 可以未触及 A-C 线或者超过 A-C 线，而且实际上我们的经验表明这种情况出现得很多。

三角形调整浪有三种变体：收缩三角形、屏障三角形和扩散三角形，如图 1-42 所示。艾略特认为，屏障三角形调整浪的水平线可以出现在三角形的任意一边，但这不是事实，水平线总是出现在下一浪会越过的那一边。尽管如此，无论屏障三角形调整浪出现在牛市里还是在熊市里，艾略特起的名字"上升（Ascending）三角形调整浪"和"下降（Descending）三角形调整浪"都是简洁明了的表述。

图 1-42 描绘了完全出现在前一个价格活动区域内的收缩三角形调整浪和屏障三角形调整浪，它们可被称为**规则**三角形调整浪。然而，对于收缩三角形调整浪来说，极为常见的是浪 B 的终点，超越浪 A 的起点，这种情形可被命名为**顺势**三角形调整浪，如图 1-43 所示。尽管有横向运动的样子，但是**所有**的三角形调整浪，包括顺势三角形调整浪，都会在浪 E 的终点对前一个波浪产生净回撤。

艾略特三角形调整浪的变体

© Robert R. Prechter 2005

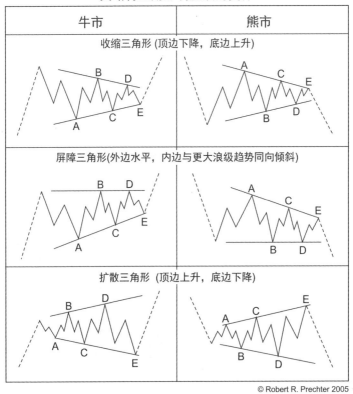

图 1-42

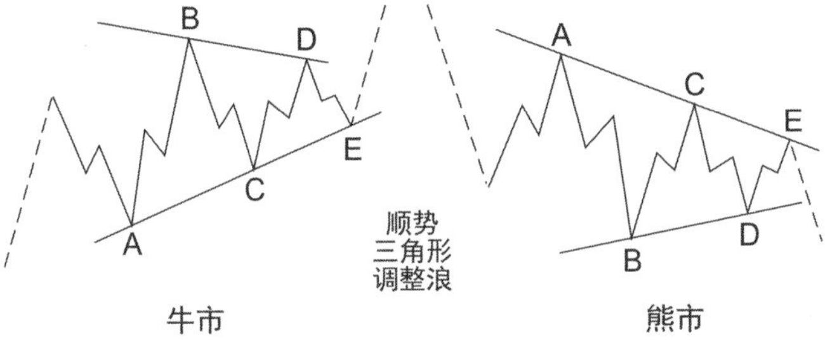

图 1-43

在本书的走势图中，有几个三角形调整浪的实际例子（见图1-27、图3-15、图5-5、图6-9、图6-10和图6-12）。你会注意到，三角形调整浪中的大多数子浪是锯齿形调整浪，但有时这些子浪中的一个浪（通常是浪C）会比其他子浪复杂，而且会呈现出多重锯齿形的样子。在少数情况下，这些子浪中的某个（通常是浪E）本身就是三角形调整浪，以至于整个模式拖延成了九浪。因此，如同锯齿形调整浪那样，三角形调整浪常常显示出与延长浪类似的演化过程。这样一个例子出现在1973年至1977年的白银走势中（见图1-44）。

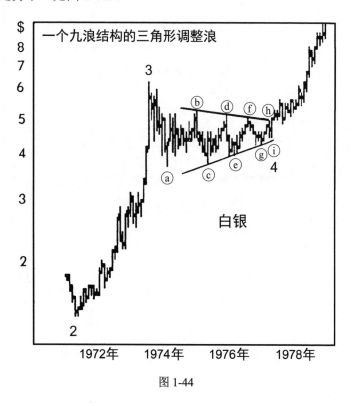

图1-44

三角形调整浪总是在大一浪级模式中的最后一个作用浪之前的位置出现，也就是作为推动浪的浪 4、A-B-C 中的浪 B，或者双重锯齿形调整浪、三重锯齿形调整浪或联合形调整浪中的最后一个浪 X（见下一节）。正如在下一节中讨论的那样，三角形调整浪也可能以联合形调整浪中的最后一个作用模式出现，但即使如此，在比联合形调整浪大一浪级的模式中，它通常出现在最后一个作用浪之前。尽管在极少数情况下，推动浪中的第二浪也呈三角形调整浪的形态，但这通常是由于三角形调整浪是整个调整浪的**一部分**，而整个调整浪实际上是一个双重三浪（见图 3-12）。

在股市中，如果三角形调整浪出现在第四浪的位置，那么浪五有时会急速运动，而且运动距离大致等于三角形调整浪的最宽部分。在谈及三角形调整浪后的这种快速且短暂的驱动浪时，艾略特用了"冲击"（Thrust）这个词。这种冲击通常是推动浪，但也可能是终结斜纹浪。在强劲的市场中，冲击不会出现，反而会出现拉长了的第五浪。因此，如果三角形调整浪后的第五浪超出了正常的冲击运动距离，那就是在发出可能是延长浪的信号。正如在第六章中解释的那样，在商品市场中，中浪级以上的三角形调整浪之后的上升推动浪，通常是这个波浪序列中最长的一浪。

许多分析人员会瞎折腾，过早地标注出一个完整的三角形调整浪。三角形调整浪很耗费时间，而且横向运动。如果你仔细研究图 1-44，会发现在浪⑤中有人未听到发令枪响就抢跑，断言五个收缩浪结束了。但是三角形调整浪的边界线几乎从不会这么快就失去作用。子浪 C 通常是一个复杂浪，尽管浪 B 或浪 D 也会担任这个角色。要给三角形调整浪时间去演化。

根据我们对三角形调整浪的经验，我们认为收缩三角形的边界线到达顶点之际，往往是市场转折之时，如图 1-27 以及后面的图 3-11 和图 3-12 所示。也许，这种现象出现的频率会证明它应该存在于波浪理论的准则中。

11. 联合形（双重三浪和三重三浪）

艾略特把两个调整模式的横向联合称作"双重三浪"，把三个调整模式的横向联合称作"三重三浪"。尽管其中的单个三浪可以是任何锯齿形调整浪或平台形调整浪，但三角形调整浪可以是这种联合形调整浪中的最后一个组成部分，而且在这种联合中被称为"三浪"。联合形调整浪由更简单的调整浪类型组成，包括锯齿形、平台形和三角形。它们的出现就像横向运动延长了平台型调整。就双重锯齿形调整浪和三重锯齿形调整浪而言，各个简单调整模式分量标记为 W、Y 和 Z。每一个反作用浪——标记为 X——可以是任何调整模式，但最常见的是锯齿形调整浪。就多重锯齿形调整浪而言，三重模式似乎是极限，乃至于它们也比更普遍的双重三浪少见得多。

艾略特在不同的时候，用不同的方法来标记各种三浪的联合，尽管他用来说明的模式总是呈两个或三个并列的平台形调整浪的样子，如图 1-45 和图 1-46 所示。但是，联合形调整浪的各个分量

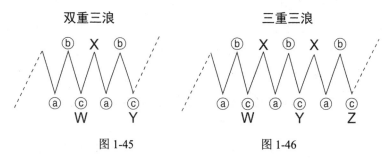

图 1-45   图 1-46

模式经常在形态上交替。例如,平台形调整浪后跟着三角形调整浪是更典型的双重三浪类型(现在我们知道,截至1983年的道琼斯工业股平均指数就属于这种类型,见附录 A),如图1-47所示。

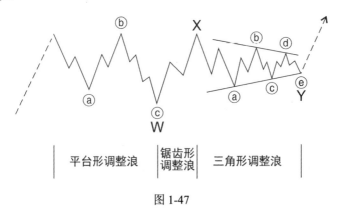

图 1-47

平台形调整浪后跟着锯齿形调整浪是另一个例子,如图 1-48 所示。自然地,既然本节各图描绘的是牛市中的调整浪,只要把它们倒置过来,就可作为熊市中向上的调整浪来研究。

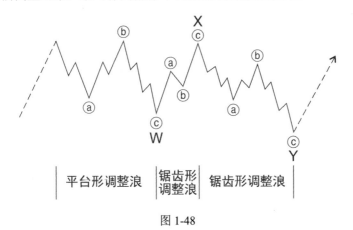

图 1-48

绝大部分联合形调整浪的特点是水平。艾略特曾指出，整个调整浪形态会与大一浪级的趋势反向倾斜，然而我们从未发现过这种情况。一个原因是，联合形调整浪中似乎从未有过一个以上的锯齿形调整浪，也从未有过一个以上的三角形调整浪。回想一下，三角形调整浪仅出现在大一浪级趋势的最后一轮运动之前。联合形调整浪显得认可了这种特点，因而在双重三浪或三重三浪中，三角形调整浪仅作为最后一浪。

正如艾略特想在《自然法则》中指出的那样，尽管双重锯齿形调整浪和三重锯齿形调整浪（见图 1-26）的趋势角度比联合形调整浪的横向趋势陡直（见第二章的交替），但仍可定性为非水平的联合形调整浪。然而，无论是从调整角度还是从调整目的来看，双重三浪和三重三浪都与双重锯齿形调整浪和三重锯齿形调整浪完全不同。在双重锯齿形调整浪或三重锯齿形调整浪中，第一个锯齿形调整浪极少大得足以对前一个波浪形成充分的**价格**调整。为了产生足够规模的价格回撤，双重的或三重的最初形态往往很有必要。然而，在联合形调整浪中，第一个简单模式通常产生了充分的价格调整。双重或三重调整模式的出现，似乎主要是为了在实质上达到价格目标之后，延长调整过程的**持续时间**。有时，多重调整浪需要额外的时间是为了触及价格通道线，或是与推动浪中的其他调整浪形成更紧密的联系。随着这种合并形态的演化，参与者的心理和基本面也在相应地延伸它们的趋势。

正如本节阐明的那样，序列 **3**+4+4+4……与序列 **5**+4+4+4……有本质的区别。注意，推动浪总共有 5 个浪，但有了延长浪就会达到 9 或 13 个浪，依此类推；调整浪总共有 3 个浪，有了联合形就会达到 7 或 11 个浪，依此类推。三角形调整浪显得是个例外，尽管可以把它数成一个三重三浪，共有 11 个浪。因此，如果数不清楚内部的浪，有时你可以仅凭波浪个数来得出合理的结论。比如，如果几乎没有波浪重叠现象，那么有 9、13 或 17 个浪的波浪就很可能是驱动浪，而有无数重叠现象的 7、11 或 15 个浪的波浪就很可能是调整浪。主要的例外是所有两种类型的斜纹浪，它们是驱动力量和调整力量的混合体。

12．正统的顶和底

有时，一个波浪模式的终点与关联的极端价格不一致。在这种情况下，波浪模式的终点就被称为"正统的"（Orthodox）顶或"正统的"底，这是为了将其与波浪模式内出现的，或者在波浪模式结束之后出现的实际价格最高点或最低点区分开来。例如，在图 1-14 中，浪(5)的终点是一个正统的顶，尽管浪(3)记录下了更高的价格。在图 1-13 中，浪 5 的终点是正统的底。在图 1-33 和图 1-34 中，浪 A 的起点是前一个牛市的正统的顶，尽管浪 B 的最高点更高。在图 1-35 和图 1-36 中，浪 A 的起点是正统的底。在图 1-47 中，浪 Y 的终点是熊市的正统的底，但是价格最低点出现在浪 W 的终点。

这个概念非常重要，主要是因为成功的分析总是依赖对各种波浪模式的准确标记。把一个特别的极端价格错误地当作波浪标记的正确起点，会使分析偏离轨道一段时间，而牢记波浪形态的各种必要条件会使你保持在正确的轨道上。其次，在运用第四章介绍的各种预测概念时，一个波浪的长度与持续时间通常取决于从正统的终点开始的测量及预测。

13．功能与方式的调和

在本章开始时，我们讲过波浪会起到的两种功能（作用和反作用），及其在结构上演化的两种方式（驱动和调整）。现在我们已经仔细研究过所有类型的波浪，故此可以将它们的标识概括如下：

- 作用浪的标识是 1、3、5、A、C、E、W、Y 和 Z。
- 反作用浪的标识是 2、4、B、D 和 X。

如前所述，**所有**的反作用浪都以调整方式演化，而**大多数**作用浪以驱动方式演化。前面几个小节已讨论了哪些作用浪以调整方式演化。它们是：

- 终结斜纹浪中的浪 1、3 和 5。
- 平台形调整浪中的浪 A。
- 三角形调整浪中的浪 A、C 和 E。
- 双重锯齿形调整浪和双重三浪中的浪 W 和 Y；
- 三重锯齿形调整浪和三重三浪中的浪 Z。

因为上面列出的各个波浪在相对方向上是作用浪，但以调整方式演化，所以我们称它们为"作用调整浪"。

三、其他命名法（选读）

1. 按目的命名

尽管在**任何方向上的**所有浪级趋势中，五浪作用之后会有三浪反作用，但是波浪的前进总以一个作用的推动浪开始，因此为了方便起见，它被向上绘制（既然所有这种图形都画的是比率，因此它们也可以被向下绘制。比如，你可以按股/美元，而不是美元/股来绘制）。再者，从根本上说，反映人类进步的股市长期趋势是**向上的**。浪级永远增大的推动浪的演化导致了股市的前进。**向下的**驱动浪只是调整浪的组成部分，因此不等同于股市的前进。

第一章　总体概念

相似地，**向上**的调整浪依然只是调整，终究形成不了市场的前进。所以，我们需要另外三个名称来标记一个波浪的**目的**，这样就能在各个波浪中方便地区分哪些导致了股市前进，而哪些没有。

任何不处于大一浪级调整浪中的向上的驱动浪都被称作**前进**（Progressive）浪。它们必定被标记成 1、3 或 5。任何下跌浪，无论属于何种波浪方式，都被称作**倒退**（Regressive）浪。最后，出现在更大一浪级调整浪中的向上的浪，无论属于何种波浪方式，都被称作**副倒退**（Proregressive）浪。倒退浪和副倒退浪都是调整浪的部分或全部。只有前进浪不受逆势作用力的支配。

读者或许认为，通常所用的"牛市"这个词可以用于前进浪，"熊市"这个词可以用于倒退浪，而"熊市反弹"这个词可以用于副倒退浪。然而，像"牛市""熊市""大浪""中浪""小浪""反弹""回撤""调整"这些名称的传统定义都试图包含一种量化的成分，而且它们太随意，所以实际上没什么用处。比如，某些人将熊市定义为下跌 20%或更多。按照这种定义，市场下跌 19.99%就不是熊市，而只是"调整"，但任何 20%的下跌**就是**熊市。这种名称的作用值得怀疑。尽管我们可以开发出一系列的量化名称（比如，幼熊市、熊妈妈市、熊爸爸市和灰熊市），但它们不可能比简单使用百分比更好。相比之下，艾略特波浪理论的各个名称定义得当，因为它们是定性的，也就是说它们反映了各种概念，而与波浪模式的规模无关。因此，在波浪理论中，前进浪、倒退浪和副倒退浪会有不同的浪级。一个甚超级循环浪级调整浪中的超级循环浪 B 可能有足够的幅度和持续时间，因而被大家当成"牛市"。然而，在波浪理论中，它的正确标记是一个副倒退浪，用传统名称来说就是一轮熊市反弹。

2. 说明相对重要性的名称

有两种级别的波浪，它们的重要性有本质的不同。用数字标记的浪我们称为**基本**（Cardinal）浪，因为它们构成基本的波浪形态——五浪结构的推动浪，如图 1-1 所示。我们可以研判市场**总是**处于一个最大浪级的基本浪中。用字母标记的浪我们称为**辅助**（Consonant）浪或**亚基本**（Subcardinal）浪，因为它们只作为基本浪 2 和基本浪 4 的**分量波浪**，而不可能有任何其他作用。一个驱动浪由小一浪级的基本浪构成，而调整浪由小一浪级的辅助浪构成。我们选择这些名称是因为它们出色的双重含义。"基本"不仅意味着"任何体系、结构以及思维框架的中心和基本要点"，而且还表示了数浪时使用的一个基数。"辅助"不仅意味着"在构成一个波浪模式时与其他部分和谐"，而且还是英文字母表中的一种字母类型㊀［资料来源：《韦氏大词典》（The Merriam-Webster Unabridged Dictionary）］。这些名称没有什么实际用途，这也是我们把它们放到本章最后讨论的原因。然而，这些名称在哲学探讨和理论探讨中有用，所以我们把它们在命名法中提出来。

四、错误的概念与形态

在《波浪理论》以及其他场合，艾略特曾讨论过他所称的"不规则顶"（Irregular Top），这是一种他用大量特异性建立起来的观点。他说，如果一个延长的第五浪结束了大一浪级的第五浪，那么随后出现的熊市会以扩散平台形调整浪**开始**，或者**就是**扩散平台形调整浪，其浪 A（我们要说这不可能）的规模比浪 C 小得多

㊀ 即辅音字母。——译者注

第一章　总体概念

（见图1-49）。创出新高的浪B是不规则顶，"不规则"是因为它出现在第五浪的终点之后。艾略特还认为，不规则顶与那些规则顶交替出现。对这种现象，我们在讨论第五浪延长后的波浪行为中，以及在第二章的"调整浪的深度"中有准确的描述，而艾略特的构想不仅不准确，还会使对这种现象的描述复杂化。

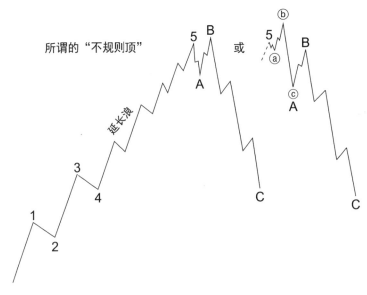

图1-49

问题在于，艾略特如何结束他不得不解释通的两个额外的波浪呢？答案是他强烈倾向于标记第五浪延长，而实际上第三浪才是延长浪。20世纪20年代和30年代出现过两个明显的大浪级第五浪延长，它们造成了艾略特的这种倾向。为了把延长的第三浪变为延长的第五浪，艾略特发明了一种称作"不规则类型 2"（Irregular Type 2）的A-B-C调整浪。他说，在这种情况下，浪B就像在锯齿形调整浪中那样达不到浪A起点的位置，而浪C就像

— 49 —

在顺势调整浪中那样达不到浪 A 终点的位置。他再三坚决主张在浪 2 的位置这么标记。因此，这些标识给他在顶峰留下了两个额外的波浪。"不规则类型 2"的构想去掉了延长浪的最初两个浪，而"不规则顶"的构想处理了留在顶部的两个浪。所以，**这两个错误的概念都诞生于同一种偏好**。实际上，这是种**连锁反应**。通过图 1-50 所示的数浪方案你能看出来，浪 2 位置的ⓐ-ⓑ-ⓒ"不规则类型 2"调整浪迫使艾略特在顶峰标记"不规则顶"。而实际上，除了标记错了之外，波浪的结构没有任何不规则的地方。

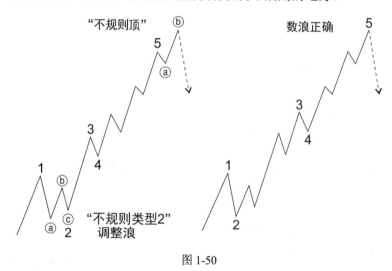

图 1-50

艾略特还认为，每个第五浪延长都会被"两次折返"（Doubly Retraced），也就是说随后会出现接近延长浪起点高度的"第一次折返"，以及超越整个折返点的"第二次折返"。调整浪通常在前一个第四浪的区域见底，按照这个准则（见第二章），这种波浪运动的发生是很自然的；此时的"第二次折返"其实是下一个推动浪。根据在第二章的"第五浪延长后的波浪行为"中的讨论，"两次折返"这个名称非常适用于延长浪后的扩散平台形调整浪中的浪 A 和浪 B。如果再给这种自然行为一个特殊的名称毫无意义。

在《自然法则》中,艾略特曾提到过一种叫作"半月形"(Half Moon)的形状。这并不是什么独立存在的模式,只是一个描述性短语,形容熊市中的下跌偶尔如何缓慢起动、加速,然后在恐慌性的长钉形态中结束。用半对数刻度绘制下跌市场的走势图时,以及用算术刻度绘制持续多年的上升市场走势图时,这种形状更是经常出现。

还是在《自然法则》中,艾略特两次提到他所称的"A-B 底"(A-B base)结构,在这个结构中,当一轮下跌以圆满的波浪数结束之后,市场会先以三浪方式上升,再以三浪方式下降,随后展开一轮真正的五浪牛市。事实是,有一段时期,艾略特试图将波浪理论硬塞入一种持续 13 年的三角形调整浪的观点里,那时他创造出这种"A-B 底"模式,但根据波浪理论的各项规则,如今没有哪个分析人员会认为这种模式是合理的。实际上很清楚,这样一种模式如果存在,就会影响波浪理论的效力。本书作者从未见过"A-B 底",而且实际上它也不可能存在。艾略特的这个创造只能表明,在其全部细致的研究和意义深远的发现中,他(至少有一次)暴露出分析人员的一种典型弱点,这就是在分析市场的过程中,让一个已经形成的观点贻误了客观性。

据我们所知,本章列举的所有波浪结构,都会在各种股票市场平均指数的价格运动中出现。按照波浪理论,不会出现其他有别于此的波浪结构。在小浪级之上,本书作者从未发现任何用艾略特波浪理论的方法不能圆满数出的波浪。对于细致刻画亚细浪级的波浪而言,60 分钟读数几乎是完美匹配的过滤器。计算机生成的分时交易走势图，可以揭示比亚细浪级小得多的各种艾略特波浪。即使在这样低的浪级，每单位时间内的几个数据点（交易），也足以通过记录在"交易池"（Pit）⊖里和在交易大厅里发生的快速心理变化，准确地反映波浪理论。

　　从根本上说，波浪理论的所有规则与准则适用于真实的市场气氛，而不适用于市场气氛的记录本身，更不适用于零散的记录。市场气氛的流露有赖于自由的市场定价。当价格被政府的法令固定下来时，例如黄金价格和白银价格被固定了半个20世纪，这种受法令限制的波浪就不该被记录。当可获得的价格记录与本该存在于自由市场中的价格记录不同时，就必须从这个角度考虑波浪理论的各项规则与准则。当然，从长期来看，市场总会摆脱法令的束缚，而且只有市场气氛容许，法令的实施才有可能。本书中介绍的所有规则与准则都假定你的价格记录是准确的。

　　既然我们已经介绍了波浪构造的各项规则和基础知识，那么我们可以接着探讨运用波浪理论进行成功分析的一些准则上了。

⊖ 又称 Trading Pit，也就是交易所里场内会员用打手势和喊叫进行交易的地方。——译者注

第二章

波浪构造准则

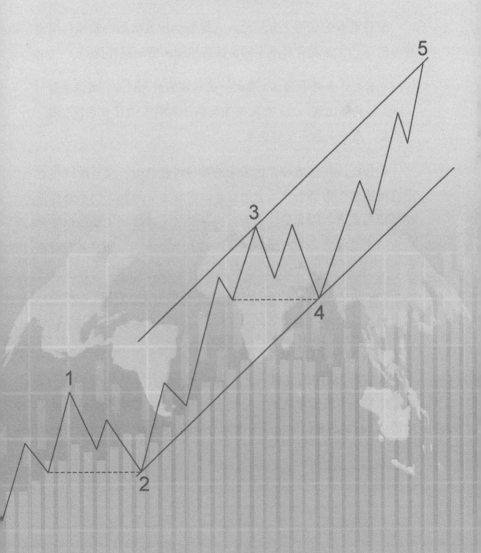

本章通篇介绍的各项准则，都是在牛市环境中进行讨论和图解。除了特别排除的情形之外，它们同样能用于熊市，在熊市环境中，各种图解和推论就要倒置过来。

一、交　　替

交替准则的应用十分广泛，它提醒分析人员始终要预判相似波浪的下一次表现会有所不同。汉密尔顿·博尔顿曾说：

> 本文作者**并不确信**，在大一浪级波浪的构造中，波浪类型的交替**必然出现**，但是有足够多的例子表明人们应当寻找交替现象，而不是抛弃交替现象。

在分析波浪构造并评估未来的各种可能性时，交替准则尽管没有精确说明市场下一步会怎么走，但却事先通知人们**不必**预期哪些市场走势，因此记住它会很有帮助。交替准则主要是指导分析人员不要像大多数人那样，仅因为上一个市场周期以某种方式展开，就相信这次的情况肯定一样。正如"逆向投资者"（Contrarian）⊖一再指出的那样，大多数投资者"搞懂"一种明显的市场习性之时，就是这种习性蜕变之日。不管怎样，艾略特更进了一步，说交替几乎是一种市场法则。

1. 推动浪中的交替

如果一个推动浪的浪二呈现出陡直调整，那就预计浪四是横向调整，反之亦然。就像交替准则表明的那样，图2-1显示了推动

⊖ 在多数人卖出时反而买入，或在多数人买入时反而卖出的投资者。——译者注

浪——无论是上升的还是下降的，最典型的分解。陡直调整从不包含新的极端价格，即超越前一个推动浪的正统终点的价格。陡直调整几乎总是各种锯齿形（单锯齿形、双重锯齿形或三重锯齿形）调整浪；有时它们是**以锯齿形调整浪开始**的双重三浪。横向调整包括平台形调整浪、三角形调整浪、双重三浪和三重三浪。它们通常包含新的极端价格，也就是超过前一个推动浪的正统终点的价格。在少数情况下，处于第四浪位置的规则三角形调整浪（不包含新极端价格的三角形调整浪）会取代陡直调整，因而与处在第二浪位置的另一种横向运动模式交替。推动浪中的交替概念可以概括为，两个调整过程中的一个会包含回到或超越前一个推动浪终点的运动，而另一个调整过程则不会。

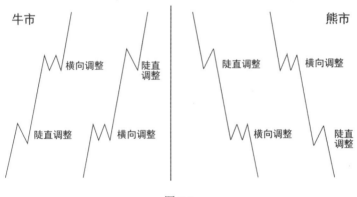

图 2-1

斜纹浪不会在子浪 2 和浪 4 之间显示出交替。通常，这两个调整浪都是锯齿形。延长浪是交替的一种表现，因为驱动浪交替了它们的长度。通常，第一浪是短浪，第三浪是延长浪，而第五浪再次是短浪。一般作为浪 3 出现的延长浪有时也会作为浪 1 或浪 5 出现，这是交替的另一种表现。

2. 调整浪中的交替

如果调整以平台形ⓐ-ⓑ-ⓒ结构的浪 A 开始,那就得预计浪 B 是锯齿形的ⓐ-ⓑ-ⓒ结构,反之亦然(见图 2-2 和图 2-3)。略微考虑一下,便可知出现这种情况的合理性很明显,因为图 2-2 反映的两个子浪都偏向上,而图 2-3 反映的两个子浪都偏向下。

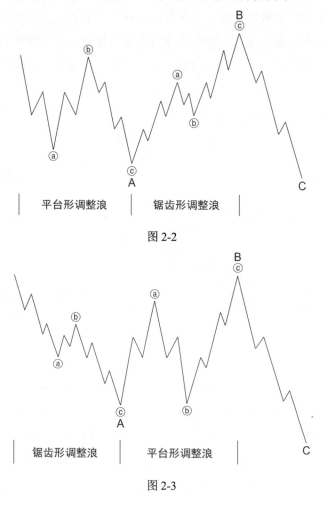

图 2-2

图 2-3

经常地,如果一轮大调整以简单的ⓐ-ⓑ-ⓒ锯齿形的浪 A 开始,那么浪 B 就会展开成子浪更加复杂的ⓐ-ⓑ-ⓒ锯齿形调整浪,以实现一种类型的交替,如图 2-4 所示。有时浪 C 还会变得更复杂,如图 2-5 所示。但这种复杂性的相反顺序就有点少见了。它出现的例子可以在图 2-16 的浪 4 中找到。

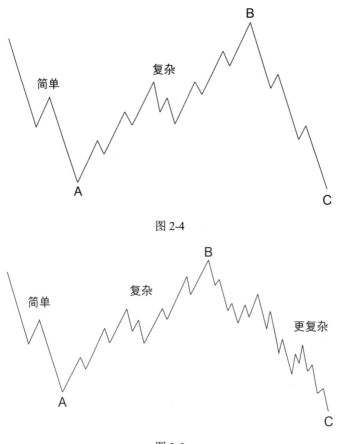

图 2-4

图 2-5

二、调整浪的深度

"一轮熊市预计能跌多少?"除了波浪理论,没有哪种市场分析手段能给这个问题圆满的回答。最重要的指南是,调整浪——尤其当它们本身是第四浪的时候,往往在前一个小一浪级的第四浪的运动区域内——大都在接近这个第四浪终点的高度,形成它们的最大回撤。

例1:1929年至1932年的熊市

我们对1789年至1932年这段时期的分析,使用了按定值美元校正的股票市场走势图,它由格特鲁德·舍克(Gertrude Shirk)制作,发表在1977年1月号的《循环》(Cycles)杂志上。在该图上我们发现,1932年的超级循环浪的最低点,在前一个循环浪级的第四浪的区域内触底,这个第四浪是跨越1890年至1921年的扩散三角形调整浪(见图5-4)。

例2:1942年的熊市最低点

在这个例子中,1937年至1942年的循环浪级熊市是一个锯齿形调整浪,它在1932年至1937年牛市中的大浪级第四浪的区域内结束(见图5-5)。

例3:1962年的熊市最低点

浪④在1962年的暴跌刚好把平均指数带到了1949年至1959年的大浪级五浪序列在1956年形成的最高点之上。在通常情况下,这轮熊市本该跌进浪(4)——浪3中的第四浪调整——的区域。不过,这次差一点达到目标区域说明这个准则并不是一种规则。前一个强劲的第三浪延长,以及浪(4)中回撤不深的浪 A 和强劲的浪 B,都表明了这个波浪结构的力度,这种力度的延伸导致浪④的净回撤不大(见图 5-5)。

例 4:1974 年的熊市最低点

至 1974 年的最后一跌,结束了 1966 年至 1974 年循环浪级的浪 IV 对从 1942 年起涨的整个浪 III 的调整,它把平均指数带入了前一个小一浪级第四浪(大浪④)的区域。图 5-5 再次显示了发生的一切。

例 5:伦敦黄金熊市,1974 年至 1976 年

这里我们列举来自另一个市场的例子,说明调整浪有在前一个小一浪级第四浪的运动幅度内结束的倾向(见图 6-11)。

任何熊市的常见极限是前一个小一浪级第四浪的运动区域,尤其是当被研究的熊市本身是第四浪的时候。20 多年来,我们对浪级较小的波浪序列的分析进一步证实了这个观点。然而,这个准则有一种显然合理的变体,也就是如果一个波浪序列中的**第一浪延长了**,那么第五浪之后的调整通常会以小一浪级第二浪的底为极限,这种情况经常出现。例如,跌至 1978 年 3 月的 DJIA,正好在第二浪于 1975 年 3 月形成的最低点见底,这个第二浪之前是从 1974 年 12 月的最低点涨起的延长的第一浪。

有时,平台形调整浪或三角形调整浪,尤其是那些跟在延长浪后面的,会达不到第四浪的区域(见例 3),但往往很接近。有时,锯齿形调整浪会大幅下跌,并深入到前一个小一浪级第二浪的区域,但是这几乎仅发生在这个锯齿形调整浪本身就是第二浪的时候。"双底"有时就是这样形成的。

三、第五浪延长后的市场行为

对DJIA的60分钟线20多年日积月累的观察使本书作者确信,对于延长浪的发生以及延长浪之后的市场行为,艾略特含糊地交代了他的某些发现。能够从我们对市场行为的观察中提炼出来的,以经验为依据的最重要规则是,当一轮上升行情的第五浪是延长浪时,继而发生的调整将是陡直的,而且会在延长浪中的浪二的最低点位置找到支撑。有时整个调整会在那里结束,如图2-6所示,而有时只有浪(A)在那里结束。尽管实际存在的例子数量有限,但浪(A)恰好在这个高度反转惹人注目。图2-7既展示了锯齿形调整浪,又展示了扩散平台形调整浪。在图5-5中,可以在浪Ⅱ中的浪Ⓐ的最低点找到一个包含锯齿形调整浪的实例,而在图2-16中,可以在浪4中的浪ⓐ的最低点发现一个包含扩散平台形调整浪的实例。你或许能在图5-5中看出来,浪(Ⅳ)中的浪ⓐ在浪⑤中的浪(2)⊖附近筑底,而这个浪⑤是1921年至1929年的浪Ⅴ中的延长浪。

既然一个延长浪中的第二浪的最低点,通常处于或接近于紧连着的前一个大一浪级第四浪的价格运动区域,那么这个准则表明的市场行为与先前的准则表明的相类似。但是,这个准则的**精度**很显著。第五浪延长后通常有**快速**的回撤,这个事实又提供了额外的价值。因此,第五浪延长的出现是对市场会戏剧性反转至一个特定高度的预警,这种预警有力地结合了各种知识。如果股市不只在一个浪级结束第五浪,就不需要运用这个准则,然而

⊖ 图5-5未标示出浪(2)。——译者注

图 5-5 中的市场行为（见上面的证明）意味着，我们仍应将这个高度至少看作是潜在的或暂时的支撑点。

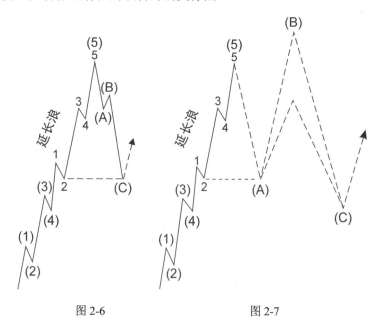

图 2-6　　　　　　　图 2-7

四、波浪等同

波浪理论的准则之一是，一个五浪序列中的两个驱动浪会在持续时间和幅度上趋向等同。当一个驱动浪是延长浪时，这个准则通常适用于另外两个非延长浪，而且在第三浪是延长浪时尤其适用。如果缺乏完美的等同，那么 0.618 倍很可能是下一个关系（见第三章和第四章）。

当波浪大于中浪级时，价格关系通常必须用百分比来交代。这样，在 1942 年至 1966 年的整个循环浪级延长浪的上升行情中，我们发现大浪级的浪①在 49 个月里运行了 120 点，也就是上涨 129%，而大浪⑤在 40 个月里运行了 438 点（见图 5-5），也就是上涨 80%（0.618 乘以 129%的涨幅），这与持续了 126 个月的大浪级第三浪的 324%的涨幅相差甚远。

当波浪处于中浪级或中浪级以下时，价格等同通常可以通过算术项来交代，因为波浪的百分比长度也几乎相等。因此，在 1976 年年底的反弹中，我们发现浪 1 在 47 个交易小时内运行了 35.24 点，而浪 5 在 47 个交易小时内运行了 34.40 点。波浪等同准则常常极为准确。

五、绘制波浪

汉密尔顿·博尔顿总是坚持绘制"60 分钟收盘价"走势图，也就是显示每小时结束时的价格的走势图，本书作者也是这么做的。艾略特本人无疑也有同样的习惯，因为在《波浪理论》中，他展示过一张 1938 年 2 月 23 日至 3 月 31 日的股票市场 60 分钟走势图。每个艾略特波浪理论的实践者，或任何对波浪理论感兴趣的人，都会发现绘制 DJIA 的 60 分钟波动不仅有启发性而且实用，《华尔街日报》（The Wall Street Journal）⊖ 和《巴伦周刊》（Barron's）⊖ 都出版这种走势图。这是项简单的任务，只需要每周花几分钟的时间。柱线图（Bar Charts）虽好，但可能会误导你，因为它揭示的是发生在每条柱线变化时刻附近的价格波动，而不是柱线形成时间内的价格波动。所有的走势图必须用实际刊登的数值。那些所

⊖ 道琼斯公司出版的以财经报道为特色的综合性报纸。创刊于 1889 年 7 月 8 日。——译者注

⊖ 道琼斯公司出版的关于金融与投资的周刊。创刊于 1924 年。——译者注

谓的 DJIA"开盘价"（Opening）和"理论盘中价"（Theoretical Intraday）数值是统计上的发明，并不能反映任何特定时刻的平均指数。这些数值分别代表了一堆可能在不同时候产生的开盘价，或是每只指数股的一堆每日最高价或每日最低价，而不顾这些极端价格在每个交易日内出现的时间。

波浪分类的主要目的是确定指数在股市演化中所处的位置。只要波浪数清晰明了，波浪分类就很简单，例如快速运动、情绪高涨市场中的，特别是推动浪中的波浪数，此时小规模的波浪运动通常以简单的方式展开。在这些情况下，就必须绘制短期走势图来观察所有的细分浪。但是，在低迷的市场或剧烈震荡的市场中，尤其是在调整浪中，波浪结构的演化很可能复杂且缓慢。在这些情况下，长期走势图往往能有效地将市场运动浓缩成一种形态，使演化中的波浪模式清晰明了。凭着对波浪理论的正确理解，有时就可以预测出横向趋势（例如，当浪二是锯齿形调整浪时，预测出第四浪是横向趋势）。但是对于分析人员来说，即使预测到了横向趋势，市场的复杂性与低迷也是两件令人懊恼的事。然而，它们是市场现实的组成部分，因而必须加以考虑。本书作者极力建议你在这种时候从市场脱身一段时间，获取在快速展开的推动浪中的利润。你无法"希望"市场行动起来，市场可不会听你的指挥。当市场休息的时候，你也休息。

跟踪股市的正确方法是用半对数刻度走势图，因为市场的历史仅以百分比合理地联系起来。投资者关心的是涨跌的百分比，而不是市场平均指数运行的点数。例如，1980年时 DJIA 的10个点意味着1%的运动。但在20世纪20年代初，10个点意味着百分之十的运动，相比之下重要得多。然而，为了绘图方便，我们建议仅用半对数刻度绘制长期走势，此时的差别非常显著。算术刻度相当适于跟踪 60 分钟波浪，因为按百分比计算，DJIA 在 800 点反弹 40 点与 DJIA 在 900 点反弹 40 点的差别不大。这样，对于短期运动，通道技术就可以很好地运用在算术刻度走势图上。

六、通　　道

艾略特曾提到，平行的趋势通道常常可以标明一个推动浪的上下边界，而且相当精确。你应当尽早绘制出一条价格通道，来帮助确定波浪的运动目标，并为趋势的未来发展提供线索。

一个推动浪的初始通道至少需要三个参考点。当浪三结束的时候，先经过标记着 1 和 3 的两点做一条直线，然后经过标记着 2 的点做一条平行线，如图 2-8 所示。这样构建的通道可以估计出浪四的边界。（在大多数情况下，第三浪会走得很远，以至于通道线的起点⊖ 被排除在了最终通道的接触点之外。）

如果第四浪在没有触及平行线的点结束，那么为了给浪五估计出边界，你就必须重建通道。首先绘制一条直线，经过浪二的终点和浪四的终点。如果浪一和浪三正常，那就绘制经过浪三顶点的上平行线，它能很准确地预测出浪五的终点，如图 2-9 所示。如果浪三异常强劲，几乎竖直，那么经过它的顶点做出的平行线就会太高。经验表明，与经过浪一终点的基线相平行的线更有效，如我们绘制的 1976 年 8 月至 1977 年 3 月的金价走势（见图 6-12）。在某些情况下，画两条潜在的上边界线，将有助于提醒你尤其要注意这些位置上的波浪数特征和成交量特征，然后采取适当的行

⊖ 也就是浪一的终点。——译者注

动，因为波浪数使这样做显得很必要。

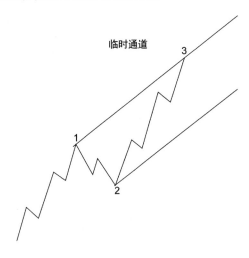

图 2-8

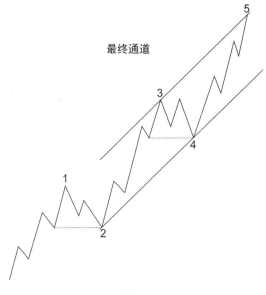

图 2-9

永远记住，所有浪级的趋势总是同时在演化。例如，有时当一个大浪级第五浪中的中浪级第五浪在到达上边界线时，这个推动浪会在两个浪级上同时结束。或者有时，当市场在循环浪级到达通道的上边界线时，超级循环浪级的翻越会精确地结束。

锯齿形调整浪常常以四个接触点形成通道。一条线连接浪 A 的起点和浪 B 的终点；另一条线，经过浪 A 的终点和浪 C 的终点相接。前一条线一旦形成，那么，经过浪 A 的终点画一条平行线是研判整个调整浪确切终点的好办法。

七、翻　　越

在平行通道线内或斜纹浪的会聚线内，如果第五浪在成交量萎缩中向它的上趋势线运动，就说明波浪的终点将要到达上趋势线，或者达不到上趋势线。如果在第五浪接近上趋势线时成交量巨放，那就意味着这个第五浪有可能刺穿上边界线，这就是艾略特所说的"翻越"。在翻越点附近，小一浪级的第四浪会紧贴着上平行线在下方横向运动，使随后出现的第五浪在最终的成交量巨放中突破上边界线。

浪 4 或者浪 5 中的浪二产生的"翻下"（Throw-under）常常能预示翻越的发生，如图 2-10 所示，该图取自艾略特的《波浪理论》。翻越可用即刻跌回到上通道线下方的反转来印证。具有同样特征的翻越也会在下跌市场中出现。艾略特准确无误地提醒过，在翻越期间，浪级较大的翻越会使小一浪级的波浪难以识别，因为在最后的第五浪期间，小一浪级的价格通道有时也会被向上刺穿。图 1-17、图 1-19 和图 2-11 显示了翻越的实际例子。

第二章 波浪构造准则

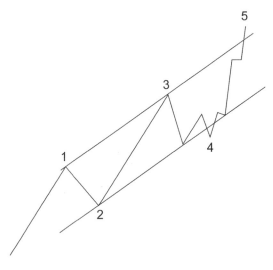

图 2-10

八、刻　　度

艾略特认为,以半对数刻度绘制通道的必要性表明了通货膨胀的存在。时至今日,没有哪个波浪理论的学者怀疑过这个假设,但我们可以证明它是错误的。一些对艾略特来说的明显差异,本应归于他当时绘制波浪的浪级差异,因为浪级越大,往往就越有必要使用半对数刻度。另一方面,1921 年至 1929 年的股票市场在半对数刻度走势图上形成的完美价格通道(见图 2-11),以及 1932 年至 1937 年的股票市场在算术刻度走势图上的形态表明(见图 2-12),只有在选择合适的刻度绘制走势图时,同一浪级的波浪才会形成正确的艾略特趋势通道。在算术刻度走势图上,20 世纪 20 年代的牛市加速超出了上边界,而在半对数刻度走势图上,20 世纪 30 年代的牛市却离上边界很远。

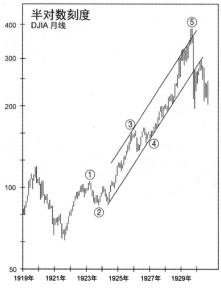

图 2-11

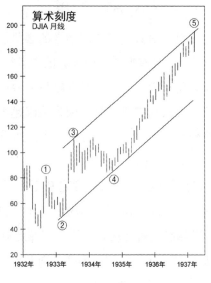

图 2-12

第二章　波浪构造准则

至于艾略特有关通货膨胀的观点，我们注意到 20 世纪 20 年代实际伴随着温和的通货紧缩，因为消费者价格指数（Consumer Price Index，CPI）⊖ 平均每年下降 0.5%，而 1933 年至 1937 年的这个时期却存在温和的通货膨胀，CPI 平均每年上涨 2.2%。这种货币背景使我们确信，通货膨胀并不是使用半对数刻度必要性背后的原因。实际上，除了价格通道形成的这个差异之外，这两个循环浪级规模的波浪惊人地相似：在价格上，它们创造了几乎相同的倍率（分别是六倍和五倍），它们都含有延长了的第五浪，而且在这两个例子里，第三浪的顶点在循环浪底部之上有相同的百分比涨幅。两轮牛市之间的本质区别是每一个子浪的外形和时间长度不同。

至多，我们可以说使用半对数刻度的必要性，是为了体现一个处于加速过程中的波浪，而无论这种加速缘于何种群体心理。如果有一个价格目标，并分配一段特定长度的时间，只要通过调整波浪的斜率来适配，任何人都可以从同样的起点以算术刻度和半对数刻度，圆满地画出假设的艾略特波浪通道。因此，是以算术刻度还是以半对数刻度预测平行通道的问题，就建立基本规则而言，仍悬而未决。在你使用的刻度上，如果任何时刻的价格演化都不能有序地落在两条平行线内，那么为了从正确的视角观察通道，你就得采用另一种刻度。要纵览所有的价格演化，你应该永远使用两种刻度。

⊖ 美国劳工部所属的劳动统计局发布的衡量城市居民生活成本的指数，始于第一次世界大战。消费者价格指数反映了城市居民为一篮子有代表性的商品及服务所支付的价格的变化，它是衡量通货膨胀水平的重要指标。我国称之为居民消费价格指数。——译者注

九、成　交　量

艾略特以成交量为工具校验数浪方案并预测延长浪。他发现，在牛市中成交量有一种自然的倾向，也就是成交量随价格变化速率放大或萎缩。在调整阶段后期，成交量萎缩通常表示卖压下降。在市场中，成交量的最低点常常与转折点同时出现。在大浪级以下的正常第五浪中，成交量往往比在第三浪中小。如果上升中的大浪级以下的第五浪的成交量与第三浪的相比持平或放大，那么第五浪延长就有效。如果第一浪的长度与第三浪的长度基本相等，那么不管怎么说，我们总是可以预测第五浪延长的出现，然而第五浪的这种成交量表现是第三浪**以及**第五浪都延长的罕见时刻的最佳预兆。

在大浪级和大浪级以上，成交量往往会在上涨的第五浪中放大，而这仅仅是因为牛市中参与者的数量自然地长期增长。实际上，艾略特注意到，大浪级以上的牛市终点的成交量常常创出历史最高。最后，正如前面讨论的那样，在平行趋势通道线或斜纹浪阻力线的翻越点，成交量常常骤放（有时，当斜纹浪的第五浪正好在容纳大一浪级价格活动的通道的上平行线结束时，这样一种翻越点会同时出现）。

除了这几个颇具价值的观察所得之外，我们还在本书的不同章节深入探讨了成交量的重要性。就指导数浪或者波浪预测而言，成交量的重要性最大。艾略特曾说过，成交量不受波浪理论各种模式的影响，对于这个论断，本书作者没有发现任何可信的证据。

十、恰当的外观

一个波浪的总体外形必须符合恰当的图解。我们可以把任何五浪序列硬数成三浪,只要将最初的三个细分浪标记为单个浪A,如图2-13所示,但这样做不正确。如果我们允许这样的扭曲存在,那么艾略特理论分析就会失去根基。如果第四浪在远高于第一浪顶部的位置结束,那么这个五浪序列就必须归为推动浪。在这个假设的情形中,既然浪A由三个浪组成,那么浪B预计就会跌到浪A的起点附近,就像它在平台形调整浪中那样,但浪B明显没有跌那么深。尽管波浪的内部波浪数是其分类的指引,但相应地,合适的总体外形常常是其正确内部波浪数的指引。

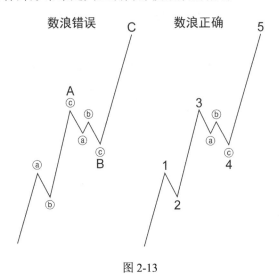

图2-13

到目前为止,我们在前两章中阐述的所有因素决定了一个波浪的"恰当的外观"(Right Look)。从经验中我们发现,仅仅因为波浪理论中的各种模式有些灵活，就让我们对市场的强烈情绪使我们接受波浪关系比例失调的数浪方案，或波浪模式畸形的数浪方案，是极其危险的。

艾略特告诫过，"恰当的外观"并不一定在趋势的所有浪级上同时显而易见，对这个问题的解决方案是专注于最清晰的浪级。如果 60 分钟走势图令人困惑，那就退一步看看日线或周线。反过来说，如果周走势图给出了太多的可能性，那就关注短期市场运动，直至更大的画面明朗。一般来说，你需要短期走势图来分析快速运动市场中的细分浪，而需要长期走势图来分析运动缓慢的市场。

十一、波浪个性

波浪个性的观点是对波浪理论的重要扩展。其益处在于把人类行为更加个性化地带入研判中。

艾略特波浪序列中每一浪的个性，是对每一浪所包含的群体心理必不可少的反映。群体情绪从悲观到乐观，再从乐观到悲观的演变，在每个时间轮回中往往沿着相似的路径，这在波浪结构中的相应时刻产生了相似的情形。正如波浪理论表明的那样，市场历史一再重演，但不是精确地重演。每一浪都有兄弟姐妹（在大一浪级波浪中的相同浪级的同向波浪），以及堂亲表亲（在不同的大一浪级波浪中的浪级相同且标识相同的波浪），但没有哪个波浪有一个孪生浪。有亲缘关系的波浪——尤其是那些堂亲表亲们——具有相似的市场特征以及社会特征。每一种波浪类型的个性都很清晰，无论该浪属于甚超级循环浪级还是属于亚细浪级。当由于其他原因造成波浪数不清晰，或相左的研判时，波浪的属性不仅可以预

第二章 波浪构造准则

先告知我们在下一个波浪序列中预期什么,而且有时可以帮助我们判定当前的市场在波浪演化中的位置。在波浪展开的过程中,有时根据所有已知的艾略特规则,会存在几种完全可以采纳的数浪方案。正是在这些交会点上,波浪个性的知识会非常宝贵。认清单个波浪的性格常常使你得以正确研判大一浪级模式的复杂性。接下来要讨论的是牛市中的波浪个性。如图 2-14 和图 2-15 所示。当作用浪向下,而反作用浪向上时,这些观察资料得倒过来用。

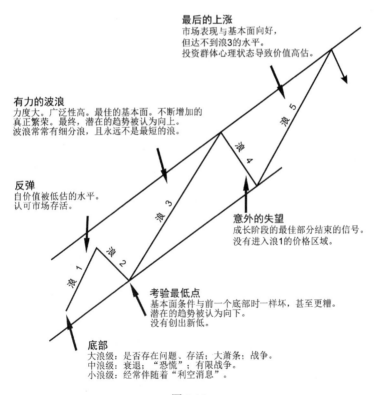

图 2-14

理想的调整浪

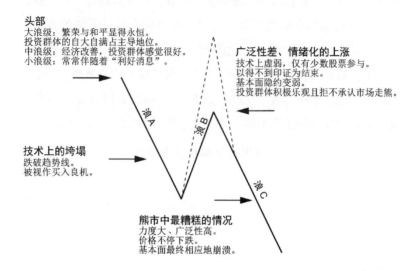

图 2-15

1）第一浪——粗略估计，大约一半的第一浪是"筑底"（Basing）过程中的一段，因此往往被浪二大幅调整。然而，与前一轮下跌中的熊市反弹相比，这个第一浪的上扬在技术上更有建设性，经常展现出成交量的轻度增加与市场广泛性（Breadth）[一]。此时大量的卖空显而易见，因为大多数人终于相信大趋势还会跌。投资者们终于抓到了"又一次反弹得以卖空"，因而大加利用。另外50%的第一浪，或是从前一个调整浪形成的大底部涨起，如1949年时的那样；或是从下跌失败涨起，如1962年时的那样；或是从极度的压缩市涨起，如1962年和1974年时的那样。这样开始的第一

[一] 市场广泛性又称市场宽度。在牛市中，市场广泛性强意味着，相比下跌的股票数量，有更多数量的股票在参与上涨。反之亦然。——译者注

浪充满活力，而且仅会受到小幅回撤。

2）第二浪——第二浪常常对第一浪回撤很深，因而投资者在第一浪获得的大部分利润会在第二浪结束时化为乌有。这在买入看涨期权（Call Option）⊖ 中尤其明显，因为在第二浪的恐慌环境下，期权费（Premium）⊖ 猛烈下跌。此时，投资者们彻底相信熊市又回来了。第二浪常常以非常低的成交量和非常低的波动性结束，这表明卖压正在枯竭。

3）第三浪——第三浪是能看见的奇迹。它们力度大且广泛性高，因此这时的趋势不会被弄错。当信心恢复时，有利的基本面越来越多地出现。第三浪通常产生最高的成交量和最大的价格运动，而且大部分时候是波浪序列中的延长浪。我们因而断定第三浪中的第三浪，依此类推，在任何波浪序列中会是力量最具爆发性的时刻。此时总是产生突破、"持续性"跳空、成交量放大、极高的广泛性、主要道氏理论趋势的印证，以及飞涨的价格运动，这些现象按浪级在市场中产生了巨大的 60 分钟盈利、日盈利、周盈利、月盈利或年盈利。基本上所有的股票都参与到了第三浪中。在波浪展开时，除了 B 浪的个性以外，第三浪的个性能提供最有价值的数浪线索。

4）第四浪——第四浪的深度（见前面"调整浪的深度"一节）与形态都可以预测，因为根据交替准则，它们应该与前一个相同浪级第二浪的深度与形态不同。第四浪往往横向运行，为最后的第五浪运动构建基础。表现不佳的股票在该浪期间触顶并开始下

⊖ 从看涨期权的卖方那里，在某个时间（期权到期日）按某个价格（执行价格）买入约定数量（通常是 100 股）股票的权利。看涨期权的买方是看多的。——译者注
⊖ 看涨期权或看跌期权的价格。——译者注

跌，因为当初只有第三浪的力量才能让它们产生运动。市场中的这种初步恶化为第五浪期间的种种无印证（Non-confirmation）[一]与各种走弱的细微迹象创造了条件。

5）第五浪——在股票市场中，就广泛性而言，第五浪的力度比第三浪小。通常，它们还显示出较低的价格变化最高速率，尽管如果第五浪是延长浪的话，那么第五浪**中的**第三浪的价格变化速率可能超过前一个大一浪级第三浪。相似地，在循环浪级或更大浪级的持续的推动浪中，成交量虽然常常增加，但在大浪级以下的第五浪中，只有当第五浪延长时，成交量增加才会出现。否则的话，作为一条规则，相对于第三浪，通常得预期在第五浪中出现**较少的**成交量。市场里的"半吊子"有时渴望在长期趋势的尽头出现"喷发"（blowoff）行情，但股票市场没有在顶峰达到最高加速度的历史。即便第五浪延长了，第五浪中的第五浪也缺乏之前的那种活力。在上升的第五浪中，尽管市场的广泛性逐渐收缩，但是投资群体的乐观情绪极度高涨。然而，与前面调整浪中的反弹比较起来，市场活动确实改善了。例如，1976年年末的道指反弹并不令人兴奋，但是尽管如此，相对于前面4月、7月和9月的调整浪中的上升行情，它是驱动浪，相比之下，那些调整浪中的上升行情对次要指数（Secondary Indexes）[二]和累积腾落指标（Cumulative Advance-Decline Line，ADL）[三]的影响更弱。在行情结束两周后，作为对那个第五浪产生的乐观情绪的纪念，参与民

[一] 见图7-1。——译者注
[二] 即道琼斯工业股平均指数以外的股票分类指数，如高技术股指数、金融股指数等。——译者注
[三] 一种股票市场技术分析指标，用于衡量参与市场上涨或下跌的个股数量。其公式为：ADL=今日上涨的股票家数-今日下跌的股票家数+昨日的ADL。——译者注

意调查的投资顾问机构认为市场只会下跌4.5%,这是有数值记录的历史中最低的"熊市"跌幅,**尽管**那个第五浪未能创出新高!

6) A 浪——在熊市的 A 浪期间,投资界普遍相信这个反作用浪只是下一轮上升行情前的退却。尽管个股模式中出现了最初的、真正的技术性破坏裂缝,但大家依然蜂拥买入。A 浪为随后的 B 浪定下了调子。五浪结构的浪 A 意味着浪 B 是锯齿形调整浪,而三浪结构的浪 A 表明接下来是平台形调整浪或三角形调整浪。

7) B 浪——B 浪是假牛市。它们是对投资者的骗局、牛市陷阱、投机者的天堂、散户心态的放纵,或愚蠢的投资机构者自满情绪的显露(或以上兼有)。它们通常只有少数股票参与,往往不会被其他平均指数"印证"(见第七章对道氏理论的讨论),技术上也极少是强势,而且几乎注定要被浪 C 完全回撤。如果分析人员能轻易地对自己说,"市场出问题了",那它很可能是 B 浪。X 浪以及扩散三角形中的 D 浪也有相同的特征,因为它们都是调整浪上升行情。下面几个例子足以说明这一点。

—1930 年的向上调整是 1929 年至 1932 年的 A-B-C 锯齿形下跌行情中的浪 B。罗伯特·雷亚(Robert Rhea)⊖ 在他的著作《平均指数史话》(*The Story of the Averages*,1934 年)中把那次市场情绪氛围刻画得淋漓尽致:

……许多观察者把它当作牛市的信号。我还能记得,在 1929 年 10 月了结了盈利颇丰的空头仓位后,12 月初我又做空股票。然而当 1 月和 2 月的缓慢但稳步上升的行情越过(前一

⊖ 美国道氏理论学者。——译者注

个高点）时，我变得惊慌失措，于是平仓，损失惨重……我忘记了，那次反弹通常只能预计回撤至 1929 年下跌行情的 66%或更多一些。几乎所有的人都在喊这是一轮新牛市。各种投资顾问机构极其看涨，而且最大成交量正在超过 1929 年高峰时期。

——1961 年至 1962 年的升市是(a)-(b)-(c)扩散平台形调整浪中的浪(b)。在 1962 年年初的顶部，股票卖到了空前绝后的市盈率（Price/Earning，P/E）⊖。而腾落指标早已在 1959 年与第三浪的顶部一同达到高峰。

——1966 年至 1968 年的升市是循环浪级调整模式中的浪Ⓑ。人们感情用事，于是低价股（Cheapies）⊜在投机狂热中火箭般地蹿升，完全不同于次级公司（Secondaries）⊜股票在第一浪和第三浪中有秩序的而且通常完全合理的参与。道琼斯工业股指数在整个上升行情中艰难地爬升，并最终拒绝印证次要指数中的惊人新高。

——1977 年，道琼斯运输股平均指数（Dow Jones Transportation Average，DJTA）⊛在 B 浪中攀升至新高，但很可惜，没有被工业股指数印证。航空公司股和卡车运输公司股显得无精打采。只有运煤的铁路公司股在参与指数的上涨。因此，指数中的广泛性明显匮乏，这再次印证了良好的广泛性通常是推动浪的属性而不

⊖ 在一个考察期（通常 12 个月）内，股票价格与每股收益的比率。——译者注
⊜ 俚语。相对它们的实际价值而言，价格便宜的股票。这种便宜可能表现为每股净资产与股价的差异、相对低的价格，或低市盈率。——译者注
⊜ 俚语。吸引投资者的小公司。它们通常含有很高的风险，但也提供了获得巨大利润的机会。——译者注
⊛ 世界上最古老的股票指数，由查尔斯·道于 1884 年 7 月 3 日创立，最初包含 11 只运输业股票，目前有 20 只。——译者注

是调整浪的属性。

——对于黄金市场中的 B 浪的讨论，见第六章的"黄金"一节。

总体来看，中浪级的 B 浪和浪级更小的 B 浪通常显示出成交量的萎缩，而大浪级的 B 浪和浪级更大的 B 浪显示出的成交量，比伴随着前一个牛市的更大，这通常说明了人们的广泛参与。

8）C 浪——下跌中的 C 浪通常极具毁灭性。它们是第三浪，因而有第三浪的大部分属性。正是在这段下跌行情中，实际上除了持币以外无处可藏。人们在浪 A 和浪 B 中抱有的种种幻想往往会逐渐消失，于是恐惧控制了一切。C 浪的持续时间长，且广泛性强。1930 年至 1932 年是一个 C 浪；1962 年是一个 C 浪；1969 年至 1970 年，以及 1973 年至 1974 年也可归类为 C 浪。在大一浪级熊市中的向上调整浪中的上升 C 浪强劲有力，因而会被误认为是新一轮上升行情的开始，这尤其是因为它们以五浪方式展开。例如，1973 年 10 月的反弹（见图 1-37）就是一个倒置的扩散平台形调整浪中的 C 浪。

9）D 浪——除了在扩散三角形中之外，所有的 D 浪常常伴随成交量的放大。这一事实很可能是因为非扩散三角形调整浪中的 D 浪是个混合体，因此它们在一定程度上算是调整浪，而又有第一浪的某些特征。调整浪中上涨的 D 浪与 B 浪一样是假牛市。1970 年至 1973 年的升市是循环浪级的大型浪 IV 中的浪⑥。有详尽的记载证明，当时典型的机构投资基金经理对市场的自满态度就是"买入然后长期持有"。参与上涨的股票范围仍然有限，这次涨的是"漂亮 50"（Nifty Fifty）⊖ 和"魅力股"（Glamour Issue）。1972 年，广泛性与运输股平均指数一样早早见顶，拒绝印证"漂亮 50"给予的奇高

⊖ 俚语。对 20 世纪 60 年代和 70 年代最热门的 50 家大盘股的称呼，它们曾被认为是可以长线持有的可靠成长股。——译者注

市盈率。为了准备总统选举[注]，华盛顿在整个上升行情中开足马力维持虚假的繁荣。就像对前一个浪⑬那样，假牛市是恰当的形容。

10) E 浪——在大多数市场观察者看来，三角形调整浪中的 E 浪是市场见顶后新一轮下跌趋势的戏剧性开始。它们几乎总是有消息面的强大支撑。这些消息连同 E 浪将要突破三角形边界线的假象，增强了市场参与者看跌的信念，但就在此时他们本应为反方向的大涨做好准备。因此，在作为结尾的 E 浪中，市场参与者的心理状态与在第五浪中时一样亢奋。

****

在这里讨论的各种趋向并非必然出现，因此它们被称作准则，而非规则。缺乏必然性丝毫不能贬低它们的效用。例如，看看图 2-16 这幅市场活动的 60 分钟走势图，它是 DJIA 从 1978 年 3 月 1 日的最低点涨起的最初四个小浪。走势图上的波浪自始至终都是教科书式的艾略特波浪：从波浪长度到成交量模式（未显示）、到趋势通道、到波浪等同的准则、到延长浪后的浪(a)形成的回撤、到第四浪的预期最低点、到完美的内部波浪数、到波浪交替、到斐波那契时间序列，再到内含的斐波那契比率关系。它唯一的超常之处是浪 4 的巨大规模。值得注意的是，914 点是个合理的目标位，因为它是 1976 年至 1978 年下跌行情的 0.618 倍回撤。

这些准则也有例外，但如果没有这些例外，市场分析就成了一门精确性的科学，而不是一门可能性的科学。尽管如此，有了对波浪结构准则的全面了解，你就能对自己的数浪信心十足。实际上，你不但可以用市场活动来印证数浪，而且可以用数浪来预测市场活动。

[注] 1972 年，尼克松成功连任美国总统，但在 1974 年因"水门事件"辞职。——译者注

第二章 波浪构造准则

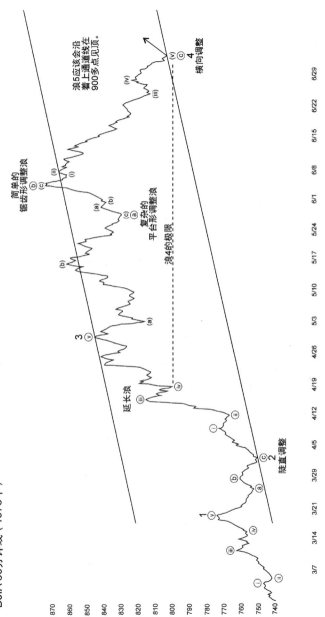

图 2-16

还要注意，艾略特波浪准则覆盖了大部分传统的技术分析，如市场动量和投资者情绪。其结果是传统的技术分析现在大幅增值，因为它可以帮助我们在艾略特波浪结构中确定市场的位置。从这个意义上讲，使用这些工具应该得到鼓励。

十二、波浪的各种规则与准则总结

从理论的角度来看，我们必须小心，不能把艾略特波浪与它们的计量工具相混淆，后者就像一支可以受热的温度计。温度计不是设计用来测量气温短期快速波动的，而有30家成分股的指数构建也不是用来记录群体意愿的每一次短期波动的。尽管我们完全相信下述的各个规则支配着作为群体心理现象的艾略特波浪，但是对艾略特波浪导致的各种活动——比如买卖某些股票——的记录，未必能完美地反映这些波浪。因此这些活动的记录可能背离了对这些规则的完美表达，这仅仅是因为所选择测量仪器的不完美。除此之外，我们已经发现在小浪级和小浪级之上，道琼斯工业股平均指数完美地遵循了艾略特理论的各项规则，而且在更小的浪级上也几乎总是如此。以下是各种规则和已知准则（除了斐波那契比率关系）的总结，用于五种主要的波浪模式、变体和联合形态。

1. 驱动浪

☆ 推动浪

规则

● 一个推动浪总是细分成五浪。
● 浪1总是细分成一个推动浪或者一个（罕见的）斜纹浪。

- 浪 3 总是细分成一个推动浪。
- 浪 5 总是细分成一个推动浪或者一个斜纹浪。
- 浪 2 总是细分成一个锯齿形调整浪、平台形调整浪或者联合形调整浪。
- 浪 4 总是细分成一个锯齿形调整浪、平台形调整浪、三角形调整浪或者联合形调整浪。
- 浪 2 永远不会运动过浪 1 的起点。
- 浪 3 总是运动过浪 1 的终点。
- 浪 3 永远不会是最短的一浪。
- 浪 1、3 和 5 不会都是延长浪。

准则

- 浪 4 几乎总是呈现出与浪 2 不同的调整模式。
- 浪 2 通常是一个锯齿形调整浪或者锯齿形联合调整浪。
- 浪 4 通常是一个平台形调整浪、三角形调整浪或者平台形联合调整浪。
- 浪 5 有时不会运动过浪 3 的终点（这种情况被称作缩短）。
- 在算术刻度走势图或者半对数刻度走势图上，浪 5 常常会在到达或略微超越以浪 3 终点为起点绘制的，平行于经过浪 2 终点和浪 4 终点连线的直线时结束。
- 在母推动浪中，浪 3 的中心位置几乎总有任何波浪同等时期中最陡峭的斜率，除了在某些时候，浪 1 的早期部分（"开始"）会更陡峭。
- 浪 1、3 或 5 通常会延长（一个延长浪显得"伸长了"是因为它的调整浪比它的推动浪小。延长浪比非延长浪长得多，而且包含更大的细分浪）。
- 通常，延长的子浪与母浪有相同的数字标识（1、3 或 5）。
- 两个子浪都延长很罕见，尽管当浪 3 和浪 5 属于循环浪级或超级循环浪级，并且处在大一浪级的第五浪中时，它们往往都会延长。
- 浪 1 最不可能是延长浪。
- 当浪 3 是延长浪时，浪 1 与浪 5 的增幅往往相同或成斐波那契比率关系。
- 当浪 5 是延长浪时，它经常与浪 1 至浪 3 的净位移成斐波那契比率关系。
- 当浪 1 是延长浪时，它经常与浪 3 至浪 5 的净位移成斐波那契比率关系。
- 浪 4 通常在浪 3 的子浪四的价格区域内结束。
- 浪 4 通常在时间和（或）价格上将整个推动浪划分成斐波那契比率关系。

☆ **斜纹浪**

规则

- 一个斜纹浪总是细分成五浪。
- 一个终结斜纹浪总是作为一个推动浪的浪 5，或者一个锯齿形调整浪或一个平台形调整浪的浪 C 出现。
- 一个引导斜纹浪总是作为一个推动浪的浪 1，或者一个锯齿形调整浪的浪 A 出现。
- 一个终结斜纹浪的浪 1、2、3、4 和 5，以及一个引导斜纹

第二章　波浪构造准则

浪的浪 2 和浪 4 总是可以细分为锯齿形调整浪。
- 浪 2 永远不会运动过浪 1 的起点。
- 浪 3 总是运动过浪 1 的终点。
- 浪 4 永远不会运动过浪 2 的终点。
- 浪 4 几乎总是在浪 1 的价格区域内结束。⊖
- 随着时间的推移，连接浪 2 终点和浪 4 终点的直线会与连接浪 1 终点和浪 3 终点的直线会聚（在收缩斜纹浪里），或者岔开（在扩散斜纹浪里）。
- 在一个引导斜纹浪里，浪 5 的终点总是超越浪 3 的终点。
- 在收缩斜纹浪里，浪 3 总是比浪 1 短，浪 4 总是比浪 2 短，而浪 5 总是比浪 3 短。
- 在扩散斜纹浪里，浪 3 总是比浪 1 长，浪 4 总是比浪 2 长，而浪 5 总是比浪 3 长。
- 在扩散斜纹浪里，浪 5 的终点总是超越浪 3 的终点。

准则

- 每个浪 2 和浪 4 通常回撤掉前一个波浪的 0.66～0.81 倍。
- 一个引导斜纹浪中的浪 1、3 和 5 通常细分成锯齿形调整浪，但有时似乎是推动浪。
- 在一个推动浪中，如果浪 1 是一个斜纹浪，那么浪 3 很可能会延长。
- 在一个推动浪中，如果浪 3 没有延长，那么浪 5 不太会是一个斜纹浪。

⊖ 我们已经在道指中发现一个斜纹浪，其浪四没有到达浪一的价格区域，而且浪三比浪一长（见图 1-18）。

- 在收缩斜纹浪中，浪 5 的终点通常超越浪 3 的终点（未超过的情况称作缩短）。
- 在收缩斜纹浪中，浪 5 通常会在连接浪 1 终点和浪 3 终点的直线上结束，或者略微超越（在超越中结束的情况称作翻越）。
- 在扩散斜纹浪中，浪 5 通常会在略微达不到连接浪 1 终点和浪 3 终点的直线时结束。

2. **调整浪**

☆ **锯齿形调整浪**

规则

- 一个锯齿形调整浪总是细分成三浪。
- 浪 A 总是细分成一个推动浪或引导斜纹浪。
- 浪 C 总是细分成一个推动浪或斜纹浪。
- 浪 B 总是细分成一个锯齿形调整浪、平台形调整浪、三角形调整浪或者这些波浪的联合形态。
- 浪 B 永远不会运动过浪 A 的起点。

准则

- 浪 A 几乎总是细分成一个推动浪。
- 浪 C 几乎总是细分成一个推动浪。
- 浪 C 通常与浪 A 等长。
- 浪 C 的终点几乎总是超过浪 A 的终点。
- 浪 B 通常回撤掉浪 A 的 38%～79%。
- 如果浪 B 是一个顺势三角形调整浪，那么它往往回撤掉浪 A 的 10%～40%。

- 如果浪 B 是一个锯齿形调整浪，那么它往往回撤掉浪 A 的 50%~79%。
- 如果浪 B 是一个三角形调整浪，那么它往往回撤掉浪 A 的 38%~50%。
- 连接浪 A 终点和浪 C 终点的直线，常常与连接浪 B 终点和浪 A 起点的直线平行（预测准则：浪 C 经常在触及从浪 A 终点绘制的，并与连接浪 A 起点和浪 B 终点直线平行的直线时结束）。

☆ 平台形调整浪

规则

- 一个平台形调整浪总是细分成三浪。
- 浪 A 永远不会是一个三角形调整浪。
- 浪 C 总是一个推动浪或者一个斜纹浪。
- 浪 B 总是至少回撤掉浪 A 的 90%。

准则

- 浪 B 通常回撤掉浪 A 的 100%~138%。
- 浪 C 的长度通常是浪 A 的 100%~165%。
- 浪 C 的终点通常超过浪 A 的终点。

注释

- 当浪 B 的长度超过浪 A 的 105%，且浪 C 的终点超过浪 A 的终点时，整个构型就称作扩散平台形调整浪。
- 当浪 B 的长度超过浪 A 的 100%，且浪 C 的终点没有超过浪 A 的终点时，整个构型就称作顺势平台形调整浪。

☆ 收缩三角形调整浪

规则

- 一个三角形调整浪总是细分成五浪。
- 在浪 A、B、C、D 和 E 中，至少有四个浪每个都细分成锯齿形调整浪，或锯齿形联合调整浪。
- 浪 C 永远不会运动过浪 A 的终点，浪 D 永远不会运动过浪 B 的终点，而浪 E 永远不会运动过浪 C 的终点。其结果是，随着时间的推移，连接浪 B 终点和浪 D 终点的直线，与连接浪 A 终点和浪 C 终点的直线会聚。
- 一个三角形调整浪永远不会有一个以上的复杂子浪，而这个复杂子浪永远是锯齿形联合调整浪或者三角形调整浪。

准则

- 通常，浪 C 细分成一个持续时间更长的锯齿形联合调整浪，而且它产生的回撤百分比比其他子浪的都要大。
- 有时，浪 D 细分成一个持续时间更长的锯齿形联合调整浪，而且它产生的回撤百分比比其他子浪的都要大。
- 有时其中一个浪，通常是浪 C、D 或 E，细分成一个收缩三角形调整浪或者屏障三角形调整浪。通常其效果是，整个三角形调整浪好像由九个锯齿形调整浪构成。
- 在大约 60%的时间里，浪 B 不会运动过浪 A 的起点。一旦过了，那么这个三角形调整浪就称作顺势三角形调整浪。

☆ 屏障三角形调整浪

- 除了浪 B 和浪 D 基本在同一高度结束之外，屏障三角形调整浪与收缩三角形调整浪有着相同的特征。我们尚未见过九浪结构的屏障三角形调整浪,这意味着该形态或许不存在。
- 当浪 5 出现在三角形调整浪之后时,它通常是一轮短暂且快速的运动,或者是一个超常的延长浪。

☆ 扩散三角形调整浪

规则

大多数规则与收缩三角形调整浪的相同,除了以下的差别:
- 浪 C、D 和 E 每个都运动过前一个同向子浪的终点(其结果是,随着时间的推移,连接浪 B 终点和浪 D 终点的直线,与连接浪 A 终点和浪 C 终点的直线岔开)。
- 浪 B、C 和 D 每个都至少回撤掉前面子浪的 100%,但至多是 150%。

准则

大多数准则相同,但有以下的差别:
- 浪 B、C 和 D 通常回撤掉前面子浪的 105%~125%。
- 我们尚未观察到哪一个子浪细分成三角形调整浪。

☆ 联合形调整浪

规则
- 联合形调整浪包含两个(或三个)调整模式,它们被反方向的一个(或两个)标记为 X 的调整模式分割(第一个调整模式标记为 W,第二个为 Y,而第三个如果有的话,标记为 Z)。

- 一个锯齿形联合调整浪包含两个或三个锯齿形调整浪（此时它称作双重锯齿形调整浪或三重锯齿形调整浪）。
- 一个"双重三浪"平台形联合调整浪包含（依次是）一个锯齿形调整浪和一个平台形调整浪、一个平台形调整浪和一个锯齿形调整浪、一个平台形调整浪和一个平台形调整浪、一个锯齿形调整浪和一个三角形调整浪，或者一个平台形调整浪和一个三角形调整浪。
- 罕见的"三重三浪"平台形联合调整浪包含三个平台形调整浪。
- 双重锯齿形调整浪和三重锯齿形调整浪代替了锯齿形调整浪，而双重三浪和三重三浪代替了平台形调整浪和三角形调整浪。
- 我们尚未见过扩散平台形调整浪是一个联合形调整浪的组成部分。

准则

- 当一个锯齿形调整浪或者平台形调整浪相比前一个波浪显得太小，而不会是一个完整波浪时（或者相比前一个浪 2 过小，而不会是一个完整浪 4 时），联合形调整浪就可能会出现。

十三、学习基本原理

知晓了第一章和第二章中的各种方法，任何专心致志的研究者都可以熟练进行艾略特波浪分析。那些疏于彻底研究这个领域的人，或者疏于细致应用这些方法的人，在真正尝试以前就已经

第二章 波浪构造准则

放弃了。最好的学习过程是坚持绘制 60 分钟走势图,努力将各种价格波动纳入艾略特波浪模式中,同时对所有的可能性保持开放的头脑。慢慢地,刻度会从你的眼中消失,同时你会不断为自己所看出来的东西感到惊奇。

重要的是得记住,尽管投资策略必定永远离不开最合理的数浪方案,但在应对各种突发事件,立刻将它们纳入考虑之中,从而适应变化中的市场结构时,知晓各种备选的研判方案会极为有用。在将无穷的可能性缩至相对较小的范围内时,波浪构造的严格规则有重要的价值,而波浪模式中的灵活性又消除了这种叫喊:现在市场无论怎么走都是"不可能的"。

"一旦你排除了不可能的东西,那么剩下的**无论多么不可能**都**必定是真实**。"在阿瑟•柯南•道尔(Arthur Conan Doyle)⊖的小说《四签名》(*The Sign of Four*)⊖中,夏洛克•福尔摩斯(Sherlock Holmes)就是这样滔滔不绝地对他的忠诚伙伴华生医生(Dr. Watson)说的。要想成功运用艾略特波浪理论,你就需要知道这句总结性的忠告。最好的方法是演绎推理。知道艾略特理论规则不允许出现的情况,你就能够推理剩下的判断无论在其他方面看起来是多么的不可能,都必定是正确的。运用延长、交替、重叠、通道、成交量以及其他所有的规则,你就有了威力强大的武器库,而且比乍看上去你能想象到的强大得多。不幸的是,对于许多人来说,这种方法需要思考和劳作,而且难得提供机械的信号。然而,这种基本上是排除过程的思考,可以汲取艾略特理论必须提供的精华,而且除此之外,这种思考乐趣横生。我们真心推荐你

⊖ 1859—1930 年,英国作家,《福尔摩斯探案集》的作者。——译者注
⊖ 1890 年出版,《福尔摩斯探案集》中的一部。——译者注

试试看。

作为这种演绎推理的例子,请翻回到图 1-14,并遮住 1976 年 11 月 17 日以后的价格活动。你可以看到少了波浪标识和边界线,市场会显得无形。但有了波浪理论的指引,波浪结构的意义就变得明了。现在自问,你会如何预测下一步的波浪运动?对于那天之后的市场,以下是罗伯特·普莱切特的分析,取自他写给阿尔弗雷德·弗罗斯特的信,它总结了普莱切特在前一天提交给美林证券的分析报告:

随信附上目前我对近期趋势线图看法的总结,尽管得出这些结论我只用了 60 分钟走势图。我的论据是,从 1975 年 10 月起步的第三大浪**尚未走完**,因此这个大浪中的第五中浪目前正在运行之中。最重要的是,我相信,从目前看,1975 年 10 月至 1976 年 3 月是一个三浪事件,而非一个五浪,而且只有 5 月 11 日是失败形态这种可能性,才能使这个浪以五浪方式完成。然而,这个可能的"第五浪失败形态"**之后**的波浪结构并不能让我确信这种判断是正确的,因为至 956.45 点的第一段下跌行程是五浪,而且随后的整个结构明显是一个平台形调整浪。所以,我认为自 3 月 24 日以来,我们一直处于第四浪调整中。这个调整浪**完全**符合扩散三角形构造的各种要求,它当然只可能是第四浪。相关的趋势线异常准确,对下跌目标的预测也很准,因为把下跌的第一段重要距离(3 月 24 日至 6 月 7 日,55.51 点)乘以 1.618 倍可得出 89.92 点。从第三中浪的正统顶部的 1011.96 点减去 89.82 点,给出下跌目标位于 922 点,这正好在上周的 11 月 11 日到达(实际的 60 分钟最低点是

920.62 点)。现在这或许暗示第五中浪将返至新高,以完成第三大浪。对于这种研判我看出的唯一问题是,艾略特波浪理论认为第四浪的下跌通常在前一个小一浪级的第四浪下跌之上止住,在本例中就是结束于 2 月 17 日的 950.57 点之上,但这个点位显然已被跌破了。然而,我已经发现这条规则并非牢不可破。在反对称三角形(Reverse Symmetrical Triangle)⊖ 构造之后应该有一轮大约是三角形最大宽度的上升行情。这样一轮上升行情会到 1020~1030 点,因而远不能及 1090~1100 点的趋势线目标。而且在第三浪中,第一子浪和第五子浪在时间和幅度上趋向等同。既然第一浪(1975 年 10 月至 12 月)是在两个月内的 10%幅度的运动,那么这个第五浪应当上涨大约 100 点(1020~1030 点),而且在 1977 年 1 月见顶,但这也达不到趋势线。

现在请揭开走势图的其余部分,看看所有这些准则是如何帮助你估计可能的市场轨迹的。

克里斯托弗·莫利(Christopher Morley)⊖ 曾经说过:"对女孩们来说,跳舞是一项绝妙的训练。这是她们学习在男人行动之前就揣摩出其意图的首要途径。"同样,波浪理论可以训练分析人员提前察觉出市场可能有的行动。

当你获得了一种艾略特理论"触觉"后,它会伴你终生,这就像小孩子学会了骑自行车以后永远不会忘记一样。在那之后,

⊖ 从英文原版第十版起,对称三角形(Symmetrical Triangle)已更名为收缩三角形;而反对称三角形更名为扩散三角形。——译者注
⊖ 1890—1957 年,美国作家。下面的这段话出自他的小说《女人万岁》(*Kitty Foyle*)。——译者注

抓住机会成了一种颇为平常的经历，而且真的不太难。此外，对于你在市场演化中所处的位置，艾略特波浪理论知识通过给你一种自信的感觉，使你对价格运动的涨落本性做好心理准备，并使你避免犯下普遍的分析错误，也就是永远线性地用今天的趋势预测未来。最重要的是，波浪理论经常事先指出下一轮市场前进或倒退的相对**规模**。在财务上，与这些趋势和谐共存可以产生成败之间的差异。

十四、实际应用

任何分析方法的实际目的是识别适合买入（或回补空头仓位）的市场最低点，以及适合卖出（或做空）的市场最高点。在形成一种交易方法或投资方法时，你应当采用某种会帮助自己根据形势需要保持灵活果断、能攻能守的思维模式。艾略特波浪理论不是这样一种方法，但作为创造一种方法的基础，它无可匹敌。

波浪理论一定是一种客观的研究，或者像柯林斯所说的那样，"是一种技术分析的严谨形式"，尽管许多分析人员并不这样看。博尔顿过去经常说，最难的事情之一就是，他必须学会去相信他见到的东西。如果你不相信亲眼所见，就很可能在分析时加入自己认为出于其他因素应该有的东西。就此，你的数浪变得主观，而且毫无价值。

你怎样才能在一个不确定的世界中保持客观？一旦你理解了分析的正确目的就不难了。

没有艾略特理论，市场活动的可能性就显得无穷无尽。对于市场未来可能的路径，波浪理论提供的是一种首先**限定可能性**，

第二章 波浪构造准则

然后**按相对概率排序**的手段。非常具体的艾略特理论规则把有效的备选方案数量减至最少。在那些方案中，有时称为"首选数浪方案"的最佳研判，是满足最多波浪准则数量的那一种。其他研判方案也得照此排序。因此，面对在任何特定时刻出现的种种可能，客观运用波浪理论规则与准则的称职分析人员，通常应当与可能性列表和概率顺序保持一致。我们通常有把握说明这种顺序。然而，不要以为概率顺序的确定性等同于某个特定结果的确定性。只有在极少数情况下，你能**确切知道**市场将会如何运行。你必须理解而且接受，即使一种手段可以确定相当具体事件的概率，有时也必定会出错。

你可以通过不断更新**第二最佳研判方案**来对这样的结果做好心理准备，这种方案有时称为"备选数浪方案"。因为应用波浪理论是一项在概率中的练习，所以不间断地修正备选数浪方案是正确使用波浪理论的必要组成部分。一旦市场违背了预期的情形，备选数浪方案就会将出乎意料的市场活动纳入视野，因而即刻成为你新的首选数浪方案。如果你被自己的马摔了下来，就骑上另一匹。

永远用首选数浪方案投资。经常地，两个甚至三个最佳数浪方案都圆满地指向了相同的投资立场。有时，对备选数浪方案一直保持敏感，甚至可以使你在首选数浪方案出错时盈利。例如，在一个你误认为非常重要的次要最低点之后，你或许**在一个更高的层次上**识别出市场会再次走弱去创新低。当次要最低点后面跟着明显的三浪上升而不是必需的五浪上升时，这种认识就会发生，因为三浪式的反弹是一种向上调整的信号。就像这样，远在危险出现之前，转折点**之后**出现的情况，就经常有助于证实或批驳了这个最低点或最高点的假设地位。

即使市场不允许这种观点的优雅转变，波浪理论仍然提供了独特的价值。如果你错了，那么其他大多数市场分析手段，无论是基本分析、技术分析还是周期分析，都没有迫使你扭转观点或反转仓位的良好途径。相比之下，波浪理论为设置止损点提供了固有的客观方法。波浪分析以各种价格模式为基础，因此一个被确定为已经走完的模式，**或是结束了或是还在进行中**。如果市场改变方向，那么分析人员就已经抓住了转折点。如果市场运动超出了一个看起来完成的模式所允许的范围，那么你的结论就错了，然后任何处于风险中的资金都能被立即收回。

当然，尽管做了缜密的分析，但还是没有一种明显首选的研判方案，这也是常事。在这种时候，你必须等待，直到波浪数自行变得清晰。过一阵，等明显杂乱无章的走势变成一幅清晰的图案时，市场转折点即将来临的概率能够猛增至近乎100%。精确定位一个转折点是一种惊心动魄的经历，而波浪理论是能够偶尔提供这种机会的唯一方法。

波浪理论**识别**这种关键时刻的能力已足够出类拔萃，但它还是唯一一种提供各种**预测**准则的分析方法。这些准则中的许多都是具体的，而且时常能够产生极为精确的结果。如果市场的确有模式，而且如果这些模式具有可识别的几何形状，那么即使不考虑允许出现的各种变化，某种价格关系和时间关系也很可能会再次出现。实际上，经验表明它们的确会重现。

事先确定下一轮价格运动很可能将市场带往何处，是我们的惯常做法。设定目标价位的一个好处是，它给监控市场的实际轨迹提供了一个参照物。这样，一旦出现问题，你会立刻意识到，而且如果市场没有像你预期的那样运行，你能改变原先的研判，使之更适当。早早提前选择目标价位的第二个好处是能使你做好心理准备，在其他投资者绝望地卖出时买入，并在其他投资者在欣快的气氛中自信地买入时卖出。

无论你的信念是什么，永远不能让你的视线离开现实中波浪结构的演化。从根本上说，市场就是消息，市场行为的变化可以决定前景的变化。**那时**，一个人真正需要知道的就是做多、做空还是离场，有时迅速一瞥走势图就可以做出这个决定，但有时只能在缜密的研究工作之后做出这个决定。

然而，对于拿自己的真金白银在市场中承担风险这种严峻的考验，除了你的全部知识与技能，什么都不能让你做好充分的准备。模拟交易不能、观察他人交易不能、模拟投资竞赛更不能。你要专业地去运用一种方法，一旦你攻克了这项必要任务，那么相比为分析市场收集各种方法，你就稍许多做了一些。当你按那种方法**行动**时，你就遇到了真正的工作：与你自己的情绪做斗争。这就是为什么分析市场与赚钱是两种完全不同的技能。只有在球场上才能学会击球，只有金融投机才能使你为金融投机做好准备。

如果你决定尝试只有千分之一的人才能做的事——在市场中成功地交易或投资，那就为此留出一笔钱，数额得大大少于你的净资产总值。这样一来，如果你在第一阶段末血本无归，也有钱生活下去，同时研究亏损的原因。当你开始了解这些原因时，就总算踏上了前往第二阶段的路：一个让你理智战胜情感的长期过程。这是一项**没人**能代替你的任务；你必须自己去完成。然而，我们**能够**为你的分析提供一个良好的基础。选择一种毫无价值的分析手段，以此为起点的无数有潜力的交易和投资生涯注定会失败。我们要说：请选择波浪理论。它将让你开始**正确的思考**，因而在通向成功投资的道路上，这会是你迈出的第一步。

没有哪种分析手段保证对市场始终有效，这也包括波浪理论。然而，当你用正确的眼光看待波浪理论时，它会兑现所有的承诺。

坐落于意大利比萨的列奥纳多·斐波那契雕像

底座上铭刻着："A.列奥纳多·斐波那契，

13世纪比萨著名的数学家。"

小罗伯特·R.普莱切特　摄

第三章

波浪理论的历史背景与数学背景

斐波那契数列是 13 世纪的意大利数学家，来自比萨（Pisa）㊀的列奥纳多·斐波那契（Leonardo Fibonacci）发现的（确切地说是重新发现的）。对于这位了不起的人，我们将略述他的历史背景，然后比较完整地讨论以他的名字命名的数列（技术上，它是序列，而不是级数）㊁。在撰写《自然法则》时，艾略特曾经解释说，斐波那契数列为波浪理论提供了数学基础。对于波浪理论背后的数学，进一步的讨论参见沃尔特·E.怀特（Walter E. White）撰写的《波浪理论的数学基础》（*Mathematical Basis of Wave Theory*）。

一、来自比萨的列奥纳多·斐波那契

在欧洲，黑暗时代（Dark Ages）是一段文化几乎全面衰退的时期。它从公元 476 年罗马帝国衰亡㊂开始，一直持续至公元 1000 年左右。在这一时期，数学和哲学在欧洲衰落，却在印度和阿拉伯半岛兴旺发展，因为黑暗时代没有蔓延到东方。当欧洲逐渐从停滞不前中摆脱出来时，地中海发展成了一条文化之河，为来自印度和阿拉伯的贸易、数学以及新思想引路。

㊀ 当时的比萨共和国首都，今意大利西北部的港口城市。——译者注
㊁ 序列（Sequence）的数学概念是：设 M 是给定的（有限或无限）集合，它的元素是 a, b, c, ⋯。假若对于自然数列 1，2，3，⋯，n，⋯中每一个数，有集合 M 的某一个元素和它对应，就说给出了集合 M 的元素的一个"序列"。序列的各项可以是任何事物，如数、曲线、图形等；而级数（Series）的数学概念是：给定一列数 a1, a2, ⋯, an, ⋯，将它们形式相加 a1+a2+⋯+an+⋯ 就称为数项级数。给定一列具有相同定义域的函数 u1(x), u2(x), ⋯, un(x), ⋯，将它们形式相加，u1(x)+u2(x)+⋯+un(x)+⋯就称为函数项级数。数项级数和函数项级数统称为级数。级数也可以由有限项组成，故无限项所组成的级数是无穷级数。——译者注
㊂ 指西罗马帝国。整个罗马帝国的灭亡，以 1453 年穆罕默德二世占领君士坦丁堡为标志。——译者注

第三章　波浪理论的历史背景与数学背景

中世纪（Middle Ages）[1]时，比萨发展成为一个城墙坚固的城邦（City-state）[2]兼繁荣的商业中心，它的滨水区反映了那时的商业革命（Commercial Revolution）[3]。皮革、毛皮、棉花、羊毛、铁、铜、锡和香料都在比萨城内交易，以黄金为一种重要的货币。港口挤满了重达400吨，长至80英尺的船只。比萨的经济支撑了皮革业和造船业，以及一家炼铁厂。即使按今天的标准来衡量，比萨的政治架构也算完善。例如，共和国的行政首长（Chief Magistrate）在任期内得不到报酬，期满时他的行政管理还可能受到审查，以决定他是否能拿到工资。事实上，我们的主人公斐波那契也是审查员之一。

生于1170年至1180年[4]的斐波那契是一位杰出的商人兼市政官的儿子，他很可能生活在比萨众多塔楼中的一座里。塔楼可当作工厂、碉堡和家庭住宅使用，它们被建造成能把弓箭从狭窄的窗户里射出，还能把沸腾的柏油倒向进攻塔楼的陌生人。在斐波那契活着的时候，那座名叫比萨斜塔（Leaning Tower of Pisa）的钟楼还在建造之中[5]。它是比萨要建造的三座宏伟建筑中的最后一座，大教堂[6]和洗礼堂[7]已经在几年前完工。

---

[1] 公元476年罗马帝国灭亡至公元1500年左右这段时期，尤指这段时期的后半部分。——译者注
[2] 旧时由一个城市及周围地区组成的独立国家。——译者注
[3] 经济扩张、殖民主义和重商主义的一段时期，从13世纪末延续至18世纪初。——译者注
[4] 斐波那契的实际生卒时间不详。——译者注
[5] 始建于1173年8月14日。比萨塔的建造有三个阶段，共耗费199年。——译者注
[6] 由比萨建筑师布斯凯托（Buscheto）设计的比萨大教堂始建于1064年，创造了罗曼式建筑风格。——译者注
[7] 意大利最大的洗礼堂。由迪奥提撒威（Diotisalvi）设计，始建于1152年，完工于1363年，是罗曼式建筑风格过渡至哥特式建筑风格的实例。——译者注

作为一名学生，斐波那契逐渐熟悉了当时的海关业务和商业惯例，包括算盘的操作，算盘曾在欧洲作为一种商用计算器得到广泛使用。尽管斐波那契的母语是意大利语，但他还学会了其他几种语言，包括法语、希腊语甚至还有他熟练的拉丁语。

不久，列奥纳多的父亲○被任命为驻北非贝贾亚（Bogia）○的海关官员，他吩咐列奥纳多一同前往，以完成学业。列奥纳多开始了环地中海的多次业务旅行。在一次埃及之旅后○，他出版了他的名著《计算的书》（Liber Abaci），这本书把有史以来最伟大的数学发现，也就是十进制，介绍到了欧洲，十进制将零置于计数法符号的首位。这种数学进制成了现在广泛使用的印度—阿拉伯（Hindu-Arabic）进制，它包含常见的符号0，1，2，3，4，5，6，7，8和9。

在真正的数位制或位值制中，与其他符号排列在一起的任何符号代表的实际值，不仅取决于它本身的数值，还取决于它在排列中的位置，例如，58有着与85不同的值。尽管在几千年前，巴比伦（Babylonia）○人和中美洲的玛雅（Maya）○人已经各自建立了数位命数法或位值命数法，但他们的方法在其他方面十分笨拙。因此，首先使用零和位值的巴比伦进制，并未被希腊的数学进制甚至罗马的数学进制继承，罗马命数法包括七个符号：I、V、

○ 古里奥默·波纳奇（Guilielmo Bonacci）。——译者注
○ 今天阿尔及利亚北部的港口城市贝贾亚（Bejaia），当时是比萨共和国的经济殖民地。——译者注
○ 1202年。——译者注
○ 前18世纪—前6世纪。古代奴隶制国家，意为"上帝之门"。位于亚洲西南部的底格里斯河（Tigris River）和幼发拉底河（Eughrates River）之间，以及今天伊拉克首都巴格达以南地区。——译者注
○ 约前1500—900。古代印第安人的一族，主要生活在今天的墨西哥境内。——译者注

第三章 波浪理论的历史背景与数学背景

X、L、C、D 和 M,这些符号没有数位值㊀。在使用这些无数位值符号的进制中,加、减、乘、除并不是个轻松的任务,尤其在涉及大数时。矛盾的是,为了克服这个困难,罗马人使用算盘这种非常古老的数字设备。因为这种设备以数字为基础,并包含零原理,所以它对罗马人的计算体系起到了必要的补充作用。在那个时代,记账员和商人都靠它来协助他们的工作。在《计算的书》中讲述了算盘的基本原理后,斐波那契开始在旅行中使用他的新数学进制。通过他的努力,这种计算方法简单的新进制最终传入了欧洲。渐渐地,罗马数进制被阿拉伯数进制所取代。将这种新进制引入欧洲,是 700 年前罗马帝国衰亡后数学领域里最重要的成就。在中世纪,斐波那契不仅使数学保持了生气,而且还为更高等的数学领域,以及物理学、天文学和工程学的相关领域的巨大发展奠定了基础。

尽管后来的世界几乎忘记了斐波那契,但他无疑是他那个时代的名人。斐波那契的名声是如此之大,以致本身也是科学家兼学者的腓特烈二世(Frederick II)㊁曾安排走访比萨去找他。腓特烈二世是神圣罗马帝国(Holy Roman Empire)㊂的皇帝,西西里王国(Sicily)㊃和耶路撒冷王国(Jerusalem)㊄的国王,欧洲和

㊀ 罗马数字有四种基本符号:I(1)、X(10)、C(100)、M(1000)和三种辅助符号:V(5)、L(50)、D(500)。用来记数时,不用位值制而用加减制。相同的数字并列时就相加,不同的数字并列时,小数放在大数的右边作为加数;放在大数的左边(限于基本符号)就作为减数。例如 110 记作 CX,90 记作 XC,而 3888 记作 MMMDCCCLXXXVIII。——译者注

㊁ 1194—1250 年。欧洲历史上出色的统治者之一,会流利使用六种语言,精通阿拉伯哲学,提倡学术文艺。——译者注

㊂ 800—1806 年。西欧历史上的一个政治实体,力图恢复西罗马帝国。——译者注

㊃ 今天意大利南部的西西里岛。——译者注

㊄ 始建于 1099 年第一次十字军东征时,亡于 1291 年。包括今天的以色列、巴勒斯坦,以及约旦的部分地区和黎巴嫩的部分地区。腓特烈二世娶了耶路撒冷王的公主兼王位继承者,于 1229 年自称为耶路撒冷王。——译者注

西西里王国两个最显贵家族的子弟①,而且是他那个时期最有势力的王子。腓特烈二世的观念与那些拥有无上权力的统治者的观念并无二致,所以到哪都讲究罗马皇帝的排场。

斐波那契与腓特烈二世的会面发生在公元 1225 年,这是当时比萨城的一件盛事。皇帝一马当先,带领着由号兵、侍臣、骑士、官员和一大群野兽组成的长长队伍。皇帝在这位著名数学家面前提出的一些问题在《计算的书》中有详尽的记载。斐波那契显然是解决了皇帝提出的各种问题,因此皇帝欢迎他将来随时造访宫廷。公元 1228 年,当斐波那契修订《计算的书》时,他把这部修订版题献给了腓特烈二世。

说斐波那契是中世纪最伟大的数学家,那简直是轻描淡写。斐波那契总共写过三本重要的数学著作:1202 年出版并于 1228 年修订的《计算的书》,1220 年出版的《实用几何学》(*Practica Geometriae*)②,以及《平方数的书》(*Liber Quadratorum*)③。公元 1240 年,敬仰斐波那契的比萨公民们把他记载成一位"持重且博学的人",而《大英百科全书》(*Britannica Encyclopedia*)的资深编辑约瑟夫·基斯(Joseph Gies)最近曾说,将来学者们迟早会"给比萨的伦纳德④应得的称号,他是世界上最伟大的学术先驱之一"。过了这么些年,斐波那契的著作现在才开始得以从拉丁文译成英文。对于感兴趣的读者来说,约瑟夫·基斯与弗朗西

---

① 腓特烈二世的父亲亨利六世(Henry VI, 1165—1197),是德意志霍亨陶芬王朝的第三代皇帝,神圣罗马帝国皇帝,兼西西里国王。他在征服了西西里王国之后,娶了该王朝的继承人。——译者注
② 此书汇集了当时的几何学知识,并介绍了一些三角学方面的知识。——译者注
③ 1225 年出版。这是一部关于二元二次方程,或多元二次方程近似解的数论著作。斐波那契在书中将一个立方根精确到了小数点后第九位。——译者注
④ 英语里对列奥纳多的称呼。

斯·基斯（Frances Gies）㊀合著的《比萨的伦纳德以及中世纪的新数学》(Leonard of Pisa and the New Mathematics of the Middle Age)是一部关于斐波那契时代及其著作的优秀专著。

尽管斐波那契是中世纪最伟大的数学家，但他的纪念物仅是与比萨斜塔隔着阿尔诺河（Arno River）㊁的一座雕像，以及以他的名字命名的两条街道，一条在比萨，另一条在佛罗伦萨。在参观179英尺高的大理石比萨斜塔的游客中，很少有人听说过斐波那契，或瞻仰过他的雕像，这显得很奇怪。斐波那契与公元1174年开始建造的比萨斜塔的设计师波纳纳（Bonanna）㊂是同时代的人。两个人都对世界做出了贡献，但是影响远远超过另一个的那个人几乎不为人知。

二、斐波那契数列

斐波那契在《计算的书》中提出的一个问题产生了数列1，1，2，3，5，8，13，21，34，55，89，144，如此至无穷，这就是今天所知的斐波那契数列。这个问题是：

> 如果一对兔子从第二个月开始，每个月生一对新兔子，那么在一年内，生活在一个封闭区域内的兔子总共会有多少只？

在求解这个问题时，我们发现每一对兔子，包括第一对，需要一个月的时间成熟，然而一旦开始生育，则每个月都会生出一

㊀ 约瑟夫·基斯是《大英百科全书》的技术类科目编辑，曾参与策划和编辑1974年出版的《大英百科全书》第15版。弗朗西斯·基斯是他的夫人。——译者注
㊁ 位于意大利中部，全长约240公里。——译者注
㊂ 究竟是谁设计了比萨斜塔，目前尚有争议。但波纳纳是第一个铸造前文提到的比萨大教堂青铜门的人。——译者注

对新兔子。在头两个月初，兔子的对数是一样的，所以数列是1，1。第一对兔子最终在第二个月使兔子的数量翻番，所以在第三个月开始时，就有了两对兔子。在这两对兔子中，较老的那对在接下来的一个月里又生了第三对兔子，所以在第四个月开始时，数列扩大为1，1，2，3。在这三对兔子中，两对较老的兔子，而不是最年轻的那对，再次生育，这样兔子的数量就扩大为五对。在下一个月里，这三对兔子再次生育，因此数列扩大到了1，1，2，3，5，8，依此类推。图3-1显示了家庭成员以指数增加的兔子家族树。延续这个数列几年，就会产生天文数字。例如，到了第100个月末，我们就得应对354, 224, 848, 179, 261, 915, 075对兔子。由兔子问题产生的斐波那契数列有着许多有趣的特性，而且在其各项中反映出一种几乎恒定的关系。

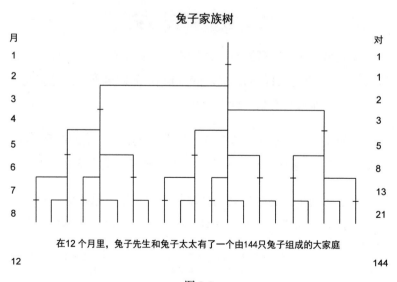

图 3-1

数列中任何两个相邻的数之和,产生了数列中的下一个更大的数,即,1 加 1 等于 2,1 加 2 等于 3,2 加 3 等于 5,3 加 5 等于 8,至无穷。

三、黄金比率

在数列中的头几个数之后,任何一个数与下一个更大数的比率大约是 0.618 比 1,而与前一个较小的数之比大约是 1.618 比 1。数在数列中越靠后,比率就越接近于 *Phi*(标记为 Φ),它是无理数 0.618034……数列中间隔的两个数之间的比率是 0.382,其倒数是 2.618。参看图 3-2,它是 1 至 144 的斐波那契数的比率表。

Phi 是唯一一个与 1 相加得到其倒数的数:0.618+1=1÷0.618。这种相加和相乘的结合,产生了以下等式序列:

$0.618^2=1-0.618$,
$0.618^3=0.618-0.618^2$,
$0.618^4=0.618^2-0.618^3$,
$0.618^5=0.618^3-0.618^4$,等等。

或者,

$1.618^2=1+1.618$,
$1.618^3=1.618+1.618^2$,
$1.618^4=1.618^2+1.618^3$,
$1.618^5=1.618^3+1.618^4$,等等。

艾略特波浪理论

斐波那契比率表

分母\分子	1	2	3	5	8	13	21	34	55	89	144
1	1.000000	2.000000	3.000000	5.000000	8.000000	13.000000	21.000000	34.000000	55.000000	89.000000	144.000000
2	0.500000	1.000000	1.500000	2.500000	4.000000	6.500000	10.500000	17.000000	27.500000	44.500000	72.000000
3	0.333333	0.666667	1.000000	1.666667	2.666667	4.333333	7.000000	11.333333	18.333333	29.666667	48.000000
5	0.200000	0.400000	0.600000	1.000000	1.600000	2.600000	4.200000	6.800000	11.000000	17.800000	28.800000
8	0.125000	0.250000	0.375000	0.625000	1.000000	1.625000	2.625000	4.250000	6.875000	11.125000	18.000000
13	0.076923	0.153846	0.230769	0.384615	0.615385	1.000000	1.615385	2.615385	4.230769	6.846154	11.076923
21	0.047619	0.095238	0.142857	0.238095	0.380952	0.619048	1.000000	1.619048	2.619048	4.238095	6.857143
34	0.029412	0.058824	0.088235	0.147059	0.235294	0.382353	0.617647	1.000000	1.617647	2.617647	4.235294
55	0.018182	0.036364	0.054545	0.090909	0.145455	0.236364	0.381818	0.618182	1.000000	1.618182	2.618182
89	0.011236	0.022472	0.033708	0.056180	0.089888	0.146067	0.235955	0.382022	0.617978	1.000000	1.617978
144	0.006944	0.013889	0.020833	0.034722	0.055556	0.090278	0.145833	0.236111	0.381944	0.618056	1.000000

至最佳比率

图 3-2

第三章　波浪理论的历史背景与数学背景

这四种主要比率的某些关联性质可以列举如下：

1.618−0.618=1，
1.618×0.618=1，
1−0.618=0.382，
0.618×0.618=0.382，
2.618−1.618=1，
2.618×0.382=1，
2.618×0.618=1.618，
1.618×1.618=2.618。

除了 1 和 2 之外，任何斐波那契数乘以 4，如果加到一个经挑选的斐波那契数上，就得出了另一个斐波那契数，因此：

3×4=12；+1=13，
5×4=20；+1=21，
8×4=32；+2=34，
13×4=52；+3=55，
21×4=84；+5=89，依此类推。

随着新数列的发展，第三个数列从那些与 4 倍乘积相加的数开始。这种关系是可能的，因为隔**两项**的斐波那契数之间的比率是 4.236，这里 0.236 不仅是 4.236 的倒数，**而且**是 4.236 与 4 的差。其他乘积产生了不同的数列，它们都基于斐波那契乘积。

以下，我们列举了部分与斐波那契数列有关的现象：

1）两个连续的斐波那契数没有公约数。

2）我们发现，如果把斐波那契数列标上 1，2，3，4，5，6，7，等等，那么斐波那契数列除了第一项（1）、第二项（1）和第四项（3）以外[一]，每次遇到是素数（仅能被 1 和自身整除的数）[二]的斐波那契数时，它的序列号也是素数。相似地，从斐波那契数列的第六项开始[三]，所有合数（除了 1 和自身以外，还能被至少另外一个数整除的数）[四]的序列号都指示着是合数的斐波那契数，如表 3-1 所示。这些现象反过来并不总是成立。

表 3-1 斐波那契数：素数与合数 [五]

X	X	P	X	P		P	
1	1	2	3	5	8	13	21
1	2	3	4	5	6	7	8
			X		C		C
		P		P			
34	55	89	144	233	377	610	987
9	10	11	12	13	14	15	16
C	C		C		C	C	C

3）数列中的任何十个连续的数之和，均可被 11 整除。

4）数列发展至任何项的所有斐波那契数之和加上 1，等于最

[一] 原文是"除了第四项斐波那契数（3）以外"，但实际上第 1 项既不是素数也不是合数。——译者注

[二] 素数（亦称"质数"）的完整定义是，在大于 1 的自然数中，仅有 1 及其自身为其因数的数。——译者注

[三] 原文是"除了第四项斐波那契数（3）以外"。——译者注

[四] 合数（亦称"复合数"）的完整定义是，如果大于 1 的整数 a 除了它本身和 1 以外还有其他因数时，称 a 为合数。——译者注

[五] P 代表素数；C 代表合数；X 代表除此以外。本表较原著的表已经过修正。——译者注

第三章 波浪理论的历史背景与数学背景

后一项加数向后数两项的斐波那契数。㊀

5）任何从第一个 1 开始的连续的斐波那契数的平方和，总是等于所选数列的最后一项数乘以后一项更大的数。㊁

6）一个斐波那契数的平方，减去数列中比这个数小两项的数的平方，总是一个斐波那契数。㊂

7）任何斐波那契数的平方，等于数列中这个数的前一项与后一项的乘积，再加上 1 或减去 1。在整个数列中，加上 1 或减去 1 相互交替。㊃

8）一个斐波那契数 F_n 的平方加上后一个斐波那契数 F_{n+1} 的平方等于斐波那契数 F_{2n+1}。㊄ 公式 $F_n^2+F_{n+1}^2=F_{2n+1}$ 适用于直角三角形，其两条短边的平方和等于最长边的平方。右边的三角形是一个例子，它使用 F_5、F_6 和 $\sqrt{F_{11}}$。

9）一个公式表明了数学中两个无处不在的无理数 π 和 Φ 之间的关系：

$F_n \approx 100 \times \pi^2 \times \Phi^{(15-n)}$，其中 Φ=0.618……，n 代表斐波那契数列中用数字表示的各项位置，而 F_n 代表这个项本身。在这种情况下，数字"1"仅出现一次，因此 $F_1 \approx 1$，$F_2 \approx 2$，$F_3 \approx 3$，$F_4 \approx 5$，等等。

例如，令 n=7，则：

$F_7 \approx 100 \times 3.1416^2 \times 0.6180339^{(15-7)}$

$\approx 986.97 \times 0.6180339^8$

$\approx 986.97 \times 0.02129 \approx 21.01 \approx 21$

㊀ 例如，1+1+2+3+5+8=20；20+1=21，8 向后数两项是 21。——译者注
㊁ 例如，$1^2+1^2+2^2+3^2+5^2=40$；40=5×8。——译者注
㊂ 例如，$13^2-5^2=144$；144 还是个斐波那契数。——译者注
㊃ 例如，$8^2=64$；64=5×13-1，而 $13^2=169$；169=8×21+1。——译者注
㊄ 原作者的这种分析从斐波那契数列的第二项开始。——译者注

10）据我们所知，以前从未有人提过的一个思维延伸现象是，斐波那契数之间的比率产生的数非常接近于其他斐波那契数的千分之几，其差值是第三个斐波那契数的千分之一，按顺序排列（见比率表，图 3-2）。⊖ 就像这样，在比率上升的方向上，相同的斐波那契数以 1.00，或称 0.987 加上 0.013 相关；相邻的斐波那契数以 1.618，或称 1.597 加上 0.021 相关；相隔一项的斐波那契数以 2.618，或称 2.584 加上 0.034 相关；依此类推。在比率下降的方向上，相邻的斐波那契数以 0.618，或称 0.610 加上 0.008 相关；相隔一项的斐波那契数以 0.382，或称 0.377 加上 0.005 相关；相隔两项的斐波那契数以 0.236，或称 0.233 加上 0.003 相关；相隔三项的以 0.146，或称 0.144 加上 0.002 相关；相隔四项的以 0.090，或称 0.089 加上 0.001 相关；相隔五项的以 0.056，或称 0.055 加上 0.001 相关；相隔六项至相隔十二项的数以本身就是斐波那契数的千分之几的比率相关，这个比率从 0.034 开始。有趣的是，按这种分析，相隔十三项的两个斐波那契数之间的比率又回到了 0.001，它们开始时的千分之一！从各方面来说，我们真的创造了"在一个无穷级数中复制"的"特征传递"，它揭示了"所有数学关系中最紧密的"属性，就像斐波那契数列的崇拜者们描述的那样。

最后，我们注意到，$(\sqrt{5}+1)/2=1.618$ 而 $(\sqrt{5}-1)/2=0.618$，其中 $\sqrt{5}=2.236$。5 是波浪理论中最重要的数字，而它的平方根是 Φ 的数学解。

1.618 倍（或 0.618 倍）被公认为黄金比率（Golden Ratio）或

⊖ 原作者的这种分析从斐波那契数列的第二项开始。——译者注

第三章 波浪理论的历史背景与数学背景

黄金平衡（Golden Mean）。其比例悦目且动听。它遍布于生物、音乐、绘画和建筑之中。在为 1975 年 12 月号的《史密森人》杂志（*Smithsonian Magazine*）[一] 撰写的文章中，威廉·霍法（William Hoffer）[二] 曾说：

> ……纸牌与帕特农神庙（Parthenon）[三]、向日葵与蜗牛壳、希腊花瓶与外太空的螺旋状星系，0.618034 与 1 之比是它们外形的数学基础。希腊人在很大程度上把这个比例作为绘画与建筑的根基。他们称之为"黄金平衡"。
>
> 斐波那契的魔术兔子在最想不到的地方冒了出来。这些数字无疑是神秘的自然和谐的组成部分，这种和谐宜人、悦目甚至动听。例如，音乐以 8 度音阶为基础。在钢琴上它用 8 个白键，5 个黑键表示——共 13 个键。最动听的音乐和声是大六度绝不是巧合。音符 E 的振动频率是音符 C 的 0.62500 倍。[四] 这仅与黄金平衡相差 0.006966，大六度的这种比例引起内耳耳蜗——正好也是对数螺线形的器官——的愉快振动。
>
> 自然界中不断出现斐波那契数与黄金螺线，这精确地解释了为何 0.618034 与 1 之比在艺术品中是如此惹人喜爱。在以黄金平衡为根基的艺术品中，人们能看到生命的影像。

微小到大脑中的微管以及 DNA 分子（见图 3-9），大到行星的

[一] 美国史密森学会（Smithson Institute）于 1970 年创办的一份科普读物。——译者注
[二] 一位美国的自由撰稿人。下面的这段摘录出自他的关于斐波那契数字的文章。——译者注
[三] 祭祀希腊智慧女神雅典娜·帕特农（Athena Parthenos）的神庙，始建于公元前 5 世纪，位于希腊首都雅典，是希腊建筑的代表作。——译者注
[四] 注：作者的意思是下一个频率更高的 C#。

距离与周期,大自然在其最隐秘的构建材料和最高等的模式中采用黄金比率。黄金比率包含在各种各样的现象中,如准晶体的排列、光束在玻璃表面上的反射、大脑和神经系统、乐曲编排,以及植物的结构和动物的结构。科学正在迅速地证明,实际上自然界有一种基本的比例原理。顺便说一下,你正在用你的**五个**附肢中的两个拿着这本书,每个附肢有**三个**相连接的部位,每个附肢的终端有**五根**手指,而每根手指有**三个**相连接的部分,这一连串5-3-5-3强烈地让人联想到波浪理论。

四、黄金分割

让较短部分与较长部分之间的比率,等于较长部分与整个长度之间的比率(见图 3-3),任何长度的线段都可以这样分割。这个比率永远是 0.618。

图 3-3

黄金分割遍布于自然界。事实上,从外形尺寸到面部器官布置的一切,人体都是一块黄金分割(见图 3-9)的挂毯⊖。"柏拉图(Plato)⊜在他的《蒂迈欧篇》(*Timaeus*)⊜中,"彼得·汤普

⊖ 美国巡回法庭法官兰尼德·韩德(Learned Hand, 1872—1961),对美国自由民主作过许多有份量的演说。他曾说,人的一生,就像一块挂毯,有许多股线组成,它编结成了一种形态;单独分离出一根线不会破坏整块挂毯,但却使线本身毫无价值。——译者注
⊜ 约前 428—前 347 年。古希腊哲学家。——译者注
⊜ 柏拉图的一篇有关自然科学及宇宙学的对话。——译者注

金斯（Peter Tompkins）⊖说，"曾深入考虑过 Phi 及其产生的黄金分割比例——所有数学关系中最紧密的，并认为它是宇宙中物理学的关键。"16 世纪，约翰尼斯·开普勒（Johannes Kepler）⊜在写到黄金分割或称"神赐分割"（Divine Section）时说，它实质上描绘了万物，尤其象征了上帝创造的"特征传递"。人体可以在肚脐处分成黄金分割。统计上的平均值大约是 0.618。这个比率对男女都分别成立，是一种"特征传递"创造的完美标志。人类的进化也是一种"特征传递"的创造吗？

五、黄金矩形

黄金矩形相邻两边之比是 1.618∶1。要构建一个黄金矩形，首先得画一个两个单位长度乘两个单位长度的正方形，然后从一边的中点至对边直角的顶点作一条连线，如图 3-4 所示。

三角形 EDB 是一个直角三角形。公元前 550 年左右，毕达哥拉斯（Pythagoras）⊜曾经证明，直角三角形的斜边（X）的平方等于两直角边平方之和⑲。因此，在这个例子中 $X^2=2^2+1^2$，或者是 $X^2=5$。所以，线段 EB 的长度必定是 5 的平方根。构建黄金矩形的下一步是延长线段 CD，使 EG 的长度等于 5 的平方根或者说 2.236 个单位长度，如图 3-5 所示。画完时，得到的两个矩形的相邻两条边成黄金比率，所以矩形 AFGC 和矩形 BFGD 都是黄金矩形。证明过程如下：

⊖ 1919—2007 年，美国记者。——译者注
⊜ 1571—1630 年，德国数学家，天文学家。——译者注
⊜ 约前 580—约前 500 年，古希腊数学家，哲学家。——译者注
⑲ 即勾股定理。——译者注

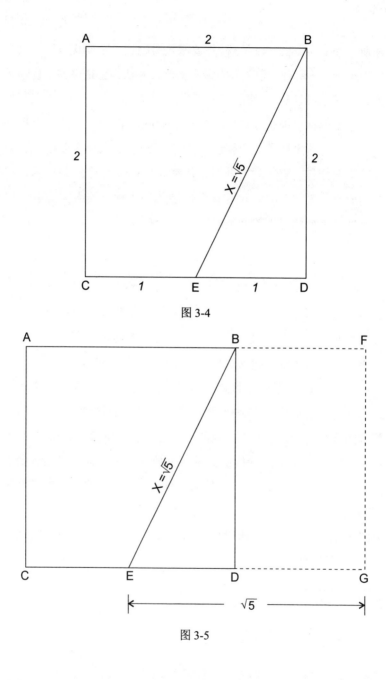

图 3-4

图 3-5

第三章 波浪理论的历史背景与数学背景

$$\frac{CG}{FG} = \frac{\sqrt{5}+1}{2} \quad 和 \quad \frac{DG}{FG} = \frac{\sqrt{5}-1}{2}$$

$$\frac{CG}{FG} = \frac{\sqrt{5}+1}{2} \qquad \frac{DG}{FG} = \frac{\sqrt{5}-1}{2}$$

$$= \frac{2.236+1}{2} \qquad\qquad = \frac{2.236-1}{2}$$

$$= \frac{3.236}{2} \qquad\qquad = \frac{1.236}{2}$$

$$= 1.618 \qquad\qquad = 0.618$$

既然矩形的两条邻边成黄金比率,所以根据定义,这个矩形是黄金矩形。

艺术创作因黄金矩形的知识得到了极大的提高。在古埃及、古希腊和文艺复兴(Reaissance)[一]这些文化高峰时期,人们对黄金比率的价值与应用的迷恋尤其强烈。列奥纳多·达·芬奇(Leonardo da Vinci)[二]认为黄金比率意义深远。他还发现这种比率惹人喜爱,并说"如果一件东西没有正常的外观,它就起不了作用"。达·芬奇的许多绘画作品具有恰当的外观,因为他有意识地用黄金分割来增强作品的感染力。古代的建筑师和现代的建筑师,最著名的是那些设计雅典帕特农神庙的建筑师,已经深思熟虑地将黄金矩形运用到了他们的设计之中。

显然,Phi 比例确实对形态的观察者有影响。试验人员已经证实,人们认为这个比例在美学上惹人喜爱。例如,当实验对象被要求从一组不同类型的矩形中选择一个矩形时,研究人员发现一般的选择通常接近于黄金矩形的形状。当要求实验对象以他们最

[一] 意大利语,意为"再生"。14 世纪起源于意大利,并在 16、17 世纪蔓延到整个欧洲,是欧洲历史上的一次重大的新文化运动。——译者注

[二] 1452—1519 年。意大利画家、雕刻家、建筑家兼科学家,文艺复兴时期的代表人物。——译者注

喜欢的方式，将一根杆子与另一根杆子交叉时，他们通常会用一根杆子将另一根杆子划分成 *Phi* 比例。窗户、画框、房屋、书籍以及墓地的十字架常常近似于黄金矩形。

就像黄金分割，黄金矩形的价值并不仅限于外形漂亮，而且显然还有功能上的作用。在无数的例子中，最有说服力的就是，DNA 的双螺旋结构本身在它扭转的规则间距处创造了精确的黄金矩形（见图 3-9）。

黄金分割与黄金矩形代表了自然美学及功能的，以及人工美学及功能的静态形态，但要展示审美上惹人喜爱的美学物力论（Dynamism）⊖——生长或进化的有序演化过程，更有效的是使用宇宙中最独特的形态之一——黄金螺线。

六、黄金螺线

黄金矩形可以用来构建黄金螺线。任何如图 3-5 中的黄金矩形，都可以划分成一个正方形和一个较小的黄金矩形，如图 3-6 所示。这个过程理论上可以无限延续。这样，我们绘制出的正方形明显向内旋转，它们被标记为 A、B、C、D、E、F 和 G。

本身互成黄金比例的两条虚线，对角分割开了这个矩形，并精确定位了旋转正方形的理论中心。从靠近这个中心的地方，我们能以尺寸不断增大为序，通过用一条曲线连接每个旋转正方形的交点来绘制螺线，如图 3-7 所示。当正方形向内旋转或向外旋转时，它们的连接点就勾画出了一条黄金螺线。

⊖ 认为一切现象都是自然力相互作用的结果的哲学理论。——译者注

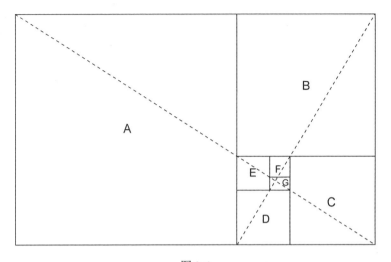

图 3-6

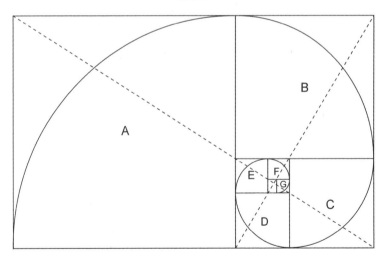

图 3-7

在渐进的黄金螺线上的任何一点，弧长与直径的比率是 1.618。黄金螺线的直径和半径依次与相距 90 度的直径和半径以 1.618 倍相联系，如图 3-8 所示。

艾略特波浪理论

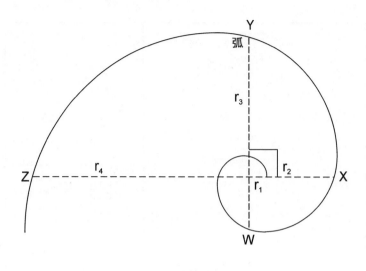

$$\frac{r_2}{r_1} = \frac{r_3}{r_2} = \frac{r_4}{r_3} = \cdots\cdots = \frac{r_n}{r_{n-1}} = 1.618$$

$$\frac{d_2}{d_1} = \frac{d_3}{d_2} = \cdots\cdots = \frac{d_n}{d_{n-1}} = 1.618$$

（其中 $d_1 = r_1 + r_3$，$d_2 = r_2 + r_4$，等。）

$$\frac{弧XY}{弧WX} = \frac{弧YZ}{弧XY}，等。= \frac{弧XZ}{弧WY} = 1.618$$

$$\frac{弧WY}{直径\ WY} = \frac{弧XZ}{直径\ XZ}，等。= 1.618$$

图 3-8

  黄金螺线是对数螺线或称等角螺线的一种类型，它没有边界，而且形状恒定。从螺线上的任何一点，螺线都可以向内无限扩展和向外无限扩展，向内达不到中心，向外达不到终点。如果用显微镜看图 3-8 中对数螺线的核心，与对数螺线向外扩展后从几光年外看一模一样。

第三章　波浪理论的历史背景与数学背景

如果欧几里得（Euclid）⊖ 几何形态（也许除了椭圆以外）通常意味着静止，那么螺线就意味着运动：生长与衰老，扩散与收缩，前进与倒退。对于在整个宇宙中发现的自然生长现象，对数螺线是其本质的表达。它涵盖了小到原子粒子，大到银河系的各种规模的运动。就像大卫·伯嘉米尼 ⊖ 在撰写《数学》（Mathematics）时指出的那样，彗星尾巴远离太阳的曲线是对数螺线。圆蛛（Epeira）⊜ 将它的网织成对数螺线。细菌生长的加速度可以绘制成对数螺线。陨石在地球表面爆裂时，会形成符合对数螺线的陨坑。准晶体在电子显微镜下显示出对数螺线。松果、海马、蜗牛壳、软体动物的壳、海浪、蕨类植物、动物的角、向日葵上的种子分布曲线，以及菊花都形成了对数螺线。旋风云、漩涡和外太空的星系以对数螺线旋转。甚至由互成黄金分割的三根骨头构成人的手指，在弯曲时也呈死亡中的一品红叶子（见图 3-9）的螺线形。在图 3-9 中，我们可以在许多形态中看到这种巨大影响的反映。亿万年的时间和数光年的空间分隔开了松果和星系，但它们的图案是一样的：一根对数螺线，它是支配自然界动态结构的基本形状。无论是精确地还是模糊地，图 3-9 中的绝大部分形态都包含斐波那契比率。例如，松果的螺环和向日葵的螺环的数量是斐波那契数字；准晶体显示出五角星；鹦鹉螺壳的半径以每半个圆 1.6～1.7 倍的速率扩大。作为自然界的宏观图像之一，作为一种无穷扩散和无尽收缩的力量，作为一种主宰动态过程的静态规律，对数螺线在我们面前以符号性的形态展开，它得到了 1.618 倍的比率，即黄金平衡的维持。

⊖ 古希腊数学家，被称为"几何学之父"。——译者注
⊖ 一位专门撰写科普题材文章的美国自由撰稿人。美国《生活》杂志"自然书库"专栏的作者。他在《数学》一书中，着重记录了历史上的数学家，并阐述了数学对其他学科的影响。——译者注
⊜ 生活在美洲大陆的蜘蛛，大约有 800 种。——译者注

艾略特波浪理论

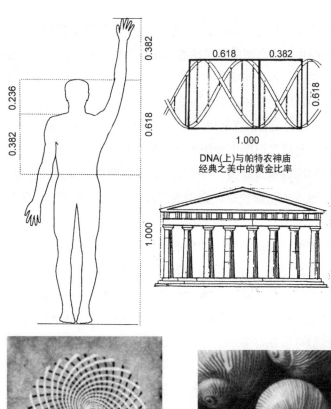

DNA(上)与帕特农神庙经典之美中的黄金比率

螺旋形的花朵

上面的图形揭示了雏菊花头的双螺线形。两组方向相反的旋转螺线由花头上的独立小花排列形成。它们是近乎完美的等角螺线。在顺时针方向有 21 条；在逆时针方向有 34 条。这个 21:34 比率由神秘的斐波那契数列中的两个相邻数构成。

贝壳

图 3-9

第三章 波浪理论的历史背景与数学背景

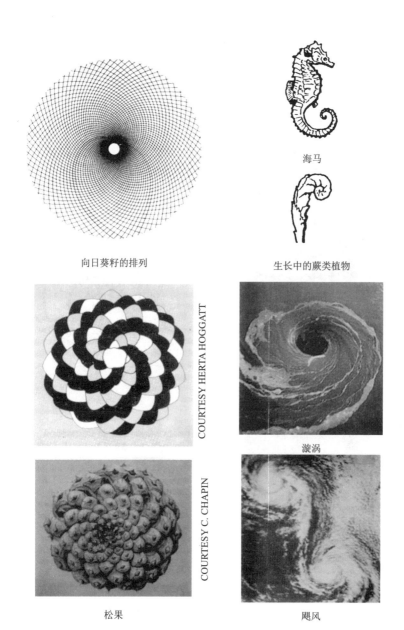

向日葵籽的排列　　　　生长中的蕨类植物

海马

漩涡

松果　　　　飓风

图 3-9（续）

艾略特波浪理论

电子显微镜下的准晶体
由以色列的 D.Schechtman 提供

凋谢中的一品红叶子

起泡室中的原子粒子

羊角

海浪

鹦鹉螺的壳

图 3-9（续）

第三章 波浪理论的历史背景与数学背景

螺线形旋转的银河系

图 3-9（续）

七、*Phi* 的含义

对于这种无所不在的现象，各个时代的盖世奇才们都深刻了解其价值。学识渊博的人痴迷这种数学配方的例子在历史上有许多。毕达哥拉斯选择五角星作为其社团的符号，因为五角星中的每一条线段都与下一条较短的线段成黄金比率；17 世纪著名的数学家雅各布·伯努利（Jacob Bernoulli）[一]要求把黄金螺线凿刻在自己的墓碑上；艾萨克·牛顿（Isaac Newton）[二]让人在他的床头板[现由美国新罕布什尔州新波士顿市的重力基金会（Gravity Foundation）收藏]上雕刻了相同的螺线。已知最早的黄金分割狂热爱好者是埃及吉萨（Gizeh）[三]金字塔的建筑师，大约 5000 年前他们就在建筑物中记录下了 *Phi* 的知识。埃及的工程师们有意识地将黄金比率融入大金字塔（Great Pyramid）[四]中，他们使其墙面的斜高等于底边长度一半的 1.618 倍，这样金字塔的垂直高度同时就是 1.618 的平方根乘以底边长度的一半。按《大金字塔的秘密》（*Secrets of the Great Pyramid*）的作者彼得·汤普金斯的说法，"这种关系表明希罗多德（Herodotus）[五]的报告实际上是正确的，因

[一] 1654—1705 年。瑞士的伯努利家族产生过 11 位数学家，雅各布·伯努利是其中最著名的三位之一。他运用新观念研究一系列曲线的性质，曾详细研究过对数螺线，发现对数螺线的渐屈线和渐伸线仍是对数螺线等对数螺线的重要性质。——译者注
[二] 1642—1727 年。英国数学家、物理学家、天文学家。——译者注
[三] 埃及北部的城市，同名省省会，英语中又称 Giza。在尼罗河下游左岸，与首都开罗隔河相对。市西南约 8 公里处有金字塔群，其中包括大金字塔。——译者注
[四] 古埃及金字塔中最大的一座，是埃及法老胡夫（Pharaoh Khufu）的坟墓。——译者注
[五] 前 484—前 425 年。古希腊历史学家。被认为是第一个具有世界眼光的史学家。他所著的《历史》（*Histories*）是西方最早的一部"世界史"，在书中他讲述的古埃及金字塔的故事很可能是关于金字塔的最早的书面记录。——译者注

第三章 波浪理论的历史背景与数学背景

为大金字塔塔高的平方是 $\sqrt{\phi} \times \sqrt{\phi} = \phi$,而墙面的面积是 $1 \times \phi = \phi$"。此外,使用这些比例,埃及的设计师(显然是为了建造北半球的比例模型)就能以一种非常成熟的数学方法使用 Pi 和 Phi,因此完成了不可能做到的事(也就是,使它们分别有相同的面积与体积),这种伟业在随后的 4000 多年里未重演过。

尽管仅仅提到大金字塔就会给怀疑论(也许理由很充分)提供弹药,但要记住,它的形态让科学、数学、艺术和哲学思想的大师们为之着迷,包括柏拉图、毕达哥拉斯、开普勒、达·芬奇和牛顿。那些设计和建造金字塔的人同样是才华横溢的科学家、天文学家、数学家和工程师。显然,他们是要将黄金比率作为一种重要性至高无上的东西珍藏千年。如此才智非凡的人从事这项工作本身就十分重要,后来古希腊时期的大师和欧洲启蒙运动(Enlightenment)⊖ 时期的大师,带着对黄金比率的痴迷也参与了进来。至于**原因**,我们所掌握的全都来自几个作家的推测。这种推测尽管隐晦,但符合我们自己的观察。据猜测,对于那些证明过自己配得上理解重大宇宙奥秘的人,大金字塔在建成后的几个世纪中,一直被用作启蒙的神殿。超越粗略地接受事物的**外观**,去发现现实中事物的**本质**的人,才能被授予这种"奥秘",也就是永恒的秩序与生长的复杂真理。这种"奥秘"包括 Phi 吗?汤普金斯解释道,"舒瓦勒·卢比茨(Schwaller Lubicz)⊖ 说,埃及法老们没有把 Phi 当成一个数字,而是当作一个创造机能的符号,一个在无穷级数中复制的符号。对于他们来说,它代表了'生命

⊖ 18 世纪欧洲的一段历史时期,此时一些思想家和作家认为,是理智和科学,而不是宗教推动了人类的进步。——译者注

⊖ 1887—1961 年。法国神秘学者、神圣几何学者、埃及古物学者。曾在埃及对卢克索神庙(Temple of Luxor)的艺术和建筑进行了长达 12 年的研究。——译者注

之火、雄性的精子活动、圣约翰福音中提及的逻各斯（Logos）'"。逻各斯是一个希腊语词，它被赫拉克里特（Heraclitus）[⊖]与后来的异教徒、犹太教的哲学家、基督教的哲学家定义为宇宙的理性秩序、一种无处不在的自然法则、一种蕴藏在万物中的赋予生命的力量，以及主宰并渗透世界的普遍的结构性力量。

在阅读这些宏大且时髦的描述时，要考虑到这些人不能清楚地**看到**他们感觉到的东西。他们没有图表和波浪理论来证明自然的生长模式显而易见，因而只能尽己所能来描述一种他们察觉出的塑造自然界的组织原理。有一种普遍的结构性力量主宰并渗透着世界，如果这些古代哲人的这个观点是正确的，那么这种力量不会主宰并渗透到人类世界吗？如果遍布于宇宙的各种形态，包括人体、大脑和DNA，反映着 Phi 的形态，那么人类的活动也反映它吗？如果 Phi 是宇宙中的生长力量，那么它是人类生产力进步背后的推动力吗？如果 Phi 是一种创造机能的符号，它会主宰人类的创造活动吗？如果人类的发展是"一个无穷级数"中的生产与复制，那么有没有可能，甚至有没有理由，这种发展有一种基于 Phi 的螺线形态，而且在人类生产力的估价运动中，也就是在股票市场中，这种形态可以辨别呢？聪明的埃及人显然知道，在宇宙表面上的无序之下，隐藏着秩序的真相和生长的真相。相似地，我们认为，如果我们考察的是股票市场的**本质**，而不是草率考虑之下的粗略外表，那么股票市场是可以被正确理解的。股票市场不是对时事随机的、无形的群体性反映，而是一种对人类发展的井然有序结构的精确记录。

请把这个概念同天文学家威廉・金斯兰德（William Kingsland）

[⊖] 约前540—约前480年。古希腊哲学家。——译者注

在其著作《实际与理论中的大金字塔》(*The Great Pyramid in Fact and in Theory*)中的话相比较,他写道,埃及的天文学/星相学是一种"与人类进化大循环相联系的深奥科学"。波浪理论解释了人类进化的大循环,并揭示了它们如何以及为何要这样展开的道理。

此外,它既涉及微观的范畴又涉及宏观的范畴,这些范畴都基于一种自相矛盾的原理,即在恒定形态中发展变化。

正是这种形态将结构与统一赋予了宇宙。自然界中的万物都表明生命是有序的,或者说是有形态的。"宇宙"这个词意味着"一种秩序"。如果生命有形态,那我们就不能否定这种可能性,即作为现实生活的一部分,人类发展也有秩序与形态。甚至于,股票市场也有秩序与形态。所有用来了解股票市场的技术分析手段,都依赖于秩序与形态的基本原理。然而,艾略特的理论超越了其他所有技术分析手段。它假定,形态无论是大是小,**其基本布局是不变的**。

艾略特在他的第二篇专论中,用了《自然法则:宇宙的奥秘》(*Nature's Law – The Secret of the Universe*)这个题目,而不是《波浪理论》,并将其运用到各种人类活动中。艾略特说波浪理论正是宇宙的奥秘可能有些过头了,因为大自然看起来已经创造出数不清的形态和过程,而不仅仅是一种简单的布局。然而,前面提到过的历史上的一些科学巨匠,很可能会赞同艾略特的提法。至少,说波浪理论是宇宙中最重要的奥秘之一是可信的。

八、螺线形演化的股市中的斐波那契数学

股市像许多自然现象那样,以相同的数学基础运行,我们能既提出这个理论又观察到吗?回答是:能。正像艾略特在他最后

的统一结论中解释的那样,各种波浪的演化有着相同的数学基础。斐波那契数列支配着波浪数,这些波浪在股票价格总体运动中形成,并以我们在第一章开头描述的 5:3 内在关系展开。

正如我们首先在图 1-4 中展示的那样,市场的本质结构产生出完整的斐波那契数列。一个调整浪的最简单表现形式是直线下降。一个推动浪的最简单表现形式是直线上升。一个完整的循环是两条线段。在小一浪级的复杂形态中,相应的线段条数是 3、5 和 8。如图 3-10 所示,这个数列可以无穷无尽。波浪产生斐波那契数列的事实揭示出,**群体性表达出来的人类情绪符合这条自然界的数学法则。**

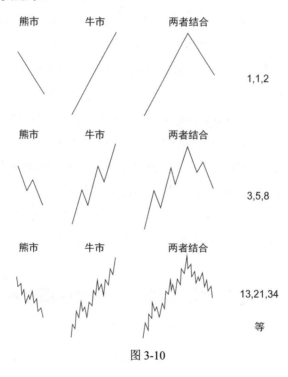

图 3-10

现在比较图 3-11 和图 3-12 显示的构造。每一幅都体现了内旋黄金螺线的自然法则,而且都受到斐波那契比率的支配。每一浪都与前一浪按 0.618 倍相关。事实上,就道琼斯平均指数的点数而言,每一浪的运行距离本身就反映出斐波那契数学。在显示 1930 年至 1942 年序列的图 3-11 中,市场波动分别运行了约 260 点、160 点、100 点、60 点和 38 点,近似于一串减小的斐波那契比率:2.618、1.618、1.000、0.618 和 0.382 倍。

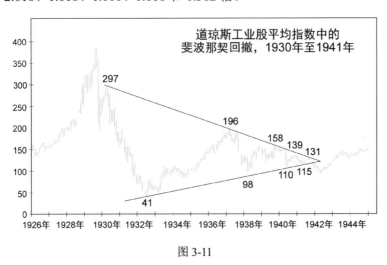

图 3-11

在图 3-12 中,以 1977 年向上调整中的浪 X 开始,指数的波动几乎正好是 55 点(浪 X)、34 点(浪ⓒ)㊀、21 点(浪ⓓ)、13 点[浪ⓔ中的浪(a)]和 8 点[浪ⓔ中的浪(b)],也就是斐波那契数列本身。该形态从头至尾的净涨幅是 13 点,而且三角形的顶点正好处于这个调整浪起始高度的 930 点,这也是后来 6 月本能性反弹的高峰。无论你认为波浪中的实际点数是巧合,还是基本布局

㊀ 原文是(浪ⓐ至浪ⓒ)。——译者注

的一部分，都能肯定这种精确性证明每一个相继波浪之间的 0.618 恒定比率不是巧合。第四和第七章将重点讨论各种市场模式中的斐波那契比率现象。

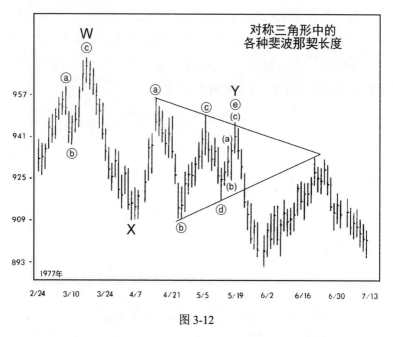

图 3-12

基于斐波那契数学的股市行为反映出螺线形生长吗？答案再一次是：是。股市演化的理想艾略特概念，如图 1-3 所示，是构造一条对数螺线的绝佳基础，图 3-13 近似说明了这一点。在这个构造中，每一个浪级更高的相继浪的顶点都是指数式展开的接触点。

通过这两种关键方式（斐波那契数学和螺线形演化），人类生产企业的社会学估价反映出在整个自然界中发现的其他生长形态。因此，我们得出结论，**它们都遵循相同的法则。**

第三章 波浪理论的历史背景与数学背景

© 1978/1999Robert R. Prechter, Jr.

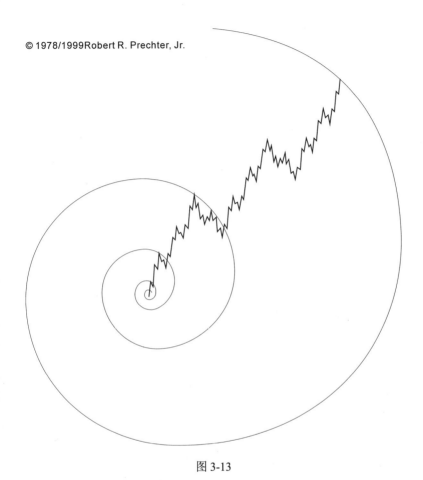

图 3-13

九、波浪理论结构中的斐波那契数学

甚至艾略特波浪**形态**有序的结构复杂性也反映出斐波那契数列。有 **1** 个基本形态：五浪序列。有 **2** 个波浪形成方式：驱动浪（可以细分成波浪的基本级，用数字标记）和调整浪（可以细分成波浪的辅助级，用字母标记）。有 **3** 个波浪的简单模式目：五浪、三浪和三角形（它既有五浪的特征又有三浪的特征）。有 **5** 个简单模式科：推动浪、斜纹浪、锯齿形调整浪、平台形调整浪和三角形调整浪。有 **13** 个简单模式的变体：推动浪、终结斜纹浪、引导斜纹浪、锯齿形调整浪、双重锯齿形调整浪、三重锯齿形调整浪、规则平台形调整浪、扩散平台形调整浪、顺势平台形调整浪、收缩三角形调整浪、屏障三角形调整浪、扩散三角形调整浪和顺势三角形调整浪。

调整方式有 **2** 组：简单调整和联合形调整，使组的总数达到 **3** 个。有 **2** 个目的调整浪的联合形态（双重调整和三重调整），使目的总数达到 **5** 个。只允许每个联合形调整浪中有一个三角形调整浪，以及每个联合形调整浪中只有一个锯齿形调整浪（像要求的那样），那么调整浪的联合形态总共就会有 **8** 个科：锯齿形/平台形、锯齿形/三角形、平台形/平台形、平台形/三角形、锯齿形/平台形/平台形、锯齿形/平台形/三角形、平台形/平台形/平台形和平台形/平台形/三角形，这使科的总数达到 **13** 个。简单模式加上联合形，科的总数是 **21** 个。

图 3-14 讲述了这种复杂性的发展树。历数这些联合形态的排列或波浪中的种种次要变体，如哪一浪延长了（如果存在的话），什么途径能满足交替，一个推动浪是否包含斜纹浪，每个联合形态中的三角形调整浪都属于哪些类型等，都可以使这棵树继续发展下去。

在这个整理过程中，可能存在些许矫揉造作，因为谁都能以可接受的分类构想出一些可能的变体。尽管如此，一个关于斐波那契数学的原理看起来反映了斐波那契数学，这本身就值得深思。

第三章 波浪理论的历史背景与数学背景

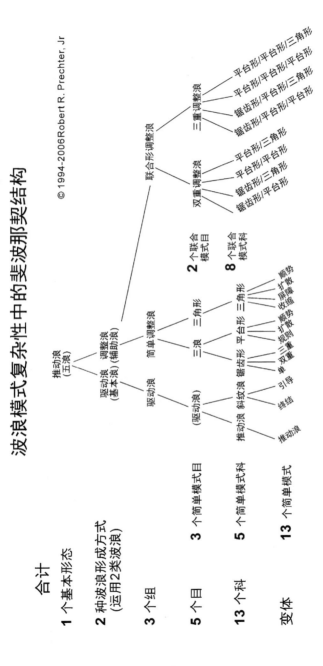

图 3-14

十、Phi 与加法生长

正如我们将在后续几章中介绍的那样，市场活动受黄金比率的支配。甚至在市场统计中，斐波那契数出现的次数也比偶然允许出现的多。然而，关键是要明白，虽然在波浪理论的宏大概念中，数字本身确实有理论上的重要性，但是**比率**才是这种类型的生长模式的基调。尽管在文献中很少被指出来，但无论哪两个数字启动了这个数列，这种加法数列都可以产生斐波那契比率。斐波那契数列是其自身类型的基本加法数列，因为它从数字 1 开始（见图 3-15），而 1 是数学生长的起点。然而，我们还可以取两个**随机挑选出的数字**作为新数列的起点，如 17 和 352，然后把它们相加产生第三个数字，按这种方法继续下去可产生更多的数字。随着这个数列的发展，相邻两项之间的比率总是很快接近极限 phi。到第八项产生的时候，这种关系变得十分明显（见图 3-16）。因此，尽管组成斐波那契数列的具体数字反映出市场中理想的波浪演化，但斐波那契**比率**才是几何图案演化的基本法则，在这个演化中，前两项之和产生下一项。这就是为何在与生长和衰退、扩散和收缩以及前进和倒退的自然现象有关的数据中，这个比率支配着如此多的关系。

从最广的意义上说，艾略特波浪理论表明了这种观点，即塑造生物和星系的相同法则，是人类**总体**的情绪与活动所固有的。股票市场是世界上对群体心理最精妙的反射器，因此它的数据是对人类的社会心理状态与趋势的最佳记录。这种社会人的生产企业自我估价的波动记录，产生了前进与倒退的各种明显而且具体的模式。波浪理论说的是,人类的发展(其中股票市场是一种由群体确定的估价)不是沿一条直线发生,也不是随机地发生,更不是循环地发生。倒不如说,发展以"三步前进,两步倒退"的方式发生,这是一种大自然偏好的形态。更广义地说,因为社会人的活动与斐波那契数列和人类发展的螺线形模式相关,所以显

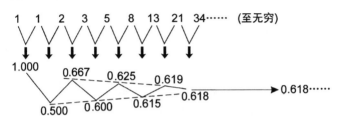

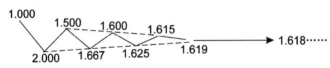

图 3-15

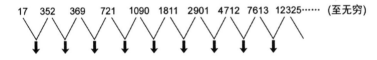

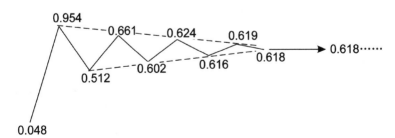

图 3-16

然也与宇宙中有序生长的基本法则相关。在我们看来，波浪理论与其他自然现象的相似之处太大，因而不能当成谬论被摈弃。在权衡各种可能性之后，我们已经得出结论，有一种随处可见的原理塑造着社会事务，因而当爱因斯坦（Einstein）[1]说"上帝不和宇宙玩掷骰子的游戏"时，知道自己是在谈什么。股票市场也不例外，因为无可否认，群体行为与一种可以被研究且阐明的法则有关。表述这个原理的最简洁方式是一句简单的数学陈述：比率1.618。

诗人马克思·埃哈曼（Max Ehrmann）[2]的《渴望的东西》（*Desiderata*）写道："你是宇宙的子民，与树木和星星一样；你有权来到这个世界。无论你是否明白，宇宙必须伸展。"生活有秩序？有。股票市场有秩序？明摆着。

---

[1] 1879—1955 年。物理学家。爱因斯坦晚年一直致力于统一场理论（Unified Field Theory），试图解释所有的物理相互作用，但没有完全成功。他的同事认为，这种努力是误入歧途。1915—1930 年的主流物理学建立了一种物质基本性质的新概念，即量子理论（Quantum Theory）。这个理论摈弃了严格的因果关系的观点。然而爱因斯坦不接受这种看法，并成了量子理论的批评家直至去世，因为他相信"上帝不和宇宙玩掷骰子的游戏"。——译者注

[2] 1872—1945 年。美国诗人。写过 20 多本书和小册子，以及许多短文和诗歌。于 1927 年发表的散文诗《渴望的东西》是他的代表作。——译者注

第二部分

应用艾略特波浪理论

1939年,《金融世界》杂志出版了艾略特撰写的十二篇题为《波浪理论》的文章。在介绍这些文章时,原出版者按是这样写的:

在过去的七八年里,金融类杂志的出版者和投资顾问领域内的机构,实际上已经淹没在各种各样的"思想体系"中,这些分析方法的支持者们认为,它们可以非常准确地预测股票市场的运动。其中有些方法似乎起了一定作用。而另一些则显得怎么用都毫无价值。《金融世界》以强烈的怀疑态度看待所有的方法。但在研究了R.N.艾略特先生的《波浪理论》之后,《金融世界》开始变得确信,这个主题的一系列文章对读者而言,将会引人入胜,富有教益。波浪理论是否是一种市场预测的有效工具,留给每位读者自己去判断,但对于以经济因素为依据的结论,它至少是一种有效的检验。

——《金融世界》编辑

在本书的第二部分,我们将推翻这些编辑提出的做法和论点,因为在检验完全根据艾略特波浪理论做出的市场预测时,经济因素充其量可当作一种辅助工具。

第四章

比率分析与斐波那契时间数列

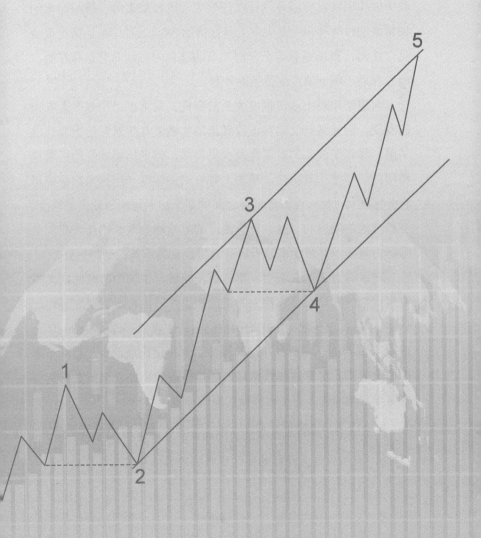

一、比率分析

比率分析是考察一个浪与另一个浪在时间上和幅度上的比例关系。在了解黄金比率在股票市场循环的五浪上升和三浪下降运动中的作用时，你或许预计在任何牛市阶段结束时，接踵而来的调整浪的时间和幅度是先前上升行情的3/5。这种简单的情况很少见。然而，市场遵循黄金分割关系的这种内在倾向总是存在的，而且有助于每一浪产生适当的外观。

对股票市场中波浪幅度关系的研究，常常可以带来令人吃惊的发现，因此某些艾略特波浪理论的实践者几乎对它的重要性着了魔。尽管斐波那契时间比率少见得多，但多年绘制平均指数走势图的经验使作者确信，基本上每一浪的幅度（用算术测量或用百分比测量）都按斐波那契数之间的某个比率与相邻波浪的幅度、交替波浪的幅度和（或）分量波浪的幅度相关联。然而，我们必须努力举证，并按比率分析自身的特点来展示其长处与短处。

在所有合适的来源中，第一组反映股票市场中的时间比率和幅度比率的数据，出自伟大的道氏理论家罗伯特·雷亚的著作。1934年，雷亚在他的《平均指数史话》中收集整理了1896年至1932年横跨36年的市场数据，覆盖了9个道氏理论牛市和9个道氏理论熊市。尽管这些数据马上会显得毫无用处，但雷亚感觉仍有必要列举它们，对于这样做的原因他说：

> 无论（这种对平均指数的回顾）是否对整个金融史做出了贡献，我确信这里介绍的统计资料将为其他研究人员节约许多

第四章 比率分析与斐波那契时间数列

个月的时间……所以,与其只记录看上去有用的那部分资料,还不如记录我们已经收集到的全部资料……作为预测未来运动可能范围的一种考虑因素,在这个标题下介绍的各种数值很可能毫无价值。然而,作为对平均指数总体研究的一部分,这种处理方式值得采用。

观察结果之一是:

上述表格(仅考虑工业股平均指数)的末尾显示,这次回顾涉及的 9 个牛市和熊市持续了 13115 个日历日(Calender Day)。牛市上涨了 8143 天,其余的 4972 天处于熊市之中。这些数字之间的关系表明熊市的持续时间是牛市的 **61.1%**。

最后:

列 1 显示了每个牛市(或熊市)中的所有主要运动的点数之和。很明显,这样一个数值比任何牛市的最高点和最低点之间的净差值要大得多。例如,在第二章中讨论的牛市(就工业股平均指数而言)从 29.64 点启动并在 76.04 点结束,因此其差值或称净涨幅是 46.40 点。现在这轮上升行情被分成了四段主要的波动,分别是 14.44 点、17.33 点、18.97 点和 24.48 点。这些涨幅之和是 75.22 点,这正是在列 1 中显示的数值。如果用分段涨幅之和的 75.22 点除以净涨幅的 46.40 点,那么结果是 **1.621**,这给出了列 1 中出现的那个百分比。假定两个交易者在他们的市场操作中万无一失,而且一个交易者在牛市的最低点买入股票,并一路持有至牛市的最高点抛出。设他的获利是 100%。现在假定另一个交易者,在底部买入,并在每段主要波动的最高点卖出，然后在每个次级反作用的底部再次买入同样的股票，那么相比第一个交易者实现的 100%的利润，他的利润将是 162.1%。因此，次级反作用的点数总和回撤了净涨幅的 62.1%。

所以，在 1934 年，罗伯特·雷亚在不知道斐波那契比率的情况下，发现了这个比率，及其在时间和幅度上对牛市阶段和熊市阶段起到的关联作用。幸运的是，他感觉在展示的数据中存在一种数值，尽管它当前没有实际效用，但可能在未来某个时候有用。相似地，我们感觉在比率面前有许多东西要学，因而我们的介绍尽管仅仅触及了皮毛，但可能会指引某个未来的分析人员解答我们甚至未曾想到要问的问题。

比率分析已经揭示了一些经常在波浪中出现的精确价格关系。有两类比率关系：回撤（Retracement）和倍数（Multiple）。

1．回撤

有时，一个调整浪会回撤掉前一个波浪的一个斐波那契百分比。如图 4-1 所示，陡直的调整浪在大多数情况下会回撤掉前一个波浪的 61.8%或 50%，这尤其是当它们作为推动浪中的浪 2、大一浪级的锯齿形调整浪中的浪 B，或多重锯齿形调整浪中的浪 X 出现的时候。在浪一位置出现的引导斜纹浪，随后通常会出现回撤幅度为 78.6%（$\sqrt{\phi}$）的锯齿形调整浪。横向调整浪在大多数情况下会回撤掉前一个推动浪的 38.2%，尤其是当它们作为浪 4 出现的时候，如图 4-2 所示。

回撤有各种幅度。在图 4-1 和图 4-2 中介绍的比率仅仅是种倾向。不幸的是，那就是大多数分析人员过度关注的地方，因为这

第四章 比率分析与斐波那契时间数列

样测量回撤简单。然而，更精确的也更可靠的是**交替**波浪之间的关系，或同方向展开的波浪的长度之间的关系，正如在下一节中解释的那样。

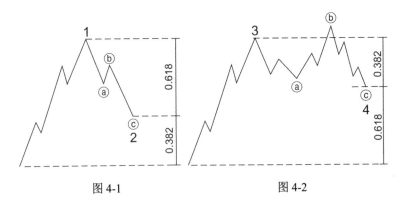

图 4-1　　　　　　　图 4-2

2．驱动浪的倍数

第二章曾提到，当浪 3 延长时，浪 1 和浪 5 就趋向等长，或成 0.618 倍的倍率关系，如图 4-3 所示。实际上，所有三个驱动浪往往都成斐波那契数学关系，无论是等长、1.618 倍还是 2.618 倍（它们的倒数是 0.618 倍和 0.382 倍）。推动浪的关系通常是**百分比率**。例如，1932 年至 1937 年的浪 I 上涨了 371.6%，而 1942 年至 1966 年的浪 III 上涨了 971.7%，或者说是浪 I 的 2.618 倍。要揭示这些关系，就得使用半对数刻度。当然，在浪级较小时，算术刻度和百分比刻度实际上产生了同样的结果，因此每个推动浪中的**点数**揭示了同样的倍数。

另一种典型的波浪形成过程是，浪 5 的长度有时与浪 1 至浪 3 的长度成斐波那契比率关系，如图 4-4 所示，它显示了一个延长的第五浪。0.382 倍和 0.618 倍的比率关系在浪 5 不延长时出现。在

— 145 —

浪 1 是延长浪这样的罕见情形中，正是浪 2 常常将整个推动浪分成黄金分割，这很合理，如图 4-5 所示。

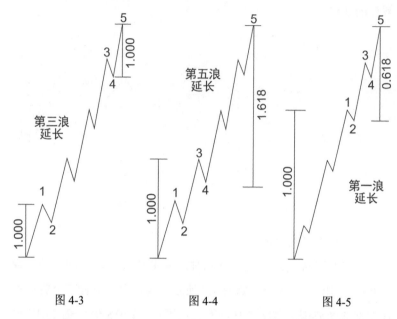

图 4-3　　　　　图 4-4　　　　　图 4-5

下面对我们已有的一些观察所得做个归纳：除非浪 1 延长，否则浪 4 常常把一个推动浪的价格变动范围分成黄金分割。在这种情况下，当浪 5 没有延长时，那么这个黄金分割的后半部分就会是整个距离的 0.382 倍，如图 4-6 所示，而当浪 5 延长时是 0.618 倍，如图 4-7 所示。实际的例子在图 6-8 和图 6-9 中显示。这个准则不那么严格，因为影响分段的浪 4 中的确切分割点会变化。它可以是浪 4 的起点、终点或逆势极限点。因此，它为浪 5 的终点提供了两三个紧密聚集的目标位（这取决于具体情况）。这个准则解释了为何前一个第四浪的终点，以及 0.382 倍的回撤点，时常指出第五浪后的两个回撤目标位。

第四章 比率分析与斐波那契时间数列

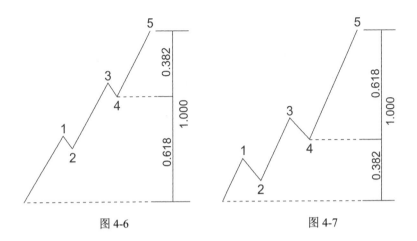

图 4-6　　　　　　　　图 4-7

3．调整浪的倍数

在锯齿形调整浪中，浪 C 的长度通常与浪 A 的长度相等，如图 4-8 所示，尽管浪 C 的长度是浪 A 的 1.618 倍或 0.618 倍也不少见。双重锯齿形调整模式中的第二个锯齿形调整浪与第一个之间也有同样的倍数关系，如图 4-9 所示。

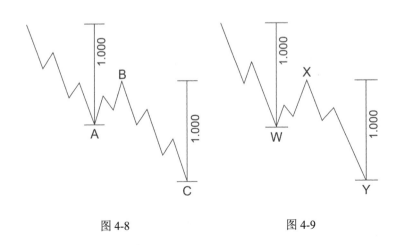

图 4-8　　　　　　　　图 4-9

在规则平台形调整浪中，浪 A、B 和 C 当然几乎等长，如图 4-10 所示。在扩散平台形调整浪中，浪 C 的长度通常是浪 A 的 1.618 倍。有时，浪 C 会在超出浪 A 终点的浪 A 长度的 0.618 倍处结束。图 4-11 说明了上述这些倾向。在少数情形中，浪 C 的长度是浪 A 的 2.618 倍。扩散平台形调整浪中的浪 B 的长度，有时是浪 A 的 1.236 倍或 1.382 倍。

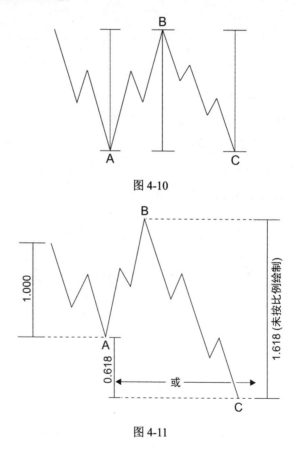

图 4-10

图 4-11

在三角形调整浪中，我们发现至少有两个**交替**浪的相互关系

第四章 比率分析与斐波那契时间数列

成 0.618 倍。也就是说，在收缩三角形调整浪或屏障三角形调整浪中，浪 E=0.618C，浪 C=0.618A，或浪 D=0.618B，如图 4-12 所示。在扩散三角形调整浪中，这个倍数是 1.618。

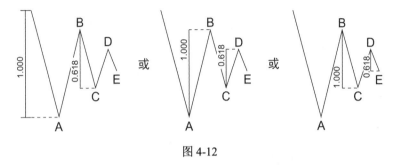

图 4-12

在双重调整浪和三重调整浪中，一个简单模式的净行程有时与另一个的相等，或成 0.618 倍的比率关系——尤其是当三重调整浪中的一个浪是三角形调整浪的时候。

最后，浪 4 跨越的毛价格幅度和（或）净价格幅度，常常与相应的浪 2 跨越的相等，或成斐波那契关系。就推动浪而言，这些关系通常以百分比率出现。

二、应用比率分析

在雷亚的著作问世几年后，艾略特本人首先实现了比率分析的应用。他注意到，1921 年至 1926 年的 DJIA 点数——包含第一浪至第三浪，是 1926 年至 1928 年（按艾略特的说法，1928 年才是牛市的正统顶部）的第五浪的点数的 61.8%。恰好相同的比率关系又出现在了 1932 年至 1937 年的五浪上升中（见图 2-11 和图 2-12）。

在《银行信用分析家》1957年的《艾略特波浪副刊》（*Elliott Wave Supplement*）中，汉密尔顿·博尔顿根据对典型波浪行为的预期，给出了这个价格预测：

> 看来，如果市场沿着正统的趋势线再巩固一年左右，那么积聚起来的能量将很可能会使大浪V蔚为壮观，这种能量会在一个大投机浪中，在20世纪60年代初把DJIA带到1000点或更高。

然后，在《艾略特波浪理论：一份审慎的评价》中，汉密尔顿·博尔顿在认真思考艾略特引用的各种例子时说：

> 如果1949年的市场至今仍遵循这个公式，那么1949年至1956年的上升行情（就DJIA而言的361点），应当在1957年的最低点416点加上583点（361点的161.8%），或者说总共DJIA的999点时结束。要不然，416点加上361点将会是DJIA的777点。

后来，在撰写1964年的《艾略特波浪副刊》时，博尔顿推断出：

> 既然我们现在已经远超777点的位置，那么看样子平均指数的1000点会是我们的下一个目标位。

1966年的事实证明，这些话是股票市场历史上最准确的预言，2月9日下午3点的60分钟读数，记录下了最高点995.82点（"日内"最高点是1001.11点）。所以，在事情发生6年前，博尔顿的预测只差了3.18个DJIA点，误差不到1%的1/3。

第四章 比率分析与斐波那契时间数列

虽有这个好兆头,但波浪形态分析必须优于比例关系作用才是博尔顿的看法,这与我们的一致。事实上,在进行比率分析时,谁都需要理解并应用艾略特理论的数浪法和标记法,以判定首先该从哪一点开始算起**绝对必要**。基于正统模式终点高度的波浪长度间的比率才可靠;而那些基于非正统的极端价格的比率通常不可靠。

本书作者自己已经使用过比率分析,而且经常取得圆满的成功。1962 年 10 月,阿尔弗雷德·J.弗罗斯特在"古巴危机"最低点出现的那个小时抓住了它,并将结论用电报通知身在希腊的汉密尔顿·博尔顿,弗罗斯特因此更加确信他识别市场拐点的能力。后来,在 1970 年的《银行信用分析家》的一份副刊中他断定,演化中的循环浪级调整浪的熊市最低点,很可能在 1966 年的最低点下方,且在 1966 年下跌距离的 0.618 倍的高度出现,或者说是在 572 点出现。四年之后的 1974 年 12 月,DJIA 60 分钟读数的最低点刚好是 572.20 点,由此出现了涨到 1975 年至 1976 年的爆发性上升行情。

比率分析在浪级较小的波浪中也有价值。1976 年夏,小罗伯特·R.普莱切特在给美林证券撰写的一份公开报告中识别出,当时正在演化的第四浪是少见的扩散三角形,而且在 10 月,他用 1.618 倍的比率确定,这个为期 8 个月的调整模式的预期最低点,应当是道指的 922 点。5 周后,这个最低点出现在 11 月 11 日 11 时的 920.63 点,它发动了年终的第五浪上升行情。

1977 年 10 月,普莱切特先生提前五个月计算出,1978 年的重要底部很可能在"744 点或稍低"的位置。1978 年 3 月 1 日 11 时,道指刚好在 740.30 点记录下了它的最低点。在这个底部形成两周后,普莱切特发表的一份跟踪报告,再次确认 740 点位置的重要性,该报告指出:

……就道指而言，740 点的区域使 1977 年至 1978 年的调整浪正好是从 1974 年上涨至 1976 年的整个牛市长度的 0.618 倍。在数学上，我们可以说 1022－(1022－572)×0.618=**744** 点[或者采用 12 月 31 日的正统最高点，1005－(1005－572)×0.618=**737** 点]。第二，740 点的区域使 1977 年至 1978 年的调整浪，正好是前一个 1975 年 7 月至 10 月的调整浪长度的 2.618 倍，因此 1005－(885－784)×2.618=**742** 点。第三，就下跌行情的内部波浪分量的目标而言，我们发现如果浪 C 在 **746** 点触底，那么浪 C 的长度等于浪 A 长度的 2.618 倍。甚至像在 1977 年 4 月的报告中研究的各种波浪因素，也将 740 点作为一个可能的转折位。所以，在这个交会点，波浪数是有说服力的，市场好像正在平静下来，而根据循环浪级牛市的论点，最后一个可接受的斐波那契目标位，也已经在 3 月 1 日的 740.30 点到达。正是在这种时候，从艾略特理论的角度看，市场肯定是"要么筑底，要么破底"。

取自该报告的三幅走势图复制在此，如图 4-13（几处补充的批改精简自报告中的评论）、图 4-14 和图 4-15 所示。由大浪级下至细浪级，这些图解释了演化至最近的最低点的波浪结构。即使在这样早的时候观察，740.30 点也必定是循环浪 V 中的大浪②的坚固最低点。

市场以往也有几次证明 740 点的位置很重要，这很可能是因为，虽然 1974 年的最低点 572.20 点刚好比 1966 年的顶点 995.82 点低 423.62 点，但是 740.30 点大约在 1976 年的正统顶部的 1004.65 点的位置之下 264.35 点。这两个距离都是斐波那契比率的表现。对于740点的位置，普莱切特先生进一步做了如下讨论：

740点的位置过去已经被证明有某种重要性，这当然不是巧合。1961年，伴随着历史上最高的P/E，日内道指在741.30点见顶；1966年，在循环浪IV熊市中日内最低点735.74点，标志着跌至测量最低点的第一轮下跌行情的终点（该点是整个循环浪IV下跌行情的61.8%的位置）；在1963年、1970年、1974年以及1975年，向上或向下突破740点都伴随着剧烈的

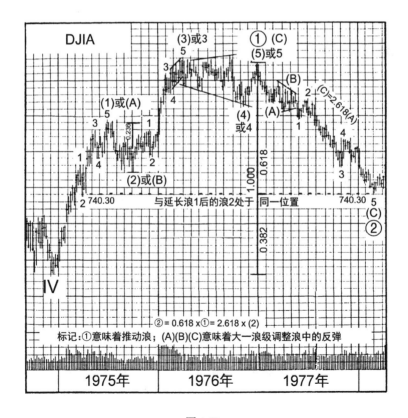

图4-13

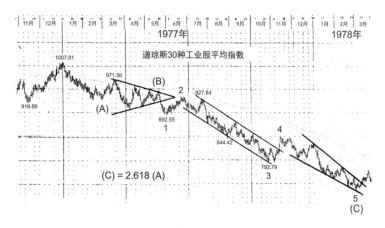

图 4-14

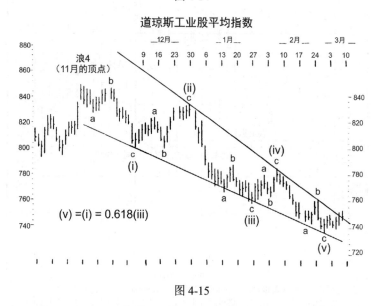

图 4-15

振荡；1978 年，740 点的位置与长期趋势线的支撑相对应。再者，波浪理论认为，任何市场调整的极限是前一个小一浪级第四浪的底部。然而，当一个五浪序列中的第一浪延长时，随后

第四章 比率分析与斐波那契时间数列

的调整极限常常是这个五浪序列中的第二浪的底部。考虑到这个准则，3月1日出现的最近的最低点为740.30点，这是一个市场止跌的重要位置。查看《华尔街日报》刊登的60分钟读数可知，1975年3月25日，DJIA在740.30点触底，完成了第二浪的回调（见图4-13中的注释）。

除了更加传统的艾略特预测方法以外，普莱切特先生已经开始研究就时间和价格两者而言的波浪数学因子，目前已经发现驱动浪呈整数倍数，而调整浪呈斐波那契比率倍数。在为美林证券撰写的几份报告中，普莱切特先生曾讨论过这种方法。

对有些人来说，我们无疑像是在表扬自己，一点没错！但诚实地说，我们希望我们用艾略特理论取得成功的亲身经历，会激发他人努力用这个方法取得相似的成绩。据我们所知，唯有波浪理论能用来以这样的准确性进行预测。当然，我们也经历过失败，但尽管如此，我们认为艾略特波浪分析方法的缺点在过去被严重夸大了，而且，当对市场的预期不能实现时，波浪理论有足够的时间警告分析人员绘制下一个可能的走向，并通过让市场本身指导他的行动过程，以此避免损失。

我们发现，预先设定价格目标很有效，因为**如果**反转在那个位置出现，而且数浪方案是可以接受的，那么市场就到达了一个加倍重要的点位。如果市场对这样一个位置不理不睬或跳空而过，那就是在提醒你预期市场的**下一个**计算出的位置。因为市场距下一个位置通常还有一段距离，所以这会是极有价值的信息。此外，各种价格目标是基于最圆满的数浪方案。因此，如果这些目标没有达到或被大幅超出，那么在许多情况下，你就只好及时重新考虑你的首选数浪方案，并研究什么会迅速发展成一种更吸引人的研判。对于意料之外的险境，这个方法有助于你保持领先一步。记住所有合理的波浪研判是个好主意，这样，对于哪一种研判最合适，你就能用比率分析来获得额外的线索。

三、多重波浪关系

记住，**趋势的所有浪级总是同时在市场中运行**。因此，在任何给定的时刻，市场会充满各种斐波那契比率关系，所有这些关系的出现与正在展开的各种浪级有关。由此得出结论，未来会创造出**几个**斐波那契关系的位置，比只创造了一个斐波那契关系的位置，更有可能标志着市场拐点。

例如，如果大浪②对大浪①产生的 0.618 倍回撤给出了一个特定的目标，而在这个大浪②里，不规则调整浪中的中浪(A)的 1.618 倍为中浪(C)给出了**相同的**目标，而且在这个中浪(C)里，小浪 1 的 1 倍再次为小浪 5 给出了**相同的**目标，那么你就有了充分的理由，预期市场在计算出的价格位置出现转折。图 4-16 说明了这个例子。

图 4-17 是想象中的完美艾略特波浪演绎，它包含平行趋势通道。我们通过这个例子，说明比率是如何在整个市场中经常出现的。图中存在以下八个比率关系：

浪②=0.618×浪①

浪④=0.382×浪③

浪⑤=1.618×浪①

浪⑤=0.618×浪⓪→③

浪②=0.618×浪④

第四章 比率分析与斐波那契时间数列

在浪②中，(A)=(B)=(C)

在浪④中，(A)=(C)

在浪④中，(B)=0.382×(A)

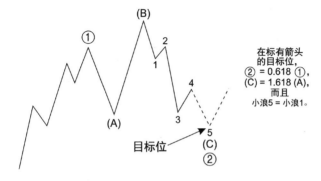

图 4-16

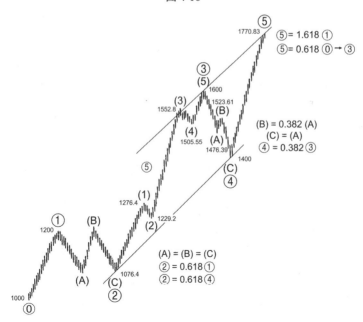

图 4-17

如果一种完整的比率分析方法，可以成功地分解成各种基本原则，那么用艾略特波浪理论来进行预测就会变得更加科学。然而，它将永远是一种确定可能性而不是必然性的演练。支配生命和生长的自然法则尽管永恒不变，但允许具体结果的多样性，因此市场也不例外。目前所有能说的是，斐波那契比率是波浪在何处停止的决定性因素，比较各个波浪的价格长度，常常精准地印证了这一点。比率分析令人惊叹，但我们不觉得意外，例如，1974年12月至1975年7月的上升行情，略微超过了前一个1973年至1974年熊市下滑距离的61.8%；还有1976年至1978年的市场下跌刚好是前一个1974年12月至1976年9月上升行情的61.8%。对于0.618倍比率的重要性，尽管还有源源不断的证据，然而我们的基本研究必须以**形态**为基础，而把比率分析作为佐证，以支持或质疑我们在各种运动模式中的发现。博尔顿对比率分析的建议是"保持简单"。比率分析仍处于婴儿期，对它的研究还会取得进一步的进展。我们相信，那些研究比率分析的人将为艾略特理论增光添彩。

四、斐波那契时间数列

不存在只用时间因素进行预测的确切途径。艾略特曾说，时间因素常常"与模式相吻合"，例如顺应趋势通道，而它的主要意义正在于此。然而，持续时间与时点的关系本身经常反映出斐波那契测量结果。探索时间单位的斐波那契数似乎超出数字学的运用，即以很高的精确性与波浪的持续时间相匹配。凭借指示市场转折可能出现的时间，斐波那契时间数列给了分析人员额外的视

第四章 比率分析与斐波那契时间数列

角,尤其是当它们与价格目标和数浪方案一致的时候。

对于市场重要转折点之间的斐波那契持续时间,艾略特在《自然法则》中给出了以下例子:

1921 年至 1929 年	8 年
1921 年 7 月至 1928 年 11 月	89 个月
1929 年 9 月至 1932 年 7 月	34 个月
1932 年 7 月至 1933 年 7 月	13 个月
1933 年 7 月至 1934 年 7 月	13 个月
1934 年 7 月至 1937 年 3 月	34 个月
1932 年 7 月至 1937 年 3 月	5 年(55 个月)
1937 年 3 月至 1938 年 3 月	13 个月
1937 年 3 月至 1942 年 4 月	5 年
1929 年至 1942 年	13 年

在 1973 年 11 月 21 日的《道氏理论通讯》(*Dow Theory Letters*)中,理查德·罗素(Richard Russell)⊖ 给出了另一些斐波那契时间跨度的例子:

1907 年的恐慌性最低点至 1962 年的恐慌性最低点	55 年
1949 年的大底部至 1962 年的恐慌性最低点	13 年
1921 年的衰退性最低点至 1942 年的衰退性最低点	21 年
1960 年 1 月的顶部至 1962 年 10 月的底部	34 个月

1968 年,沃尔特·E. 怀特在他的艾略特波浪理论专著中曾推断,"下一个重要的最低点可能出现在 1970 年"。作为证明,他指出了以下的斐波那契数列:1949+21=1970 年;1957+13=1970 年;

⊖ 1924—2015 年。美国道氏理论学者,1958 年开始出版自己的《道氏理论通讯》。——译者注

1962+8=1970 年；1965+5=1970 年。当然，1970 年 5 月记录下了 30 年中最凶猛下跌的最低点。总体而言，这些时间间隔似乎不只是巧合。

自上一个超级循环浪在 1928 年的（可能是正统的）最高点和在 1929 年的（名义的）最高点以来，市场多年的演化也产生了明显的斐波那契数列：

1929	+	3	=	1932 年，熊市底部
1929	+	5	=	1934 年，调整底部
1929	+	8	=	1937 年，牛市顶部
1929	+	13	=	1942 年，熊市底部
1928	+	21	=	1949 年，熊市底部
1928	+	34	=	1962 年，暴跌底部
1928	+	55	=	1983 年，很可能出现超级循环浪的顶部

从目前超级循环浪中的第三循环浪在 1965 年的（可能是正统的）最高点和在 1966 年的（名义的）最高点开始，一个相似的数列已经开始：

1965	+	1	=	1966 年，名义最高点
1965	+	2	=	1967 年，反作用浪的最低点
1965	+	3	=	1968 年，次级公司股票的喷发性顶峰
1965	+	5	=	1970 年，暴跌的最低点
1966	+	8	=	1974 年，熊市底部
1966	+	13	=	1979 年，9.2 年和 4.5 年循环的最低点
1966	+	21	=	1987 年，很可能出现循环浪的最低点

于是，对于不久的将来的 DJIA 转折点，我们预见到一些有趣的可能性。这些可能性将在第八章中得到深入讨论。

第四章　比率分析与斐波那契时间数列

除了极高的出现频率以外，我们还有理由相信，股票市场中时间单位的斐波那契数与比率并非是数字占卜术。首先，自然界的时间单位与斐波那契数列相关。1年有365.24天，其数值接近377。1年中有12.37个月循环，其数值接近13。实际数与斐波那契数之间的比率分别是0.9688倍和0.9515倍。如果地球的公转速度与自转速度更快，这些数可以同时非常接近实际的斐波那契数。（太阳系以这些频率开始它的各种周期吗？）这是天籁般的音乐。

1年有52.18周，其数值接近55。周或许并不是自然界的时间单位，但是1个月有4周这个事实，迫使周与月成近似的斐波那契关系，因为斐波那契数×4.236得出另一个斐波那契数。任何持续时间是斐波那契数的月数，也会接近斐波那契数的周数。例如，13个月=56（55+1）周。我们没有理由相信人造的时间结构，如分钟和世纪，应当遵循斐波那契时间数列，不过我们还未研究过这类持续时间。

我们注意到，一个波浪序列的持续时间越长，它背离时间单位的斐波那契数的倾向就越大。随着持续时间的增加，这种背离幅度本身似乎创造出了一种斐波那契级数。这里有以自然界的时间单位（日、周、月、年）表示的波浪序列的典型持续时间，及其背离幅度。

5	＋或－	0
8	＋或－	0
13	＋或－	0
21	＋或－	1
34	＋或－	1

55	+ 或 −	2
89	+ 或 −	2
144	+ 或 −	3
233	+ 或 −	3

在将斐波那契时间周期应用于市场模式时，博尔顿留意到了时间的"排列组合趋向无限"，而且时间"周期会展现顶部至底部，顶部至顶部，底部至底部，或底部至顶部"。尽管我们对这个观点有所保留，但是他在1960年出版的同一本书中成功地指出，根据斐波那契数列，1962年或1963年可能产生一个重要的反转点。正如我们现在知道的那样，1962年目睹了一场凶猛的熊市，以及大浪④的最低点，随后是一轮几乎不间断地持续了近四年的上升行情。

除了这种类型的时间数列分析外，牛市与熊市之间的时间关系，例如罗伯特·雷亚发现的那些，已证明在预测中派得上用场。在为美林证券撰写报告时，小罗伯特·R. 普莱切特曾在1978年3月指出，"4月17日标志着一个日子，那天A-B-C下跌行情耗时1931个交易小时，或者说是浪(1)、(2)和(3)的上升行情中的3124个交易小时的0.618倍"。星期五，即4月14日，记录下了道指从死气沉沉的头肩底模式向上突破，而星期一，即4月17日，是创纪录成交量的爆发日，日成交6350万股（见图1-18）。尽管这个时间预测未能与最低点重合，但它确实记录了来自前一个熊市的心理压力从市场中得到释放的那一天。

五、贝纳理论

塞缪尔·T.贝纳（Samuel T. Benner）曾是一位钢铁厂主，直

第四章　比率分析与斐波那契时间数列

到美国内战①后 1873 年的大恐慌使他因财务困境破产。他转而在俄亥俄州种植小麦,并把统计研究价格运动作为一种爱好,如果可能的话,他要找出商业中价格反复涨跌的答案。1875 年,贝纳曾写过一本书,名为《未来价格涨跌的商业预言》(*Business Prophecies of the Future Ups and Downs in Prices*)。书中包含的预测主要以生铁价格周期以及金融恐慌重演为基础。许多年里,贝纳的预言被证明非常准确,因而作为一名统计人员兼预言家,他为自己创造了令人羡慕的记录。甚至今天,贝纳的各种图表还能引起周期研究者的兴趣,并屡见出版,但有时出版人未将应有的功劳归于原创者。

贝纳注意到,商业高峰往往遵循一种重复的 8-9-10 年模式。如果我们将这种模式应用于从 1902 年开始的过去 75 年的 DJIA 顶点上,就会得出以下结果。这些日期不是以贝纳多年前的预测为基础做出的预测,而只是用 8-9-10 年重复模式回顾历史记录。

表 4-1　8-9-10 年重复模式

年份(年)	间隔(年)	市场最高点
1902		1902 年 4 月 24 日
1910	8	1910 年 1 月 2 日
1919	9	1919 年 11 月 3 日
1929	10	1929 年 9 月 3 日
1937	8	1937 年 3 月 10 日
1946	9	1946 年 5 月 29 日
1956	10	1956 年 4 月 6 日
1964	8	1965 年 2 月 4 日
1973	9	1973 年 1 月 11 日

---

① 1861—1865 年。亦称南北战争。——译者注

至于经济最低点，贝纳记录下了两组时间数列，它们说明衰退（不景气）和大萧条（恐慌）趋向交替（考虑到艾略特理论的交替规则，这并不奇怪）。在解释恐慌时，贝纳注意到1819年、1837年、1857年和1873年是恐慌年，因而在他独创的"恐慌"图中把它们描绘了出来，以反映一种重复的16-18-20年模式，结果是这些重现事件的周期不规则。尽管他把20-18-16年系列应用于衰退，或者说"不景气"，但是股票市场的次要最低点似乎像重要的恐慌性最低点那样，也遵循同样的16-18-20年模式。因此，将16-18-20年系列应用于轮流出现的股票市场最低点上，我们得到了一种准确的匹配，如贝纳-斐波那契循环图（见图4-18）所示，该图在1967年首次发表于《银行信用分析家》副刊。

1902年至1987年的贝纳-斐波那契循环图

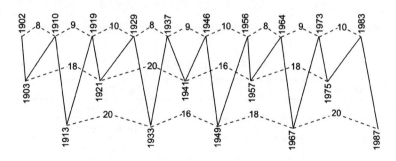

波峰：8-9-10年重现。波谷：16-18-20年重现。重要的波谷：16-18-20年重现。

图4-18

注意，与现在的循环格局相同的上一次循环处于20世纪20年代，这与我们将在第七章中讨论的康德拉蒂耶夫（Kondratieff）图相类似，而且与循环浪级的第五艾略特波浪的上一次出现同时发生。

第四章　比率分析与斐波那契时间数列

这种模式基于贝纳的顶部与底部的一连串重复时间的构想，与20世纪的大部分股票市场转折点相匹配。这种模式是否总能反映未来的最高点是另一个问题。毕竟，这些是固定的循环，而不是艾略特循环。然而，在研究它与现实相配的原因时，我们发现贝纳理论与斐波那契数列极为相似，因为一连串重复的8-9-10产生出高至377的斐波那契数，而且误差仅有1点，如表4-2所示。

表4-2　8-9-10年系列与斐波那契数的关系

8-9-10年系列		经挑选的小计	斐波那契数	误差
8	=	8	8	0
+9				
+10				
+8	=	35	34	+1
+9				
+10	=	54	55	-1
…+8	=	89	89	0
…+8	=	143	144	-1
…+9	=	233	233	0
…+10	=	378	377	+1

我们的结论是，基于底部和顶部的不同回转时间段，而不是固定周期的贝纳理论，处于斐波那契数列的框架内。如果对这种分析手段毫无经验，我们本不会提到它，但在以往与艾略特波浪演化的知识结合起来使用时，它已经被证明有效。1964年年末，阿尔弗雷德·J.弗罗斯特曾运用贝纳的概念做出过（在当时）难以想象的预测，也就是在下一个10年里，股指注定会基本上横向运动，在1973年达到大约DJIA 1000点的最高点，并于1974年年末或1975年年初，在500～600点的区域达到最低点。下一页是

弗罗斯特当时写给汉密尔顿·博尔顿的一封信。图 4-19 是附在信中的走势图，它有注释因而很完整。这封信是在 1964 年 12 月 10 日写的，因此它代表了另一个长期的艾略特理论预测，结果这个预测大部分成了现实而非臆想。

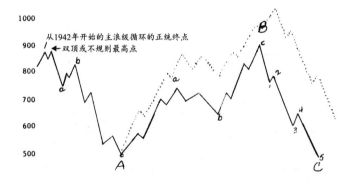

注释：
a) 艾略特的交替理论预示着一个主浪级或循环浪级规模的平台形调整浪，它包含接下来的三个大浪。上一个1929年至1942年的主浪级熊市似乎处在一个向上的锯齿形调整浪中。
b) 大规模的货币刺激可能会使上面的模式向上并向右倾斜，如虚线所示。
c) 自1942年开始的，循环浪中的1949年6月至1960年1月的浪3延长（战后的牛市），应当不会受到太大调整。因此，下跌极限应当不会离开500点太远。
d) 贝纳的固定周期规则已用来预测大浪级的顶部和底部——标示着A、B和C。

图 4-19

尽管我们已经能像本章前半部分描述的那样，完善地汇编了比率分析，但似乎斐波那契比率在股票市场中有许多显示途径。这里介绍的方法仅仅是给未来的分析人员抛砖引玉，并将他们带

第四章　比率分析与斐波那契时间数列

入正确的轨道。后面几章的各个部分进一步探索了比率分析的运用，并评价了它的复杂性、准确性和实用性。显然，钥匙就在那儿，剩下的一切就是要发现它能打开多少扇门。

> 1964 年 12 月 10 日
>
> A. H. 博尔顿先生
> 博尔顿—特伦布雷合伙公司
> 舍布鲁克西街 1245 号
> 魁北克省蒙特利尔市 25
>
> 亲爱的哈米：
> 　　既然我们快要度过当前的经济扩张周期，而且渐渐变得容易受到投资情绪变化的影响，因而抛光水晶球并做出有一点难度的估算似乎是慎重的做法。在估量趋势时，除了在市场涨至高位的时候，我深信你的银行信用分析法。我忘不了 1962 年。我觉得，所有的基本分析工具多半在市场处于高位时有用。另一方面，艾略特理论尽管很难运用，但在高处确有特别的优点。因此，我已经盯上了波浪理论，而且现在我的所见引发了我的担忧。在我研究艾略特理论的时候，股票市场已经岌岌可危，而且自 1942 年开始的主循环浪的终点近在眼前。
>
> 　　……我要谈谈我的看法，我们正处在危险的境地，而且股票经纪人马上会采取一种谨慎的投资策略（如果能用有尊严的词来表达不体面的行为），能抛则抛。

> 　　从 1942 年开始的长期上升行情中的第三浪，也就是 1949 年 6 月至 1960 年 1 月的那个浪，代表了一个大浪级循环的延长浪……因此，从 1942 年开始的整个循环可能已经到达了正统的顶点，而且现在摆在我们前面的很可能是一个双顶和一个循环浪级的长期平台形调整浪。
>
> 　　……根据艾略特的交替理论，下面的三个大浪级运动应该形成一个持续时间相当长的平台形调整浪。如果市场真是这样发展，那倒是很有趣。同时，作为一名只用艾略特理念与贝纳理念的艾略特理论家，我并不介意孤单寂寞地做一次十年期预测。除了艾略特理论家，没有哪个有自尊心的分析师愿意干这种事，不过那正是这种独特理论启发的思考。
>
> 　　祝好！
>
> 阿尔弗雷德·J. 弗罗斯特

第五章

长期浪及最新的合成走势图

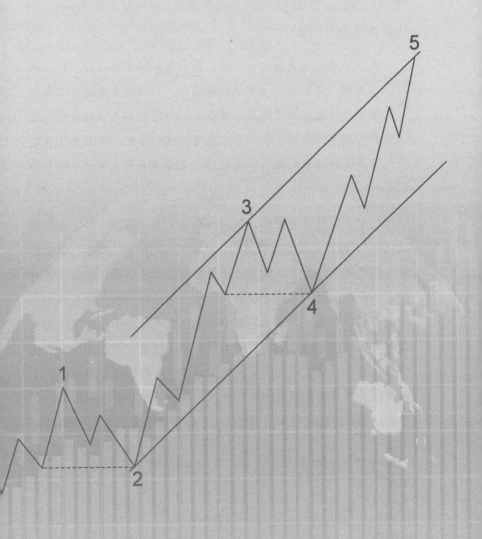

艾略特波浪理论

1977年9月,《福布斯》(*Forbes*)杂志发表了一篇关于通货膨胀复杂理论的趣文,题为"汉堡包大悖论"(*The Great Hamberger Paradox*),作者大卫·沃什(David Warsh)⊖在文章中问道:"汉堡包的价格到底是什么?为什么价格先暴涨一个世纪或更久,然后才趋于平稳?"他引用了英国牛津大学的 E.H. 费尔普斯·布朗(E. H. Phelps Brown)⊖教授和希莉亚·V.霍普金斯(Sheila V. Hopkins)教授的话:

在一个世纪或更长的时间里,各种价格似乎会遵循一种无所不能的法则;法则会变,新法则会盛行。一场战争竟然可以在一个时期将价格趋势推向新高,但在另一个时期却无力改变它。我们是否知道是什么因素在一个时期留下这种印记,而且为什么它们在经历了如此长时间的振荡之后,又迅速且彻底地让位给其他因素?

布朗和霍普金斯声称,各种价格看上去"遵循一种无所不能的法则",这正是艾略特说过的。这种无所不能的法则是在黄金比率中发现的和谐关系,黄金比率是自然法则的基础,也是人类身体、心理和情感结构的一部分。沃什先生还相当准确地观察到,人类进化似乎是在急剧的颠簸中运动,而不像在牛顿物理学的平滑时钟机构中运动。我们赞同沃什先生的结论,但进一步设想这些振荡并非只属于一个明显的蜕变浪级或时代浪级,而是出现于沿着人类进化对数螺线的**所有**浪级,从细浪级和更小的浪级,到甚超级循环浪级和更大的浪级。为了介绍这个想法的另一种扩展,

---

⊖ 美国新闻工作者兼作家。主要撰写经济与金融类文章与著作。——译者注
⊖ 1906—1994 年。英国著名经济学家。——译者注

第五章　长期浪及最新的合成走势图

我们认为**这些振荡本身是时钟机构的组成部分**。一块手表看似运行平稳，但是其转动受一个计时机构——无论是机械的还是石英晶体的——发出的一阵阵振荡的控制。很有可能，人类进化的对数螺线以相似的方式受到驱动，只是与这种振荡紧密结合的不是时间周期，而是重复的形态。

如果你说这个论点"疯了"，那请考虑我们很可能不是在谈论一种外生的力量，而是一种内生的力量。任何以波浪理论是决定论为由而拒绝它的人，都无法解答我们在本书中证明的各种社会模式的形成方式及原因。我们所要提出的解释是，如同市场行为揭示的那样，人类有一种自然心理动力，它在社会行为中产生形态。最重要的是得明白，我们描述的形态主要是**社会的**，而不是个体的。个体有自由意志，而且实际上可以学习识别这些社会行为的典型模式，然后运用这些知识获利。与大众的和你自己的自然倾向反向行动和思维可不容易，但是通过训练并借助于经验，一旦你对市场行为的真正精髓建立了最初的、至关重要的洞察力，就肯定能够培养自己这么做。基本分析人员对事情的因果关系所做的漫不经心的假设，经济学家们提出的呆板模型，学者们提出的"随机游动"（Random Walk）[一] 理论，或阴谋理论家们提出的"苏黎世的守财人"（Gnomes of Zurich）[二]（有时仅指认为"他们"）操纵市场的幻想，无论人们是否已经受到这些影响，毋庸置疑，

[一] 亦称随机漫步理论。该理论认为，证券价格的波动是随机的，价格的下一步走向没有规律可循。——译者注
[二] 传统上，世界上最有实力的银行家在瑞士，因为他们收任何人的钱，但从不问任何问题。存款人可以开设著名的"数字账号"，而不必用任何名字。这意味着，即使是罪犯也可以在瑞士拥有大笔的银行存款。根据阴谋理论家的说法，有了庞大的资金储备，瑞士的银行家可以在苏黎世，通过利率、汇率等，操纵世界银行系统。Gnome 是瑞士民间传说中地下矿藏和财宝的守护神，因此瑞士的银行家便有了"苏黎世的守财人"的别名。——译者注

市场行为与他们所相信的完全相反。

　　自己的投资在死后将会怎样，或者自己的曾曾曾曾祖父的投资环境是什么，我们料想普通投资者对这些都不感兴趣。如果我们对遥远的未来和埋藏已久的过去漠不关心，那么应对为投资生存而进行的日常战斗中的现时环境就很困难。不管怎样，我们必须花时间考察各种长期波浪，这首先是因为它们过去的形成方式在很大程度上决定了其未来，其次是因为可以说明，应用于长期波浪的相同法则也应用于短期波浪，因而产生股票市场行为的相同模式。

　　换言之，股票市场的各种模式在所有的浪级上都相同。对于在小规模波浪中显现的运动模式，用60分钟线走势图观察；对于在大规模波浪中显现的，用年线走势图观察。例如，图5-1和图5-2[一]显示了两幅走势图，图5-1反映的是1962年6月25日至7月10日为期10天的道指60分钟波动，而图5-2是1932年至1978年的S&P500年线（由《大众金融周刊》提供）。这两幅图都显示出相似的模式，尽管其持续时间的差异是1500∶1。S&P500年线的长期构造仍在展开中，因为从1974年的最低点开始的浪Ⅴ，还没有走完它的全程，但到目前为止，这个模式沿着与道指60分钟走势图平行的线运行。在每一个浪级，形态都是不变的。

　　在这一章里，从我们所称的千年浪级牛市到今天的循环浪级牛市中，我们将勾勒出"颠簸"演化的当前位置。此外，如同我们将要看到的，由于当前千年浪的位置，以及我们最终合成的波浪图中的"五浪们"的递增，所以对于撰写并研究艾略特波浪理

㊀ 原文的图5-2采用阿拉伯数字1、2、3、4标示。——译者注

第五章　长期浪及最新的合成走势图

论来说，这 10 年会被证明是世界历史上最激动人心的时期之一。

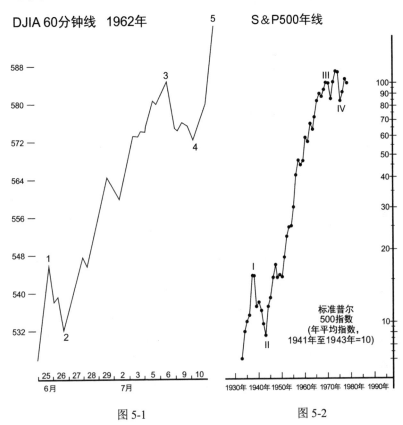

图 5-1　　　　　　　　　　图 5-2

一、从黑暗时代开始的千年浪

研究过去 200 年的价格趋势所需的数据并不难以获得，但判断更早的趋势与环境，我们只得依靠不太准确的统计数据。由 E. H. 费尔普斯·布朗教授和希莉亚·V. 霍普金斯教授编制，并经大卫·沃什进一步扩展的长期价格指数，以公元 950 年至 1954 年的一种简单的"人类需求的市场篮子"（Market Basket）[一]为基础。

把布朗和霍普金斯的价格曲线，与1789年开始的工业股价格指数连接起来，我们得到了过去1000年的价格长期走势图。图5-3显示了黑暗时代至1789年的大致价格波动。对于从1789年开始的第五浪，我们特别用了一条直线来代表股票价格的波动，我们将在下一节中深入分析这一浪。不可思议的是，虽说这幅简图只是非常粗略地表明了价格趋势，但却使人联想到一个五浪的艾略特模式。

与历史的广泛价格运动并行的，是持续了几个世纪的商业与工业扩张的伟大时期。公元476年，罗马帝国最终崩溃，它从前的伟大文化或许与前一个千年浪的高峰同时出现。在随后的500年中，也就是在后来的千年级熊市期间，人们对知识的探求几乎绝迹。商业革命（950—1350年）最终成了扩张中第一个新的甚超级循环浪的导火线。1350年至1520年的价格水平，代表了对商业革命前进的一次"调整"。

下一个价格上涨时期，与资本主义革命（Capitalist Revolution，1520—1640年）和英国历史上最辉煌的时期——伊丽莎白时期（Elizabethan Period）——同时出现。就在与法国打了一场耗尽国力的战争之后，伊丽莎白一世（Elizabeth，1533—1603）[二]登基。英国当时很贫穷，因而处于绝望之中，但在伊丽莎白去世前，英国已经傲视所有的欧洲列强，扩张了版图，并成为世界上最繁荣的国家。那是莎士比亚（Shakespeare）[三]、马丁·路德（Martin Luther）[四]、

[一] 又称商品包（Commodity Bundle），指一份固定的物品清单，专门用来跟踪一个经济体或特定市场的通胀进程。——译者注
[二] 25岁时，成为英国女王。——译者注
[三] 1564—1616年。威廉·莎士比亚（William Shakespeare）。英国剧作家。——译者注
[四] 1483—1546年。德国宗教改革家，基督教路德教派的创始人。——译者注

第五章 长期浪及最新的合成走势图

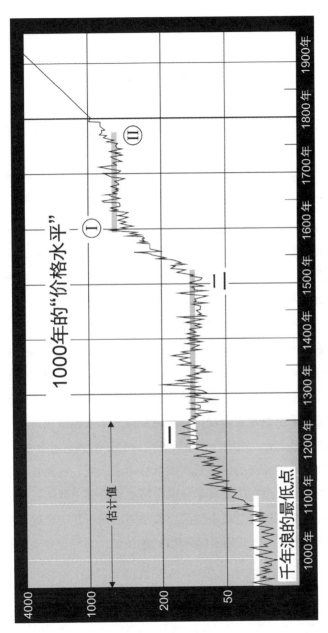

图 5-3

德雷克（Drake）⊖和雷利（Raleigh）⊜的时代，一个世界历史上真正繁荣昌盛的纪元。在这个创造辉煌和奢华的时期，商业扩张，物价上涨。到了1650年，价格到达顶峰，并开始走平，形成了持续一个世纪之久的甚超级循环浪级调整浪。

这个千年浪中的下一个甚超级循环浪，似乎是从1760年前后的商品价格开始，而不是从我们假定的1770年至1790年左右的股票市场开始，我们已经把后者标记为"1789年"，也就是股票市场数据开始存在的时刻。然而，正像格特鲁德·舍克在1977年4/5月的《循环》杂志发表的一项研究指出的那样，商品价格中的趋势往往比股票价格中的相似趋势提前10年左右。依照这种知识看，这两种测量结果实际上非常吻合。这个甚超级循环浪与工业革命（Industrial Revolution，1750—1850年）产生的生产力飞跃同时发生，并与美利坚合众国崛起为世界超级大国同时发生。

艾略特理论的推理表明，从1789至今的甚超级循环浪，必定以典型的时间与幅度关系，与正在演化的艾略特波浪模式中的其他浪前后呼应。如果真是这样，那么除非这个千年浪正在延长，否则它就几乎已经走完全程，因而将要被三个甚超级循环浪（两浪下降和一浪上升）调整，这轮调整或许会延续到下一个500年。很难想象，世界经济的低增长状态会持续这么久。这种长期困境的明显暗示，并没有排除科学技术将缓和假设会出现的社会严酷性。艾略特波浪理论是概率与浪级的法则，而不是一个确切状态的预报器。然而，当前超级循环浪(V)的结束，必然会导致某种经

⊖ 1540—1596年。弗朗西斯·德雷克（Francis Drake）。英国海军将官。1577—1580年完成环球航行。——译者注

⊜ 约1552—1618年。沃特·雷利（Walter Raleigh）。英国航海家。——译者注

济休克或社会休克的形态,这会导致另一个下跌与绝望期。毕竟,如果是蛮族人(Barbarians)㊀最终推翻了腐朽的罗马帝国,难道现代的蛮族人没有足够的手段和类似的目的吗?

二、1789年至今的甚超级循环浪

这个长期浪有着恰当的外观:顺势的三浪和逆势的两浪一共组成五浪,它以一个延长的第三浪结束,这与美国历史上最充满活力、最进步的时期对应。在图5-4中,超级循环浪级的细分浪已经被标记了(I)、(II)、(III)和(IV),而浪(V)目前还在演化中。

考虑到我们正在探索的股票市场历史回溯至运河公司、马拉的驳船以及统计数据不足的时期,因此格特鲁德·舍克为《循环》杂志制作的"定值美元"工业股指数记录,形成了一种如此清晰的艾略特波浪模式,真是令人惊奇。尤其引人注目的是趋势通道,通道的基线连接了几个重要的循环浪的最低点和超级循环浪最低点,而通道的上平行线连接了几个上升浪的最高点。假设零售价格指数没有根本的净变化,那么在1983年,市场的最高点将触及上平行线,合理地落在我们的目标区域2500~3000点。

假设1789年是超级循环浪的开始,那么浪(I)是一个相当清晰的"五浪"。浪(II)是一个平台形调整浪,按照交替原则,它巧妙地预示了浪(IV)将是锯齿形调整浪或三角形调整浪㊁。浪(III)延长了,而且能容易地细分成必然的五个子浪,包括典型地出现在第四浪

㊀ 一般认为应当对"罗马陷落"负责的是日耳曼蛮族。虽然战争是灭亡的原因之一,但是罗马帝国的本质病症在于经济。——译者注
㊁ 图5-4显示浪(IV)是一个锯齿形调整浪。尽管在实际价格中它是一个锯齿形调整浪,但是在经通胀调整的价格中它是三角形调整浪,正如一年后识别出的那样(见附录)。

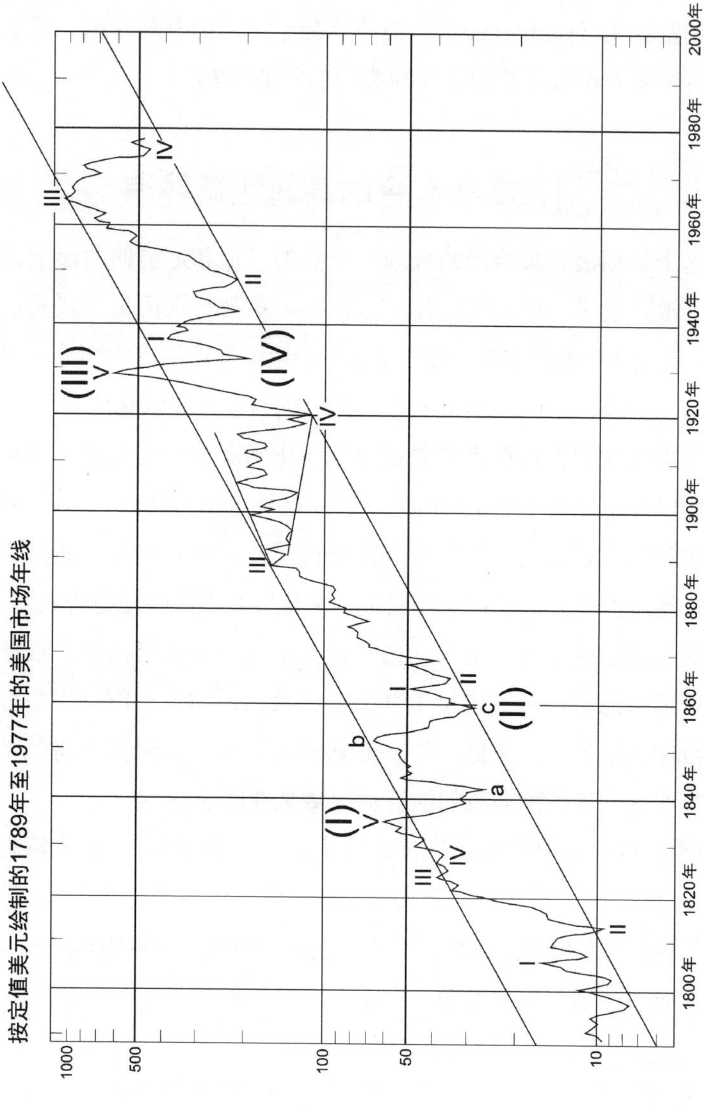

图 5-4

位置上的扩散三角形调整浪。1929年至1932年的浪(IV)，在前一个小一浪级的第四浪区域内结束。

观察图5-5中的浪(IV)，就可看出超级循环浪级的锯齿形调整浪的更多细节，它标志着美国历史上最具摧毁力的市场崩盘。日线图显示，在这轮下跌行情的浪 a 中，第三子浪以典型的方式包含1929年10月29日的华尔街暴跌。然后，浪 a 被浪 b 回撤了50%左右，正如理查德·罗素所说，它是"出了名的1930年向上调整"，在此期间，甚至连罗伯特·雷亚也被这次反弹的情绪化本性所引导，回补了他的空头仓位。浪 c 最终在41.22点筑底，下跌了253点，或者说浪 a 长度的1.382倍左右。在三（一个斐波那契数）年中，股票指数跌去了89（另一个斐波那契数）%。

必须再次提到，艾略特把1928年的顶峰研判为浪(III)的正统顶部，而把1929年的顶峰标成不规则顶。与查尔斯·J. 柯林斯一样，我们发现这个观点有几处失误，柯林斯同意我们的看法，即1929年很可能标出了正统的顶部。首先，1929年至1932年的下跌行情，是一个5-3-5锯齿形下跌行情的优质范例。其次，要是浪（III）已经在1928年见顶，那么浪（IV）就只得呈现出一种与3-3-5扩散平台形调整浪的"恰当的外观"不一致的形状。按照这种研判，浪 c 会与较小的浪 a 和浪 b 远远不成比例，而且在远低于浪 a 最低点的别扭距离处结束。另一个问题是假设的浪 b 的力度，这个浪 b 很好地保持在了上升通道内，并在穿越上趋势线的过程中结束，就像第五浪的惯常表现一样。浪(IV)的比率分析，既支持艾略特的不规则顶的论点，又支持我们的正统顶部的论点，因为根据艾略特的分析，浪 c 的净跌幅是1928年11月至1929年11月浪 a 的2.618倍，而根据我们的分析，浪 c 的净跌幅是1929年9

月至 1929 年 11 月浪 a 的 1.382 倍（0.382 是 2.618 的倒数）。

这个甚超级循环浪中的浪(V)仍在演化中，迄今为止它完美地符合我们的预期，因为既然浪(III)是一个延长浪，那么就时间和百分比幅度而言，浪(V)应与浪(I)大致相等。浪(I)用了大约 50 年才走完，如果浪(V)在我们预测的时候结束，那么它也应持续 50 年。在定值美元走势图中，浪(I)的高度大约与浪(V)的相等，这表示按百分比涨幅来说也相同。甚至它们的"外观"也不会有太大差别。这个甚超级循环浪中的浪(V)将在下文中得到进一步的分析。

三、从 1932 年开始的超级循环浪

超级循环浪(V)已经从 1932 年开始，而且仍在展开中（见图 5-5）。如果依照波浪理论有完美波浪构造这回事，那么这个长期艾略特波浪序列会是主要候选对象。循环浪的分解如下。

浪 I: 1932 年至 1937 年——根据艾略特波浪理论设定的规则，这一浪是清晰的五浪序列。它回撤掉了从 1928 年的最高点和 1929 年的最高点开始的市场下跌幅度的 0.618 倍，而且在这一浪中，延长的第五浪运行的距离是第一浪至第三浪距离的 1.618 倍。

浪 II: 1937 年至 1942 年——在浪 II 中，子浪Ⓐ是一个五浪，而子浪Ⓒ也是一个五浪，所以整个构造是一个锯齿形调整浪。大部分价格损失出现在浪Ⓐ中。因此，整个调整浪结构的力量很强，大大超出了我们通常的预期，因为浪Ⓒ仅稍稍创出这个调整浪的新低。浪Ⓒ的大部分损失归因于货币贬值，因为持续的通货紧缩把股票的市盈率水平推到了 1932 年的市盈率水平之下。

第五章 长期浪及最新的合成走势图

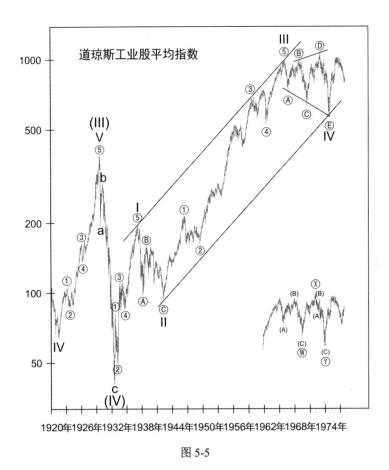

图 5-5

浪 III：1942 年至 1965（1966）年——该浪是一个延长浪，道指靠它在 24 年中几乎上涨了 1000%。它的主要特征如下：

1）浪④是平台形调整浪，与锯齿形的浪②交替。

2）浪③是最长的大浪级波浪，因而是一个延长浪。

3）浪④调整至前一个小一浪级第四浪的最高点，而且远在浪①的顶点之上。

4）子浪①的长度和子浪⑤的长度按百分比涨幅计（分别是

129%和 80%，其中 80=129×0.618），呈斐波那契比率关系，正如两个非延长浪之间经常出现的关系那样。

浪 IV：1965（1966）年至 1974 年——在图 5-5 中，像往常那样，浪 IV 在浪④的区域内筑底，而且这个底远高于浪 I 的顶点。我们在此介绍两种可能的研判：从 1965 年 2 月开始的五浪式的扩散三角形，以及从 1966 年 1 月开始的双重三浪。这两种数浪方案都可以被采纳，尽管三角形的研判意味着较低的目标位，因为浪 V 的涨幅将与三角形的最宽部分差不多一样。然而，没有其他艾略特理论的证据表明这样弱的一浪正在形成。一些艾略特理论家试图将 1973 年 1 月至 1974 年 12 月的上一轮数成一个五浪，这就得把循环浪 IV 标记成一个巨大的平台形调整浪。对这样数成的一个五浪，我们在技术上的异议是假设的第三子浪太短，因而第一子浪会与第四子浪重叠，由此违反了两条基本的艾略特理论规则。那轮下跌行情明显是一个 A-B-C 下跌。

浪 V：1974 年至？——这个循环浪仍在展开中。在这个关键时刻，两个大浪级波浪很可能已经走完，而市场正在走出第三个大浪级波浪的过程中，它应当会向上突破至历史新高。对于当前的市场，最后一章将稍微详细地讨论我们的分析及预测。

因此，根据我们解读的艾略特理论，目前股票的牛市，很可能是始自黑暗时代的第五浪中的，从 1789 年开始的第五浪中的，从 1932 年开始的第五浪。图 5-6 给出了合成的走势，并说明了一切[⊖]。

⊖ 在《在潮浪的顶峰》（*At the Crest of the Tidal Wave*，1995 年）中，普莱切特介绍了一张这幅走势图的变体，它包括一个从黑暗时代开始的正在发展中的延长浪。因此，它对这里介绍的版本做了些改动，这推断出正在到来的逆流很可能"仅是"甚超级循环浪级的而不是千年浪级的。

第五章　长期浪及最新的合成走势图

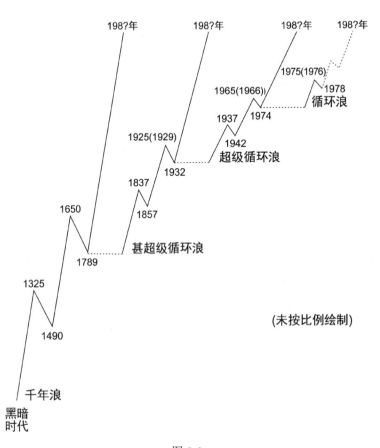

图 5-6

回顾起来，从黑暗时代开始的西方历史，似乎是一段几乎不间断的人类进步时期，正像我们提议的那样，它可称作是一个千年级的波浪。欧洲的文化兴起和北美的文化兴起，与此前希腊城邦的兴起和罗马帝国的扩张，以及此前埃及社会进步的千年浪，都可以称为文化浪级（Cultrual Degree）波浪，它们每一浪都被文化浪级的停滞浪或倒退浪分开，每一浪都持续了几个世纪。有人可能会争辩道，甚至连这些五浪——组成了迄今完整的有记录的历

— 183 —

史，都可以组成一个正在发展中的纪元浪级（Epochal Degree）波浪，因此某些社会灾难（也许涉及核战争或生化战争？）世纪，最终会导致出现 5000 年中最大的人类社会倒退。

  当然，螺线式发展的波浪理论表明，还存在着一种浪级比纪元浪级更大的波浪。**智人**这个物种的各个发展时期或许是更高浪级的波浪。也许智人本身是人科动物演化的一个阶段，而人科动物是地球生命演化中更大波浪发展中的一个阶段。毕竟，如果设想行星地球存在的时间至今只有一年，那么各种生命形式从海洋中诞生出来是在五周以前，而像人的生物仅在地球上行走了这一年的最后六个小时，还不到各种生命形态全部存在时间的 1%。按这个标准，罗马帝国统治西方世界总共只有五秒钟。从这个角度看，一个甚超级循环浪的浪级归根结底不是那么大。

第六章

股票与商品

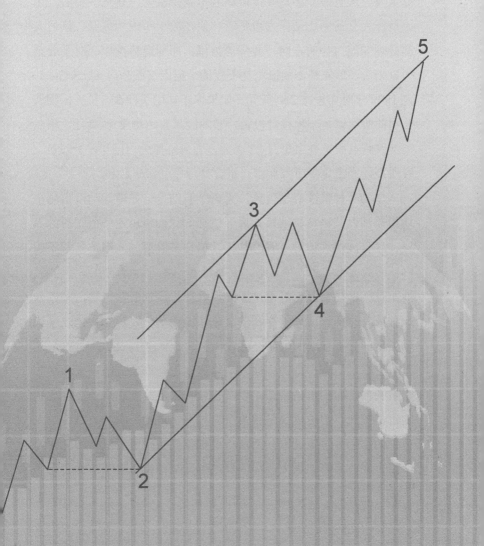

一、个　　股

　　管理投资的艺术，是一门获得与舍弃股票和其他证券，使收益最大化的艺术。在投资领域里，何时开始行动比挑选什么股票更重要。选股并非不重要，但比起市场时机来，它是次要的。无论是作为交易商还是作为投资者，要在股市中成为赢家，任何人都必须知道大势的方向，并顺势投资，而非逆势操作。对于股票投资来说，单凭基本面投资是不行的。美国钢铁公司（U.S. Steel）在 1929 年时卖每股 260 美元，如果你不知道买什么，买美国钢铁公司的股票就是一种稳健投资，它的股息曾达每股 8 美元。华尔街暴跌将其股价砍至每股 22 美元，而且这家公司四年没分过红。股票市场通常是牛市或熊市，很少是母牛（Cow）市。

　　作为一种群体心理现象，无论个股的价格如何运动，市场平均指数都以艾略特波浪模式展开。正如我们将用走势图说明的那样，尽管波浪理论对个股有些用，但许多股票的波浪数常常不明确，因此很不实用。换言之，艾略特理论将告诉你跑道是否通畅，而不是哪匹马会赢。对于个股来说，如果硬把股票价格活动塞入一种或许存在、或许不存在的艾略特波浪数中，那么相比之下其他类型的分析方法很可能更可取。

　　这么说是有理由的。波浪理论大体上允许个人的态度和境况影响任何个股的价格模式，以及在较小的浪级上影响一小群股票的价格模式，但这仅仅是因为艾略特波浪理论反映的只是每个人自己的那部分决策过程，而这个过程得到了投资者群体的分享。所以，在波浪形态更大规模的反映中，个体投资者和个体公司的

第六章 股票与商品

独特境况相互抵消，留下的只是一面反映群体意识的镜子。换言之，波浪理论的形态反映了人类整体及其企业的演化，而不一定是每个人或每家公司的演化。公司开业又歇业。趋势、风尚、文化、需求和渴望随人类境况潮起潮落。因此，波浪理论出色地反映了**总体**商业活动的演化，而活动的每个**个体**领域都有它自己的精髓、自己的生活预期，以及与之独立相关的一组力量。因此，每一家公司，就像每一个人那样，作为总体的一部分出场，演出它的角色，并最终回归它来自的尘土。

  如果我们通过显微镜观察一小滴水，就体积、颜色、形状、密度、含盐量、细菌数等而言，它的个体特征相当明显，但是当这滴水是海洋中的一个波浪的组成部分时，不管它的个体特征如何，它都会被波浪和海潮的力量席卷。有了持有纽约证券交易所（New York Stock Exchange，NYSE）上市公司股票的 2000 多万颗"小水滴"，市场平均指数怎么不是世界上群体心理的伟大表现形式之一呢？

  尽管有这种重要的差别，但是许多股票的运动与总体市场或多或少相协调。人们发现，尽管个股的价格运动通常比平均指数的更难以预测，但是平均来说，75%的股票随市场一起上涨，而90%的股票随市场一起下跌。出于显而易见的原因，相比其他大多数股票，投资公司的封闭式股票（Closed-end Stock）⊖ 以及周期性大公司的股票，往往更加接近于平均指数的运动模式。然而，新兴成长股趋向于创造出最清晰的个体艾略特波浪模式，这是因为它们的演化伴随着强烈的投资者情绪。最好的方法看来是，尽量避免以艾略特理论基本原则来分析个股，除非是一个清晰无误

⊖ 即公司型的封闭式投资基金。——译者注

的波浪模式在你眼前展开，而且值得关注。最好只在那时采取果断的行动，但必须在不考虑市场总体波浪数的情况下采取行动。忽视这种模式总是比交保险费更危险。

尽管有上述详细的提示，但仍有数不清的时候，个股反映出了波浪理论。图 6-1 至图 6-7 中显示的七只个股，代表了三种情形的艾略特波浪模式。美国钢铁公司、道氏化学公司（Dow Chemical）和水母公司（Medusa）的牛市，显示了从它们的大熊市最低点开始的五浪上升行情。伊士曼·柯达公司（Eastman Kodak）和坦迪公司（Tandy）显示了跌至 1978 年的 A-B-C 熊市。凯马特公司[Kmart，前身是克莱斯基公司（Kresge）]的走势图和休斯敦石油及矿业公司（Houston Oil & Minerals）的走势图，显示出长期的"成长"型上升行情，它们勾画出了艾略特模式，并在走完了圆满的波浪数后，跌破了它们的长期支持通道线。

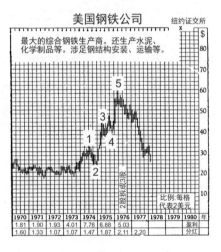

图 6-1

第六章　股票与商品

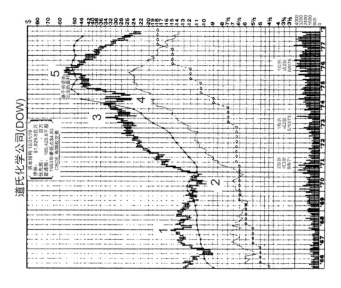

图 6-3

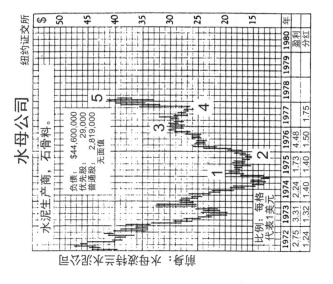

图 6-2

艾略特波浪理论

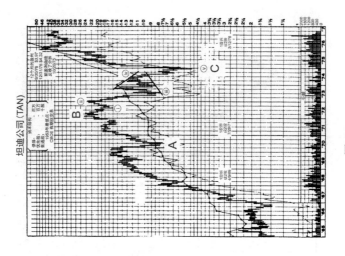

图 6-5

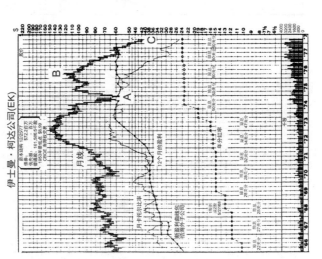

图 6-4

第六章 股票与商品

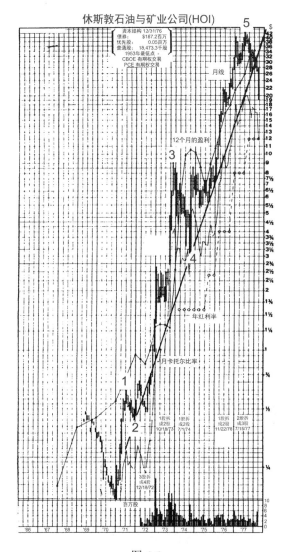

图 6-6

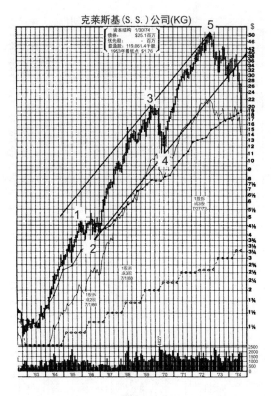

图 6-7

二、商品

商品有着与股票一样多的个性。商品行为与股票市场平均指数行为之间的一个差别是,在商品中牛市和熊市时常相互重叠。比如,有时一个完整的五浪牛市不能把商品价格带到历史新高,就像图 6-9 中显示的大豆期货走势图那样。因此,尽管在一些商品中的确存在超级循环级波浪的漂亮走势图,但是看起来在一些实例中——尤其是在设有通货膨胀的环境中——可观察到的最高浪

第六章　股票与商品

级是大浪级或循环浪级。

而且与股票市场形成鲜明对比，商品普遍在大浪级牛市或循环浪级牛市的**第五浪**中发展出延长浪。这种倾向完全符合反映人类情绪现实的波浪理论。股票市场中的第五浪上升行情受**希望**的驱动，而商品中的第五浪上升行情受一种相对戏剧性的情绪——**惧怕**——的驱动：惧怕通货膨胀，惧怕干旱，惧怕战争。在走势图上，希望与惧怕看上去截然不同，这是商品市场的**顶**常常看上去像股票市场的**底**的原因之一。而且，商品牛市的延长浪，经常出现在第四浪位置上的**三角形调整浪**之后。因此，在股票市场中，三角形调整浪后的冲击常常是"速度快且持续时间短"，而在浪级较高的商品牛市中，三角形调整浪经常出现在延长的喷发行情之前。图 1-44 中的白银走势图显示了一个例子。

从长期横盘的底部模式突破的重要长期行情，孕育出最佳的艾略特波浪模式，在 20 世纪 70 年代的不同时期，咖啡、大豆、糖、黄金以及白银都出现过这样的行情。不幸的是，可能显示艾略特趋势通道的半对数刻度走势图，不适用于这种研究。

图 6-8 显示了咖啡从 1975 年中至 1977 年中的两年价格暴涨。这个模式无疑是"艾略特模式"，即使下至小浪级也是。我们采用的比率分析完美地预测出了最高价格位。在这些计算中，上涨至浪(3)顶点的长度，以及上涨至浪 3 顶点的长度，**每一个**都以相等的间距把整个牛市划分成黄金分割。正如你所看到的，用走势图下方列出的同样可接受的数浪方案，那些顶点中的每一个都可以标记成浪③的顶部，这满足了典型的比率分析准则。当这个模式到达第五浪的顶点后，一轮毁灭性的熊市突然袭来。

图 6-9 显示了大豆五年半的价格历史。1972 年至 1973 年的爆

发生性上升行情始自一个长期的底部,就像咖啡的价格暴涨那样。这次目标区域也达到了,因为上涨至浪③顶点的长度乘以1.618,几乎刚好给出了浪③终点至浪⑤顶点的距离。在继而出现的Ⓐ-Ⓑ-Ⓒ熊市中,一个完美的艾略特锯齿形调整浪展开了,它在1976年1月触底。这个调整浪中的浪Ⓑ比浪Ⓐ长度的0.618倍稍短。1976年至1977年,一轮新的牛市又开始了,尽管它比正常的长度短,因为浪⑤的顶点刚好没有达到10.90美元的最低目标位。在这个实例中,至浪③顶点的涨幅(3.20美元)乘以1.618得到5.20美元,把它加在浪④中的最低点5.70美元上时,就给出了10.90美元的目标位。在每一轮牛市中,最初的测量单位是相同的,也就是牛市起点至浪三顶点的上涨距离。然后,这个距离是从浪③顶点、浪④的最低点,或两者之间量起的浪⑤长度的0.618倍。换言之,在每个例子中,浪④中的某一点将整个上升行情划分成了黄金分割,正如我们在第四章中描述的那样。

图6-10是芝加哥小麦期货的周最高价—最低价走势图。在6.45美元的顶点之后的四年里,期货价格以完美的内在相互关系,勾画出了一轮艾略特Ⓐ-Ⓑ-Ⓒ熊市。浪Ⓑ是一个收缩三角形调整浪,与第二章和第三章中讨论的那些完全一样。它的五个接触点正好与趋势线边界相吻合。尽管是以一种不同寻常的方式,但三角形的子浪发展成了黄金螺线的映像,因为每一段子浪都与另一个通过斐波那契比率相关[(C)=0.618(B);(D)=0.618(A);(E)=0.618(D)]。这轮行情在接近演化的末端时发生了典型的"突破失败",虽然这次"突破失败"不是浪(E)完成的,而是浪Ⓒ中的浪(2)实现的。此外,浪Ⓐ的跌幅大约是浪Ⓑ中的浪(A)的长度的1.618倍,以及浪Ⓒ长度的1.618倍。

第六章 股票与商品

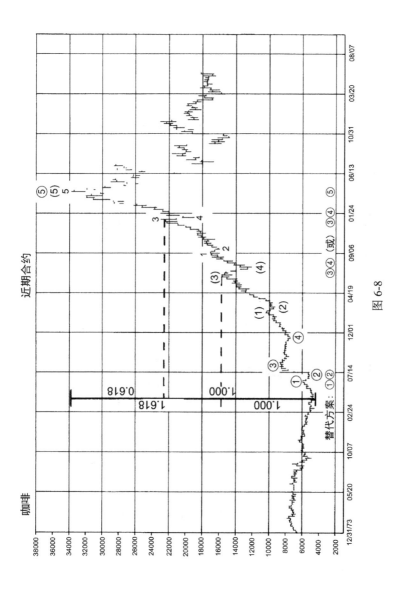

图 6-8

艾略特波浪理论

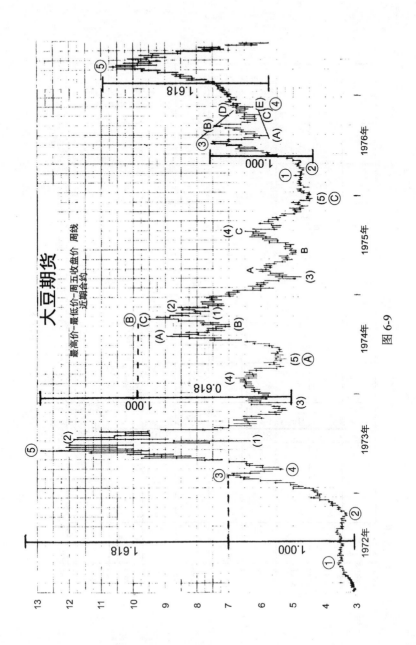

图 6-9

第六章 股票与商品

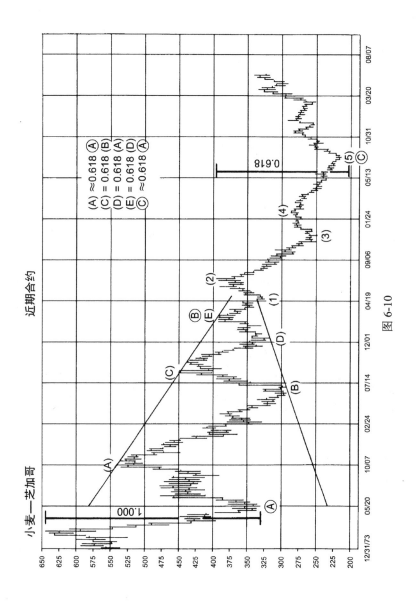

图 6-10

因此，我们可以证明商品具有反映艾略特发现的普遍秩序的特性。不过，似乎可以合理地预期，一种商品的特性越独立，也就是说它越不是人类存在的必要组成部分，它就越不能可靠地反映艾略特模式。一种与人类群体心理关系牢固的商品是**黄金**。

三、黄　金

最近，黄金价格经常相对股票市场"逆循环"地运动。金价在下跌之后反转上涨，通常与股票市场转坏同时发生，反之亦然。因此，对金价的艾略特理论解读，有时为道指的预期反转提供了印证。

1972年4月，美国政府将黄金长期存在的固定价格从每盎司35美元调高至每盎司38美元，并于1973年2月再次调高至每盎司42.22美元。这种中央银行采用的，以货币可兑性为目的的"官方"价格，以及70年代初非官方价格的上涨趋势，导致了所谓的价格"双轨"（Two-Tier）制。1973年11月，由于自由市场必然存在的供求关系，黄金的官方价格和双轨制被废除。

黄金的自由市场价格从1970年1月的每盎司35美元涨起，于1974年12月30日到达每盎司197美元的"伦敦固定价"（London Fix）⊖收盘价顶点。随后金价开始下跌，并于1976年8月31日跌至每盎司103.50美元的最低点。为这轮下跌行情找出的基本面

⊖ 一般意义上的伦敦金价有两种：一种是指伦敦金属交易所（London Metal Exchange）的金锭交易价，收盘时间为伦敦时间下午4时30分；另一种是伦敦黄金定价（London Gold Fix），来自世界最大的几家投资银行——如詹姆斯·卡佩尔（James Capel）和罗斯柴尔斯（Roth Childs）——的代表，每天要在伦敦的一间密室里商定黄金价格，一天两次，分别制定出伦敦黄金上午定价（AM Fix）和下午定价（PM Fix）。伦敦黄金定价已经成为一种记录特定日期黄金价格的标准途径。——译者注

第六章 股票与商品

"原因"是苏联抛售黄金，美国财政部抛售黄金以及国际货币基金组织（International Monetary Fund，IMF）[⊖]拍卖黄金。此后，金价大幅回升，并再度呈上涨趋势。

尽管美国财政部努力减弱黄金的货币地位，以及存在影响黄金作为储值工具和交换媒介的高度情绪化因素，但是不可避免地，金价仍然勾画出了清晰的艾略特模式。图6-11是一张伦敦黄金的走势图，我们已在上面做出了正确的波浪标识。请注意，从自由

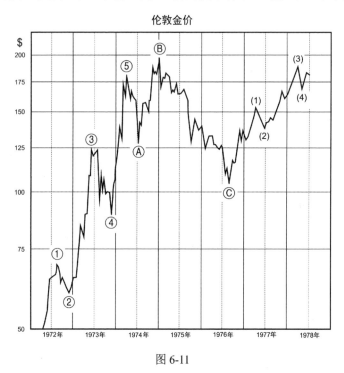

图6-11

⊖ 成立于1945年12月，是一个旨在稳定国际金融体系的专业机构，主要任务是稳定国际汇率，消除妨碍世界贸易的外汇管制，在货币问题上促进国际合作，并通过提供短期贷款，帮助成员国解决在国际收支出现暂时困难时的外汇资金需要。——译者注

市场上涨至 1974 年 4 月 3 日的每盎司 179.50 美元的最高点，是一个完整的五浪序列。1970 年之前由官方维持的每盎司 35 美元的金价阻止了那之前的波浪形成，因而帮助创建了必要的长期底部。从这个底部的有力突破，非常符合对一种商品清晰的艾略特数浪标准，而且很明显。

火箭般飙升的五浪形成了一个几乎完美的波浪，它的第五浪刚好抵着趋势通道（未显示）的上边界结束。商品的典型斐波那契目标价位预测法得到了应用，因为至浪③顶点的 90 美元涨幅，为测量至正统顶部的距离提供了基础。90 美元×0.618=55.62 美元，把它加在浪③顶点的 125 美元上，就得到了 180.62 美元。浪⑤顶点的实际价格是 179.50 美元，确实非常接近。同样值得注意的是，179.50 美元的金价刚好超过 35 美元的五（一个斐波那契数）倍。

随后在 1974 年 12 月，在最初的浪Ⓐ下跌之后，金价曾上涨至接近每盎司 200 美元的历史天价。该浪是扩散平台形调整浪中的浪Ⓑ，它沿着下通道线爬升，就像调整浪上升行情经常做的那样。因为与"B"浪的个性相符，所以这轮上升行情的虚假性确定无疑。首先，**众所周知**，消息面对黄金来说看涨，因为美国的黄金持有合法化㊀从 1975 年 1 月 1 日开始生效。浪Ⓑ以一种看似有悖常理但又符合市场逻辑的方式，正好在 1974 年的最后一天见顶。其次，黄金开采股——无论是北美的还是南非的，在金价上涨过程中明显表现不佳，拒绝印证假想的黄金牛市，因而预警了麻烦的来临。

浪Ⓒ是一场毁灭性的崩溃行情，它伴随着黄金开采股价值的

㊀ 1974 年 8 月 14 日，美国国会通过第 93-373 公法（Public Law 93-373），允许美国公民在美国境内购买、持有、出售或交易黄金。此前美国公民只能拥有黄金饰品。——译者注

骤降，这把某些股票带回到了它们在 1970 年的起涨点。就金锭的价格而言，1976 年年初，本书作者曾用通常的比率关系计算出，最低点应该出现在 98 美元左右，因为浪Ⓐ的长度是 51 美元，乘以 1.618，等于 82 美元，当从正统顶部的 180 美元减去 82 美元时，就给出了 98 美元的目标位。这个调整浪的最低点正好处在前一个小一浪级的第四浪的区域内，而且相当接近目标位，它在 1976 年 8 月 25 日触及 103.50 美元的伦敦收盘价，该月正好介于 7 月的道氏理论股票市场顶点以及 9 月略高的 DJIA 顶点之间。

  接下来的上升行情至今已勾画出了四个完整的艾略特波浪，并进入了第五浪，它应该会把金价推向历史新高。图 6-12 给出了近期的走势图，显示的是从 1976 年 8 月的底部涨起的最初三浪，其中的每一个上升浪都可以清楚地划分成一个五浪式的推动浪。在半对数刻度走势图上，每一个上升浪还与艾略特趋势通道相吻合。这轮上涨的坡度不如最初牛市上升的那样陡，后者是多年价格管制后的一次性爆发。目前的上涨似乎更多的是在反映美元的贬值，因为就其他货币而言，金价几乎没有接近它的历史最高点。

  既然金价在正常的回撤中已经保持在了前一个第四浪的区间之上，那么数浪方案可能是一个接近完成的五浪序列，或是一个正在发展中的第三浪延长，这意味着股票市场和商品一同攀升的高通货膨胀环境的到来，虽然我们对此还没有明确的看法。但是，Ⓐ-Ⓑ-Ⓒ扩散平台形调整浪，意味着进入新高的下一浪中的巨大推力。不过应该记住，商品可以形成受约束的牛市，这种牛市不必发展成浪级越来越高的波浪。因此，谁都不能假定，自每盎司 35 美元的最低点以来，黄金已经进入了一个巨大的第三浪。如果这轮上升行情从每盎司 103.50 美元的最低点开始，形成了一个符合所有艾略特理论规则的清晰的五浪序列，那么它至少应将其视为一个暂时卖出的信号。无论如何，每盎司 98 美元的高度仍然应当是任何重要下跌行情的极限。

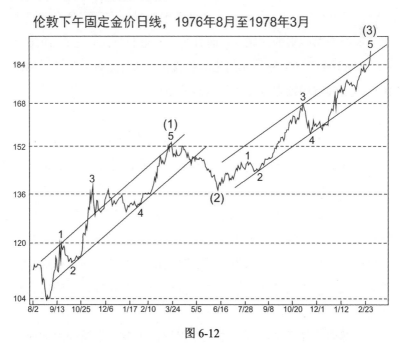

图 6-12

从历史上说，黄金是经济生活的锚之一，功绩斐然。它为世界提供的只有自制力。也许这就是政客们不知疲倦地忽视它、谴责它，并试图将其非货币化的原因。但是，不知何故，各国政府似乎总要在手中保持黄金储备"以防万一"。今天，作为一种旧时代的遗物，黄金站在了国际金融的翅膀上，但同时也是未来的预兆。有自制力的生活是多产的生活，而且这个概念适用于人类活动的各个层面，从土地耕种到国际金融。

黄金是历史悠久的储值工具，尽管金价可能长期走平，但持有一些黄金总是很好的保险，直至世界货币体系得到明智的重建，这个发展阶段看来不可避免——无论是通过人为设计还是通过自然经济力量。作为储值工具，纸币绝不会取代黄金，这很可能是另一条自然法则。

第七章

股市的其他分析手段及其与波浪理论的关系

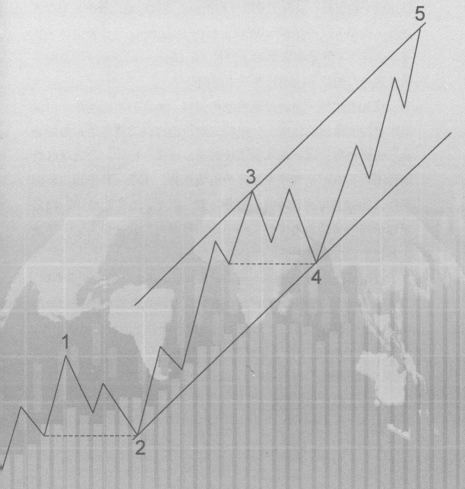

一、道 氏 理 论

按查尔斯·H.道的说法,市场的主要趋势是广泛的、吞没一切的"潮流"(Tide),这个潮流被"波浪"、次级反作用和反弹所打断。较小规模的运动是波浪上的"波纹"(Ripple)。除非后者能形成一条线(定义为在 5%的价格区间内至少持续三周的横向运动结构),否则通常无足轻重。这个理论的主要工具是运输股平均指数(前身是铁路股平均指数)以及工业股平均指数。道氏理论的最杰出倡导者威廉·彼得·汉密尔顿(William Peter Hamilton)[一]、罗伯特·雷亚、理查德·罗素和 E.乔治·沙佛(E. George Schaefer)[二]完善了道氏理论,但从未改动过其基本原则。

正如查尔斯·道曾经观察到的那样,海水的潮起潮落,可以把木桩冲到海岸的沙滩上,以标记潮汐的方向,就像用走势图来显示价格如何运动。基本的道氏理论原则来自经验,也就是既然两种平均指数都是同一个海洋的组成部分,那么一种平均指数的潮汐活动应当与另一种的一致才可靠。因此,既定趋势中,向新极端价格的运动如果仅有一种平均指数参与,就被认为是一种缺乏其他平均指数"印证"的新高或新低。

艾略特波浪理论与道氏理论有共同点。在上升的推动浪期间,市场应是一个"健康的"市场,有着广泛性以及其他平均指数的印证。当调整浪和终结浪在演化时,背离或称无印证更可能出现。道氏理论的追随者们还认识到一轮市场上升行情中有三个心理"阶段"。自然地,既然这两种市场分析方法都描绘了现实,那么

[一] 1867—1929 年。道的接替者,《华尔街日报》的第四位编辑,在道于 1903 年去世后继续发展道氏理论。他解释的道氏理论形成了今天所有现代技术分析的基础。——译者注

[二] ?—1974 年。美国投资家,道氏理论的支持者。——译者注

第七章　股市的其他分析手段及其与波浪理论的关系

道氏理论家对这些阶段的简要概述，符合我们在第二章中概括的艾略特波浪 1、3 和 5 的个性。

波浪理论验证了道氏理论的大部分内容，不过道氏理论没有验证波浪理论，因为艾略特理论的波浪行为概念有一种数学基础，只需研判一种市场平均指数，而且按照特定的结构展开。然而，这两种手段基于经验观察，并在理论与实践上相辅相成。例如，各种平均指数的波浪数，会预先提醒道氏理论家即将到来的无印证。如图 7-1 所示，如果工业股平均指数已经走完了一个主要价格

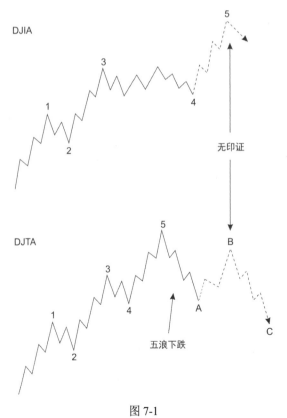

图 7-1

波动中的四个浪以及部分的第五浪,而运输股平均指数仅是在一个锯齿形调整浪的浪 B 中反弹,那么无印证就必然出现。实际上,这种类型的波浪演化已经不止一次地帮助过作者。例如,在 1977 年 5 月,当运输股平均指数正在攀升至新高时,工业股指数先前在 1 月至 2 月的**五浪下跌行情清楚无误地说明,工业股指数的任何反弹行情注定产生无印证**。

另一方面,道氏理论中的无印证经常能提醒艾略特理论分析师检查他的数浪方案,看看是否应预期出现反转。因此,了解一种方法可以帮助应用另一种方法。道氏理论是波浪理论的始祖,因此其历史意义及其多年来的一贯表现都值得尊重。

二、"经济周期"的康德拉蒂耶夫波

中美洲的玛雅人和古代以色列人,都各自懂得并观察到灾难与复兴的 50 年至 60 年(平均为 54 年)的周期。俄国经济学家尼古拉·康德拉蒂耶夫(Nikolai Kondratieff)⊖,在 20 世纪 20 年代发现的经济趋势与社会趋势的"长波",是这种周期的现代表现。康德拉蒂耶夫用有限的可用数据证明,现代资本主义国家的经济周期往往会重复一种持续半个世纪多一点的扩张与收缩周期。这些周期在规模上与波浪理论中的超级循环浪(有时是包含延长浪的循环浪)相对应。

由《大众金融周刊》提供的图 7-2,显示了 18 世纪 80 年代至 2000 年的康德拉蒂耶夫周期的理想化概念,及其与批发价的关系。请注意,在图 5-4 显示的甚超级循环浪中,浪(I)的起点至 1842 年

⊖ 1892—1938 年。——译者注

第七章 股市的其他分析手段及其与波浪理论的关系

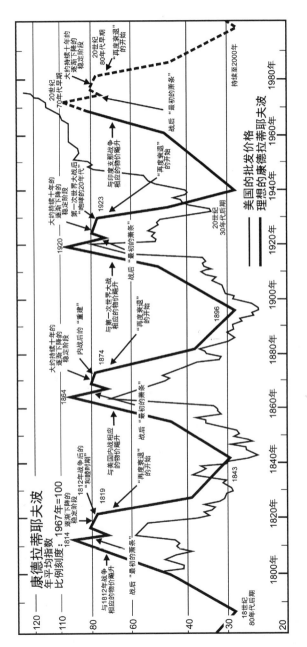

图 7-2

浪(II)中的浪 a 的最低点，大致跟踪了一个康德拉蒂耶夫周期，而延长的浪(III)和浪(IV)跟踪了两个康德拉蒂耶夫周期中的大部分，而且我们目前的超级循环浪(V)将持续贯穿一个康德拉蒂耶夫周期中的大部分。

康德拉蒂耶夫指出，"波谷"战争，也就是接近周期底部的战争，通常发生在经济将要从战时经济产生的价格刺激中受益时，从而导致经济复苏和价格上涨。另一方面，"波峰"战争通常发生在经济复苏进展顺利的时候，由于政府用增加货币供应的惯用手段来支付战争开支，所以物价飞涨。在经济波峰之后，最初的衰退出现了，然后是一段持续十年左右的通货紧缩的"稳定期"，在此期间相对的安定和繁荣回归。这一时期结束之后是几年的通货紧缩和严重的萧条。

美国的第一个康德拉蒂耶夫周期始于伴随着革命战争（Revolutionary War）㊀的波谷，并在 1812 年战争㊁中达到波峰，之后是一段称为"和睦时期"（Era of Good Feeling）㊂的稳定阶段，然后是 19 世纪 30 年代至 40 年代的大萧条。正如詹姆斯·舒曼（James Shuman）和大卫·罗斯纳奥（David Rosenau）在他们的著作《康德拉蒂耶夫波》（The Kondratieff Wave）中描述的那样，第二个周期和第三个周期也以惊人相似的方式在经济与社会中展开，第二个稳定阶段伴随着美国内战后的"重建"（Reconstruction）时期，而第三个稳定阶段恰好指的是第一次世界大战后的"咆哮的 20 年代"（Roaring Twenties）。稳定阶段通常支撑了表现良好的

㊀ 1775—1781 年。美国独立战争。——译者注
㊁ 美国同英国进行的第二次独立战争，最终以两国于 1814 年 12 月 24 日在比利时北部城市根特订订的《根特条约》而告终。——译者注
㊂ 1815—1824 年。1812 年战争后，胜利的喜悦席卷全美国，国家主义盛行。——译者注

第七章　股市的其他分析手段及其与波浪理论的关系

股票市场，尤其是 20 世纪 20 年代的稳定阶段。那时，咆哮的股票市场最终伴随着崩盘、大萧条（Great Depression）[⊖] 和通货紧缩直至 1942 年左右。

在我们解释康德拉蒂耶夫周期的时候，我们现在已经到达了另一个稳定阶段，经历了波谷战争（第二次世界大战）、波峰战争（越南战争）和最初的衰退（1974 年至 1975 年）。这个稳定阶段应当再次伴随着相对繁荣的时期，以及强劲的股票牛市。根据对这次周期的解读，经济应该会在 20 世纪 80 年代中期崩溃[⊖]，然后是三四年的严重萧条和长期的通货紧缩，直至 2000 年的波谷年。这种情形完全适合我们，而且对应于我们在第五章中讨论的，以及在上一章中进一步概括的第五循环浪上升和下一个超级循环浪下跌。

三、周　　期

近些年，股票市场的"周期"分析法已经变得相当流行，因为投资者们在寻找工具帮助他们应对剧烈波动的、净横盘的趋势。这种分析手段十分有效，因而在老到的分析人员手中，它可能是一种出色的市场分析方法。然而，在我们看来，尽管它可以像其他许多技术分析方法那样让你在股票市场中赚钱，但是对于市场演化背后的规律，"周期"分析手段并未反映其真正实质。

不幸的是，正如艾略特波浪理论与道氏理论，以及一两种相

[⊖] 1929 年末至 20 世纪 40 年代初。现代工业史上最糟糕、最持久的经济崩溃。——译者注
[⊖] 1983 年 4 月 6 日的"特别报告"（见附录中的图 A-8）识别出上一次收缩于 1949 年结束，比这幅标准图解描绘得晚，这相应地将所有的预测日期向未来推进。本图的更新版参见《在潮浪的顶峰》中的附录 B。

关方法让"所有牛市都有三段路程"的论调产生了大批追随的群众，周期理论最近已经使许多分析人员和投资者对"四年周期"的观点深信不疑。有些解释看似合乎情理。首先，任何周期的存在，并非意味着市场不可能在周期的后半段里创新高。周期的测量总是从最低点至最低点，而不考虑期间的市场行为。其次，尽管在战后时期（大约有 30 年）已经可以见到四年周期，但是那之前它存在的证据时有时无且不规律，这揭示了一个允许四年周期在任何时候收缩、扩张、移动或消失的历史。

对于那些已经用周期分析手段获得成功的人，我们认为在预测周期长度的变化时，波浪理论可以是一种有效的工具，周期长度的变化有时似乎逐渐出现且逐渐消失，通常极少有甚至没有征兆。例如，注意四年周期在当前的超级周期浪的大部分子浪 II、III 和 IV 中都十分明显，但在子浪 I 中——也就是 1932 年至 1937 年的牛市中，以及此前时期中，四年周期就变得杂乱无章了。如果我们记得一个五浪牛市运动中的两个较短的浪往往非常相似的话，那么可以推断，比起这个序列中的其他浪，目前的循环浪 V 应该与浪 I（1932 年至 1937 年）更加相像，因为 1942 年至 1966 年的浪 III 是延长浪，而且会与另外两个驱动浪不同。所以，目前的浪 V 应当是一个周期长度较短、结构更简单的浪，而且会使普通的四年周期突然收缩至三年半。换言之，在波浪**内部**，周期会趋向于时间恒定。然而，当下一浪开始时，分析人士应当警惕周期中的变化。既然我们相信周期理论家基于四年周期和九年周期预测出的 1978 年和 1979 年大崩盘不会发生，那么我们想引用查尔斯·J. 柯林斯撰写的《艾略特的波浪理论：一份再评价》(*Elliott's Wave Principle - A Reappraisal*) 中的话：

第七章　股市的其他分析手段及其与波浪理论的关系

在周期理论家中，只有艾略特（尽管他卒于1947年，而其他人还在世）提供了一种与战后时期（至少到现在为止）实际发生的情况相一致的周期理论基本背景。

按照正统的周期分析手段，1951年至1953年本要在证券市场和商品市场中制造某种程度的"大屠杀"，而萧条集中在这一时期。这种模式没有像预料的那样奏效很可能是一件好事，因为自由世界是否能从预计几乎与1929年至1932年一样具有摧毁力的下跌中幸存下来，还很值得怀疑。

在我们看来，分析师可以无止境地尝试验证固定循环的周期性，但其结果无足轻重。波浪理论表明，市场更多地反映出螺线的特性，而非圆的特性；更多地反映出自然的特性，而非机械的特性。

四、十周年模式

图7-3是一幅承蒙埃德森·古尔德安娜韵律学公司（Edson Gould And Anametrics, Inc.）⊖ 提供的走势图，它显示了股票市场过去七个十年的平均"十周年模式"。换言之，这幅走势图是DJIA活动的再现，因为对于综合成的十年来说，它的开端是第一年至第十年。十年中的每一年都出现类似市场活动的倾向有据可查，因而被称为"十周年模式"⊖。然而，我们的方法给予这种观测全新且惊人的意义。你自己看看：一个完美的艾略特波浪。

⊖ 1902—1987年。埃德森·古尔德是美国股票分析师、经纪人兼作家，华尔街的第一批股票市场技术分析师之一。——译者注

⊖ 十周年模式理论认为，在每个十年里，第三年、第七年和第十年（有时是第六年）常常是下跌年，而第五年、第八年和大多数第九年常常是上涨年。——译者注

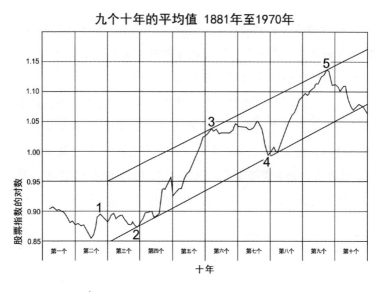

图 7-3

消息

虽然大多数财经文章的作者都用时事来解释市场行为,但很少存在任何有价值的联系。大多数日子都充斥着过剩的利好消息与利空消息,它们通常会被有选择地仔细查看,以得出对市场运动貌似合理的解释。在《自然法则》中,艾略特对消息的价值评论如下:

> 对于已经作用了一段时间的各种力量,消息充其量只是迟到的认可,只会让那些对趋势毫无察觉的人大吃一惊。经验丰富、事业有成的投资者早就认识到,对于任何单一消息在股票市场中的价值,依靠任何人的能力解读都是徒劳的。没有哪条单一消息或一系列新情况,能被视为任何持续趋势的内在成因。实际上,在很长一段时期内,因为趋势的环境不同,相同

第七章　股市的其他分析手段及其与波浪理论的关系

的事件会产生截然不同的影响。随意研究道琼斯工业股平均指数 45 年的记录，就可以验证这个说法。

在那个时期，国王被暗杀[一]，有战争、战争谣传、繁荣、恐慌、破产、新时代（New Era）、新政（New Deal）[二]、"取缔托拉斯"（Trust Busting）[三]，以及各种有历史意义的和情绪化的发展阶段。然而，所有的牛市都以同样的方式运动，而且同样地，所有的熊市都表现出相似的特征，这些特征控制并衡量市场对任何消息的反应，以及整体趋势的分量长度与比例。无论有何消息，人们都可以评估这些特征，并用来预测市场的未来活动。

有时会发生完全意想不到的事件，如地震。然而，无论意外的程度如何，似乎可以安全地得出结论，任何此类新情况都会被认为无关紧要，而且**不会逆转该情况出现之前就已经开始进行的市场趋势**。那些把消息视为市场趋势成因的人，相比凭他们的能力来正确揣摩重大消息的意义，也许会在赌马中更走运。因此，"看清森林"的唯一途径是站在周围的树木之上。

艾略特认识到，不是消息，而是其他东西在市场中形成了明显的模式。总体来说，要着重分析的问题不是消息本身，而是市场对消息的重视程度，或者看起来的重视程度。在越来越乐观的时期，市场对一则消息的明显反应，经常与市场处于下跌趋势时

[一] 1914 年 6 月，弗兰兹·斐迪南大公在萨拉热窝被暗杀；1934 年 10 月，南斯拉夫国王亚历山大在法国马赛被暗杀。——译者注

[二] 美国总统弗兰克林·罗斯福（Franklin D. Roosevelt）在和平时期的一项国内计划，尤其是 1933 年至 1938 年的消除大萧条影响的革新手段。——译者注

[三] 美国总统希奥多·罗斯福（Theodore Roosevelt）的一项政策，旨在限制大企业扼杀市场竞争的能力。——译者注

会有的反应不同。在历史价格走势图上，标记艾略特波浪的演化很简单，但根据有记录的股票市场活动，却不可能找出最突如其来的人类活动，比方说战争爆发。所以，与消息有关的市场心理有时有用，尤其是当市场的反应与人们"通常"预期的相反时。

我们的研究表明，消息不仅往往滞后于市场，而且**遵循完全相同的演化方式**。在牛市的浪1和浪2期间，报纸头版报道会引起恐惧和沮丧的消息。随着市场新一轮上涨中的浪2降至最低点，基本面形势通常看起来糟糕透顶。有利的基本面在浪3回归，并在浪4的早期部分暂时达到顶峰。有利的基本面在浪5途中回归，而且就像浪5的技术面，不如浪3中出现的那些令人难忘（见第三章中的"波浪个性"）。在市场的顶峰，基本面仍然是一片大好，甚至更好，但尽管如此，市场却转而下跌。调整浪长驱直入后，不利的基本面开始再次兴起。因而，消息或称"基本面"，在时间上被一两个波浪从市场中抵消。事件的这种平行演化是人类事物中的统一标志，而且往往印证了波浪理论是人类经验的一个基本组成部分。

为了解释时间滞后，技术分析人员争辩说市场"对未来进行了贴现"，也就是市场实际上预先正确地猜测出社会状况的变化。这个理论最初很有诱惑力，因为在先前的经济发展中，甚至在社会政治事件中，市场似乎在变化发生之前就感觉到了。然而，认为投资者是未卜先知的想法有些天方夜谭。几乎可以肯定的是，实际上是人们的情绪状态和情绪趋势——就像市场指数反映的那样，**导致**他们以根本上影响经济统计与政治的方式行事，也就是制造"消息"。那么，总结我们的观点，出于预测目的，市场**就是**消息。

第七章　股市的其他分析手段及其与波浪理论的关系

五、随机游走理论

随机游走理论是由学术界的统计学家们建立起来的。该理论认为，股票指数随机运动，并不符合可预测的行为模式。在此基础上，股票市场分析毫无意义，因为研究趋势、模式或个别证券的内在强弱只会徒劳无获。

业余投资者无论在其他领域内多么成功，常常很难理解奇怪的、"不合情理的"、时而极端的、看似随机的市场行为。学者是有头脑的人，因此为了解释他们自己无法预测市场行为，他们中的有些人就断言预测是不可能的。许多事实与这种论断相矛盾，而且并非所有的事实都是抽象的。例如，仅仅是存在每年做出成百上千个，甚至成千上万个交易决策的成功职业投资者，就断然否定了随机游走的观点，就像存在能够努力在职业生涯中取得职业辉煌的投资组合经理和分析师一样。从统计上讲，这些业绩证明激励市场演化的力量不是随机的，也不是纯属巧合的。市场有一种**天性**，而有些人充分察觉到了这种天性，以取得成功。一个每周做出几十个决策，而且每周都赚钱的短线投资者，已经实现了比（在一个随机世界中）连续掷50次硬币，而且每次落地时都是"正面"朝上的小得多的概率。大卫·伯嘉米尼在《数学》中写道：

> 抛硬币是概率论中的一项练习，每个人都尝试过。跟注正面还是背面是一种公平的赌博，因为每种结果的概率均为50%。谁都不能指望一枚硬币在每两次抛掷中就有一次正面朝

上，但抛掷多了，结果就会趋向平衡。要让一枚硬币连续 50 次正面朝上，就得让 100 万人每分种抛 10 次硬币，每周 40 个小时，这样每 9 个世纪才会出现一次这样的结果。

　　从 1978 年 3 月 1 日的 740 点的最低点开始的，纽约证券交易所头 89 个交易日的走势图，显示出随机游走理论如何与现实相去甚远，如图 2-16 以及随之的讨论表明的那样。正如在图 2-16 以及在图 5-5 的超级循环浪走势中证明的那样，纽约证券交易所的活动并非是混乱无形的游荡，没有韵律或缘由。时复一时，日复一日，年复一年，DJIA 的价格变化创造出一连串的波浪，这些波浪可以分为并细分为各种模式，完美符合艾略特在 40 年前提出的基本原则。所以，正如本书的读者所见，艾略特波浪理论每时每刻都在对随机游走理论提出挑战。

六、技术分析

　　艾略特波浪理论不仅支持走势图分析的有效性，而且它还能帮助技术分析人员确定哪些构造最可能有实际意义。因为，与波浪理论一样，技术分析[正如罗伯特·D. 爱德华兹（Robert D. Edwards）和约翰·玛吉（John Magee）在他们的著作《股票趋势的技术分析》（Technical Analysis of Stock Trends）中说的那样]通常认为"三角形"构造是一种趋势内部的（Intra-trend）现象。"楔形"的概念同艾略特理论的斜纹浪的一样，具有相同的含义。旗型（Flag）和长条旗型（Pennant）是锯齿形调整浪和三角形调整浪。"矩形"通常是双重三浪或三重三浪。双顶（Double Tops）通常是平台形调整浪引起的，而双底（Double Bottoms）则归因于缩短的

第七章 股市的其他分析手段及其与波浪理论的关系

第五浪。

著名的"头肩形"（Head and Shoulders）模式能够在正常的艾略特顶中辨别出来（见图 7-4），而一个"行不通"的头肩形模式可能涉及艾略特理论中的扩散平台形调整浪（见图 7-5）。注意，在两种模式中，通常伴随头肩形构造出现的成交量萎缩，是一种完全符合波浪理论的特征。在图 7-4 中，当波浪属于中浪级或更小的浪级时，浪 3 将有最大的成交量，浪 5 的小一些，而浪 B 的通常更小。在图 7-5 中，推动浪将有最大的成交量，浪 B 的通常小一些，而浪 C 中的第四浪的最小。

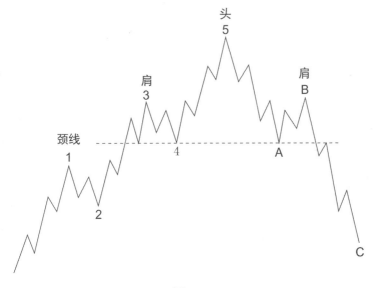

图 7-4

在这两种分析方法中，趋势线和趋势通道的运用非常相似。支撑和阻力现象在正常的波浪演化中和熊市极限[第四浪的密集成交区域（Congestion）是对随后的下跌行情的支撑]中显而易见。

高成交量和波动性（缺口）是公认的"突破"特征，它通常伴随着第三浪，正如在第二章中讨论的那样，其个性填补了这一空白。

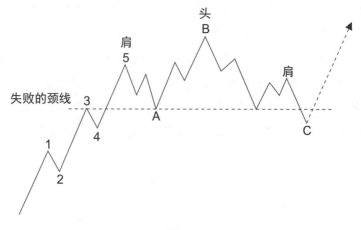

图 7-5

尽管有这种兼容性，但在使用波浪理论多年后，我们发现将经典的技术分析应用于股票市场平均指数给我们的感觉是，我们是在现代技术时代限制自己使用石器。

在判断和印证市场的动量状态，或者通常伴随每种类型波浪的心理背景方面，那些被称为"指标"（Indicator）的技术分析工具经常极为有用。投资者心理指标，比如那些跟踪卖空、期权交易和市场民意调查的指标，在 C 浪的终点、第二浪的终点和第五浪的终点会达到极端水平。动量指标揭示了第五浪中的，以及扩散平台形调整浪中的 B 浪中市场力量的减弱（也就是价格变化的速度、广泛性以及在较小浪级中的成交量），从而形成"动量背离"。既然单个技术指标的效用会因为市场机制的变化而逐步变化或消失，我们强烈建议将它们用作协助正确地数艾略特波浪的工具，

第七章 股市的其他分析手段及其与波浪理论的关系

而不是过于依赖它们,以至于忽略了有明显征兆的波浪数。实际上,波浪理论中的相关准则有时已经表明,市场环境使某些市场指标暂时变化或不起作用是可以预测的。

七、"经济分析"手段

当前在机构基金经理和投资顾问中极为流行的方法是,试图用利率趋势、典型的战后商业周期行为、通货膨胀率以及其他度量来预测经济的变化,进而预测股票市场。在我们看来,不听从市场本身而预测市场的企图注定要失败。更可能的是,市场是经济更可靠的预报器,但反之不然。而且,从历史的角度来看,我们强烈地感觉到,尽管在一段时期内各种经济状况可能以某种方式与股票市场相关,但是这些关系似乎会不宣而变。例如,经济衰退有时从股票熊市的起点附近开始,而有时直到熊市的终点才出现。另一种不断变化的关系是通货膨胀或通货紧缩的出现,它们中的每一个在某些情况下对股票市场显得看涨,而在其他情况下对股票市场又显得看跌。相似地,对紧缩银根的恐惧使许多基金经理远离 1978 年的市场至今,正如没有这种恐惧使他们在 1962 年的崩盘期间继续投资。不断降低的利率经常伴随着牛市,但也会伴随着最严重的市场下跌,如 1929 年至 1932 年的下跌。

虽然艾略特认为波浪理论在人类努力的所有领域中都很明显,例如,甚至在专利申请频率中都很明显,但是已故的汉密尔顿·博尔顿断言,波浪理论早在 1919 年就可以用来反映货币趋势的变化。沃特·E.怀特在他的著作《股票市场中的艾略特波浪》(*Elliott Waves in the Stock Market*)中也发现,波浪分析有助于研判货币数据的趋势，正如以下这段摘录表明的那样：

> 近年来，通货膨胀率已经是对股票市场指数非常重要的影响。如果绘制消费者价格指数（从一年前开始）的百分比变化，那么 1965 年至 1974 年末的通货膨胀率就显现为一个艾略特 1-2-3-4-5 波浪。自 1970 年以来，出现了与前一个战后经济周期不同的通货膨胀周期，而且未来的周期发展尚未可知。然而，波浪在暗示转折点方面很有效，如在 1974 年末。

艾略特波浪理论的概念可用于判定许多不同经济数据系列中的转折点。例如，银行自由准备金净值（Net Free Banking Reserve）⊖ 在 1966 年至 1974 年的大约八年中实质上是负的，怀特说它的转折点"往往先于股票市场的转折点出现"。1974 年末，五浪下跌结束，这表明了一个重要的买入点。

为了验证波浪分析在货币市场（Money Market）⊖ 中的效用，我们在图 7-6 中展示了 2000 年到期的，票面利率为 $8\frac{3}{8}$ 的美国长期国债（U.S. Treasury Bond）⊖ 价格的波浪数。即使在这个短暂的九个月的价格模式中，我们也看到了艾略特进程的反映。在这张走势图上，我们有三个交替的例子，因为每一个第二浪都与每一个第四浪交替，如果一个是锯齿形调整浪，那么另一个就是平台形调整浪。上趋势线遏制了所有的反弹。第五浪构成了一个延长浪，它本身就被包含在一个趋势通道中。在当前的研判阶段，近一年来最大的债券市场反弹即将到来。

⊖ 超额储备金（Excess Reserve）与成员银行在美国联邦储备银行借款的差值。——译者注
⊖ 买卖短期（一年以下）的政府、公司或金融组织发行的债务证券的市场。货币市场的主要交易品种有：国库券、商业票据、银行承兑票据和可转让定期存单。——译者注
⊖ 期限为 10 年或更长的国债。——译者注

第七章 股市的其他分析手段及其与波浪理论的关系

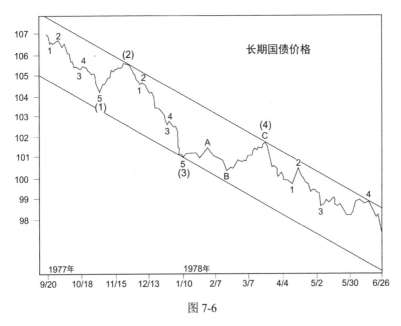

图 7-6

因此，尽管货币现象可能以复杂的方式与股票指数相关，但我们的经验是，价格运动总是创造出艾略特波浪模式。显然，影响投资者管理其投资组合的因素，很可能也在影响银行家、商人和政治家。当活动所有层面力量的相互作用数不胜数，且相互交织的时候，我们很难将成因与结果分开。作为一种群体心理的反映，艾略特波浪将其影响扩展至所有类别的人类行为。

八、外生的力量

外生的力量可能正在触发人类尚未理解的循环与模式，我们并不反对这种观点。例如，多年来，一些分析人员怀疑太阳黑子的频率与股票市场指数之间存在联系，依据是电磁辐射的变化会影响包括投资者在内的人们的大众心理。1965年，查尔斯·J. 柯林斯曾发表过一篇文章，题为《太阳黑子活动对股票市场影响的调查》（*An Inquiry into the Effect of Sunspot Activity on the Stock Market*）。柯林斯指出，自1871年以来，大熊市通常会在太阳黑子活动超出一定水平的几年之后出现。最近，R.伯尔（R. Burr）博士在他的《生存的蓝图》（*Blueprint for Survival*）中报告说，他已经发现地球物理循环与植物中不同水平的电势之间存在惊人的相关性。多项研究已经表明，离子和宇宙射线对大气层的轰击变化会对人类行为造成影响，而这又可能受月球周期与行星周期的控制。实际上，一些分析人员曾利用明显影响太阳黑子活动的行星排列，成功地预测了股票市场。1970年10月，《斐波那契季刊》[由美国加州的桑塔·克拉拉大学（Santa Clara University）的斐波那契协会（The Fibonacci Association）发行]发表了里德硕士（B.A. Read）的一篇论文，他是美国陆军卫星通信署（U.S. Army Satellite Communications Agency）的一名上尉。这篇题为《太阳系中的斐波那契级数》（*Fibonacci Series in the Solar System*）的论文确定行星距离与行星周期符合斐波那契关系。与斐波那契数列的联系表明，股票市场行为与影响地球生命的外星力量之间，可能不只是一种随机关系。尽管如此，我们暂时满足于假设社会行为的艾略特波浪模式，是由人们的心理和情感，以及他们在社会情境中产生的行为倾向造成的。如果这些倾向被外生的力量触发或与其相关联，那么必须由他人来证明这种联系。

第八章

艾略特演说

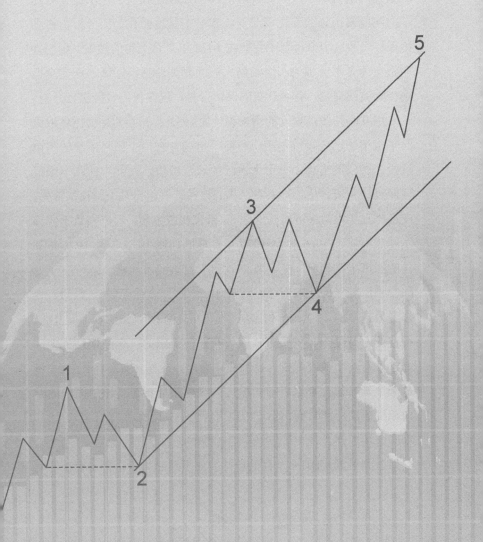

一、下一个十年

虽然试图对股票市场做出"不可能"的长期预测相当危险，但如果只是为了演示我们用波浪理论来分析市场位置的方法，那么我们决定冒这个险。这种风险在于，即使我们的想法在今后几年中随股票市场的变化而改变，本书中呈现的我们的分析仍将维持原样，而这个分析基于我们在 1978 年 7 月上旬的知识。我们只能希望读者不会因为一个相当大胆的预测碰巧不圆满，而完全拒绝接受波浪理论。有了开头的保留意见，现在我们直接进行分析。

用艾略特波浪理论的话来说，从 1932 年开始的超级循环浪级的牛市运动已经接近尾声。目前，市场处在一个循环浪级的牛市阶段，相应地它将由五个大浪级的波浪组成，而其中的两个浪很可能已经完成。从长远来看，我们已经能够得出几个结论。首先，在未来几年内，很可能是直至 80 年代初或中期，股票指数不应该发展成类似于 1969 年至 1970 年那样的，或 1973 年至 1974 年那样的熊市下跌趋势。接下来，"次级"股票应该是整个循环浪 V 期间的领涨股（但比它们在循环浪 III 中的领涨强度弱）。最后，也许是最重要的，这个循环浪不应发展成 1942 年至 1966 年类型的、稳定的、持续很久的牛市，因为在任何浪级的一个波浪结构中，通常只有一个浪发展成为延长浪。因此，既然 1942 年至 1966 年是一个延长浪，那么目前的循环浪级牛市应该表现出更简单的结构和更短的持续时间，就像 1932 年至 1937 年的和 1921 年至 1929 年的市场那样。

直到最近，DJIA 一直处于持续的下跌趋势中，普遍存在的悲

第八章　艾略特演说

观情绪已经产生了几种扭曲的"艾略特波浪理论"研判，渴求出现一轮灾难性的下跌行情，但那只不过是大浪级的第二浪调整。通过采用艾略特的理论并加以歪曲，有人已经预测出，在不久的将来，DJIA 会跌破 200 点。对于此类分析，我们只能引用汉密尔顿·博尔顿的话，他在《银行信用分析家》1958 年的《艾略特波浪副刊》的第 12 页上指出：

> 每当市场进入熊市阶段时，我们都会发现一些记者认为"艾略特波浪"能被研判来证明低得多的指数目标位有道理。虽然"艾略特波浪"可以相当自由地研判，但不能被扭曲得脱离上下文。换言之，就像在业余选手对职业选手的曲棍球赛中，你可以改动一些规则，但基本上必须坚守基本规则，否则就有创造一项新竞赛的危险。

正如我们看到的，允许的最看跌的研判是循环浪 IV 尚未结束，而且这个最后一浪下跌仍在演化中。即使在这种情况下，预期最低点顶多是 DJIA 的 520 点，也就是 1962 年浪④的最低点。然而，根据我们已经在图 5-5 中构建的趋势通道，我们给予这种情形极小的概率。

基本上，目前存在两种都显得合理的研判。一些证据暗示着一个巨大的斜纹浪结构（见图 8-1），它可能完全由狂奔型的市场波动，以及反复出现的介于其间的下跌行情构建。既然市场已经在 1978 年 1 月跌破了 1975 年 10 月的最低点 784.16 点，留下了或许是三浪的大浪级上涨行情，那么斜纹浪似乎是一个显得相当合理的循环浪级牛市情形，因为在斜纹浪中，每一个作用浪都由三个浪而不是五个浪构成。只是因为这个始于 1974 年 12 月的循环浪是超级循环浪中的第五浪，一个巨大的斜纹浪才有可能正在形成。既然斜纹浪本质上是一种弱势结构，那么这种情形真的发展起来，我们的极限上涨目标可能不得不降至 1700 点的区域。时至今日，相比市场的其他指数，DJIA 糟糕至极的表现似乎支持这一论点。

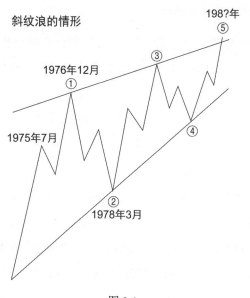

图 8-1

对斜纹浪情形最有说服力的替代方案是，1975 年 7 月至 1978 年 3 月的所有市场活动，是一个类似于 1959 年至 1962 年的市场模式的，巨大的(A)-(B)-(C)扩散平台形调整浪。这种研判在图 8-2 中得到展示，它表明接着是一轮非常强劲的向上冲击。如果这种研判最终是正确的，那么我们的目标位应该能够轻易到达。

我们对道指的价格预测出自这个原则，也就是一个五浪序列中的两个推动浪倾向等长，尤其当第三浪是延长浪的时候。至于目前的循环浪，它与 1932 年至 1937 年的浪 I 在半对数（百分比）走势图等长，使市场正统的最高点接近 2860 点（用刚好相等的 371.6%的涨幅，是 2724 点），这是一个相当合理的目标位，因为趋势线的投射显示出最高点在 2500～3000 点的区域内。对于那些认为这些数字高得离谱的人来说，查看一下历史将证明市场中这样的百分比运动并非不少见。

如果浪②是扩散平台形调整浪

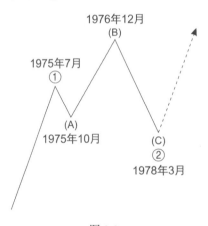

图 8-2

有趣的对比是，就像道指在 20 世纪 20 年代的大牛市以前，也就是上一个第五循环浪以前，在 100 点的高度下"运行"了 9 年那样，目前道指已经在 1000 点的高度之下结束了 13 年的运行。而且，就像艾略特研判的道指的正统顶于 1928 年出现在 296 点，下一个顶峰估计也会出现在同样的相对高度上，尽管扩散平台形调整浪可能会暂时将平均指数带至更高的地方。我们预计终点会靠近超级循环浪的上通道线。如果有翻越，那么接下来的反作用可能会快得惊人。

如果对图 8-2 展示的当前市场状态的研判是正确的,那么 1974 年至 1987 年市场演化的合理画面,可以通过将 1929 年至 1937 年这个时期的走势旋转过来,接在最近 1978 年 3 月的最低点 740 点上来构建,如我们在图 8-3 中所做的那样。这幅画只是对外形的提议,但它确实给出了第五浪延长的五个大浪级波浪。交替规则也得到了满足,因为浪②是平台形调整浪,而浪④是锯齿形调整浪。值得注意的是,安排在 1986 年出现的反弹将恰好停在 740 点的虚线上,这个高度的重要性早已确立(见第四章)。既然 1932 年至 1937 年的循环浪级牛市持续了五年,所以把它加在已运行三年的当前牛市上,就为当前的循环浪给出了八年的时间长度(浪 I 的时间长度乘以 1.618)。

为了支持我们关于时间因素的结论,让我们首先从市场的一些主要转折点——1928 年至 1929 年开始,来检验斐波那契时间序列。

斐波那契时刻表

反转点	时间周期(年)	最高点	最低点
1928—1929	55	1983—1984	
1932	55		1987
1949	34	1983	
1953	34		1987
1962	21	1983	
1966	21		1987
1970	13	1983	
1974	13		1987
1974	8	1982	
1979	8		1987

第八章 艾略特演说

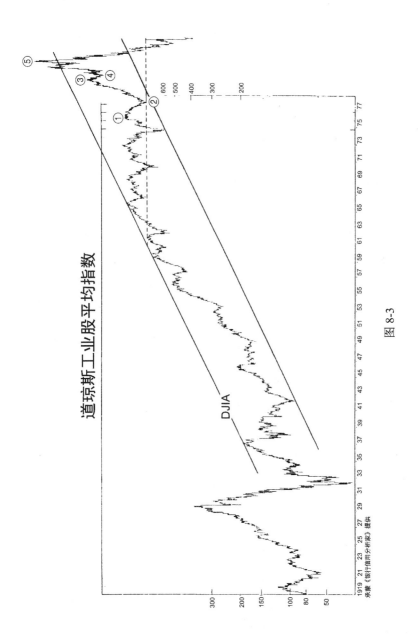

图 8-3

第四章中的反向斐波那契时刻表指向与转折年相同的年份。

上述公式仅与时间有关，单独考虑时间的话就提出了这个问题：1982年至1984年是头部还是底部，以及1987年是头部还是底部。然而，从之前的市场结构来看，谁都会预料1982年至1984年这段时期将是一个重要的头部区域，而1987年将是一个重要的最低点。既然第三浪构成了延长浪，那么第一浪和第五浪将是这个超级循环浪中最短的浪。既然浪Ⅰ长达五年，一个斐波那契数，那么浪V就很可能是八年长，下一个斐波那契数，并持续至1982年末。既然浪Ⅰ和浪Ⅱ各是五年长，如果浪Ⅳ和浪V各是八年长，就会创造出在波浪结构中通常很明显的某种对称性。此外，浪Ⅰ、Ⅱ、Ⅳ和V的时间长度之和，到时候将大约等于延长的第三浪的整个持续时间。

1982年至1984年的区域很可能是当前超级循环浪(V)的终点区域，这个推断的另一个理由纯粹是算术上的。包含当前超级循环浪价格活动的趋势通道内的上升行情，应该会在1983年左右，在我们的接近2860点的价格目标触碰上平行线。

可以从图4-17显示的贝纳-斐波那契循环图中获得某种额外的视角，正如我们所证明的那样，它被用来相当成功地预测1964年至1974年广泛性的股票市场运动。至少就目前而言，贝纳的理论似乎支持我们对未来的结论，因为此时它显然需要1983年的最高点和1987年深深的最低点。然而，尽管我们期望这种市场指数预测在下一个十年里保持不变，但就像其他所有循环公式那样，它很可能在下一个超级循环浪下跌行情中失去光泽。

即使是我们在第七章中讨论过的，由尼古拉·康德拉蒂耶夫发现的54年经济周期也表明，与1933年的大萧条深渊相距54年

第八章 艾略特演说

的 1987 年,对于某种股票市场底部而言,很可能处于合理的时间段内,尤其是如果当前的稳定阶段产生了足够的乐观情绪,从而使那之前的股票市场非常强劲的话。大多数周期理论家认为,现在或 1979 年会出现"杀手浪",我们对此的反对理由之一是,普通投资者的心理状态不像是为失望的冲击做好了准备。最重要的股票市场崩盘发生在乐观的高估值时期。这种状态目前绝对不占上风,因为八年熊市的肆虐,已经教会了今天的投资者小心翼翼、谨慎保守和愤世嫉俗。在头部不会出现明显的戒备状态。

行,接下来怎么办?我们处于另一个如 1929 年至 1932 年的混沌时期吗?

1929 年,因为买盘撤离,"气穴"(Air Pocket)⊖ 出现在了市场结构中,因而指数骤降。一旦情绪的浪潮取得控制地位,那么金融界的领袖们竭尽全力也无法阻止恐慌。过去 200 年里出现这种性质的状况之后,通常会持续三四年的经济和市场的混乱状态。我们已经有 50 年没见过 1929 年时的局面了,尽管希望它永远不会重演,但历史表明情况并非如此。

事实上,市场环境的四个根本变化或许是未来某时一场真正恐慌的部分基础。首先是投资机构对市场的支配地位日益增强,这极度放大了一个人的情绪对市场行为的冲击,因为数百万美元甚至数十亿美元的资金可能处于一个人或一个小型委员会的控制之下。其次是期权市场的诞生,随着市场接近顶峰,许多"散户"会入市。在那个情况下,数十亿美元的账面价值可能会在 NYSE 的一天交易中荡然无存。第三是申报长期投资收益的持有期从六

⊖ 俚语,指股票的走势极弱。原意是使飞机突然下降的低气压区。——译者注

个月改为一年的变化,对于那些坚持只为避税目的记录长期投资收益的人来说,会加剧他们的"不能出售"综合征。最后,美国证券交易委员会(Securities and Exchange Commission,SEC)强行废除 NYSE 里的特定经纪商(Specialist)⊖地位,结果迫使证券业经营自营商市场(Dealer's Market),这可能需要一些经纪公司持有巨大的股票头寸,以维持市场的流动性,从而导致他们在暴跌中极易受到伤害。

  恐慌是情绪的问题,而不是艾略特理论的问题。无论是好是坏,波浪理论只是提醒投资者市场趋势中即将出现的变化。决定在下一个十年中找寻什么,比试图预测肯定会发生什么更重要。无论我们如何应对长远未来的概率,在第五大浪中的第五中浪中的第五小浪从 1974 年的最低点启航以前,我们的研判必须保持试探性。随着"第五浪中的第五浪"接近其终点,艾略特波浪分析人员应该能够认识到股票市场中的循环浪级牛市的结束。在根据波浪理论的原则分析市场运动时,请记住数浪永远是重中之重。我们的建议是正确地数浪,而且永远、永远不要盲目地根据先入为主的场景进行假设。虽有在此介绍的证据,**但如果波浪告诉我们必须这样做,我们将是第一个摒弃我们预测的人。**

  然而,如果我们设想被证明是正确的,那么一旦当前的超级循环浪(V)结束,一个新的甚超级循环浪就会开始。其第一阶段可能会在 1987 年左右结束,并再次将市场从顶点向下带至 1000 点左右的高度。最终,这个甚超级循环浪级熊市应该会在前一个超级循环浪级的第四浪的区域内达到预期目标,也就是在道指的 41

⊖ 扮演上市股票做市商的角色。一家 NYSE 的会员公司可以被指定为多个股票的特定经纪商,但是一家公司的普通股票只能委派一个特定经纪商。——译者注

点至 381 点之间。然而，尽管我们有所怀疑，但我们当然不会对顶点后立即出现的恐慌做出任何明确的预测。市场在 A 浪期间的确经常冲动地运行，但在 A-B-C 构造的 C 浪中肯定产生了急剧的活动。然而，查尔斯·J.柯林斯担心出现最坏的情况，当时他说：

> 我的想法是，超级循环浪(V)的结束很可能还会目睹一场危机，那是过去 45 年中世界上所有的货币狂欢与凯恩斯（Keynes）②式的胡闹③导致的，而且既然浪(V)结束了甚超级循环浪，那么我们最好躲在飓风庇护所里，直至暴风雨过去。

二、自然法则

为何人类必须不断躲避自己制造的飓风？安德鲁·迪肯森·怀特（Andrew Dickinson White）③的著作《法国的纸币通货膨胀》(Fiat Money Inflation in France) 深入细致地探讨了过去那个"经验屈从于理论，朴素的商业感觉屈从于金融的形而上学"的时代。惊愕中，亨利·赫兹里特（Henry Hazlitt）④在此书的前言里思考了人类对通货膨胀反复进行的实验：

> 也许对其他严重的通货膨胀——1716 年至 1720 年，约翰·劳（John Law）⑤在法国进行的信贷实验；1775 年至 1780

---

① 1883—1946 年。英国经济学家。——译者注
② 凯恩斯曾说过，如果政府能够控制货币和利率，就能防止经济衰退，这给当权者制造通货膨胀找到了学术上的借口。——译者注
③ 1832—1918 年。美国历史学家、教育家和外交家。美国康奈尔大学（Cornell University）的创始人兼首任校长。——译者注
④ 1894—1993 年。美国记者，《华尔街日报》的专栏作家，一生著书颇多。——译者注
⑤ 1671—1729 年。苏格兰经济学家。他认为金属货币无论从数量和质量上讲都是不可靠的。1716 年，劳创办了法国的第一家发行纸币的银行。——译者注

年,我们自己的大陆货币史;我们内战时的美元;在1923年达到顶峰的,严重的德国通货膨胀——的研究,将有助于我们强调并铭记那种教训。从这种骇人听闻、反复出现的历史记录中,我们必须再次得出绝望的结论,即人类从历史中学到的唯一东西,就是人类从历史中学不到任何东西吗?或者,我们仍有足够的时间、足够的感觉和足够的勇气来接受这些可怕的教训吗?

我们已经给予这个问题适当的思考并得出结论,人类有时会拒绝接受其他自然法则,这显然是自然法则之一。如果这种假设不正确,那么艾略特波浪理论或许永远不会被发现,因为它或许根本不存在。波浪理论之所以存在,部分是因为人类拒绝从历史中学习,因为我们总能指望人类被引导去相信二加二可以得到而且确实得到五。人类可以被引导去相信自然法则并不存在(或者更常见的是,"在这种情况下不适用");要消费的东西不必先得生产出来;借出的东西永远不必得到偿还;承诺等同于实质;纸币即是黄金;收益没有成本;如果不理不睬或冷嘲热讽,理性支持的恐惧也会消失。

恐慌是对现实突然的、情绪化的群体认知,以及那些恐慌性底部开始的最初上涨。在这些时刻,理性突然给群体心理留下了深刻印象,说"事情太离谱了,目前的价位与现实不符"。因此,理性被忽视到什么程度,群体情绪及其镜子——市场——的波动就会极端到什么程度。

在众多自然法则中,当前的艾略特超级循环浪中最被视而不见的一条是,除了家庭或慈善机构以外,自然环境中的每一种生

第八章　艾略特演说

物,要么自给自足,要么无权生存。大自然的美妙之处在于它的功能多样性,因为每一个生命元素都与其他生命元素交织在一起,时常仅仅通过供养自己来供养其他许多生命元素。除了人之外,没有任何生物把要求邻居支持它当成权利,因为没有这样的权利。每一棵树、每一朵花、每一只鸟、每一只兔子,每一头狼都从大自然中获取它所提供的东西,不指望从它活着的邻居的努力成果中得到什么,因为这样做会减少这些邻居的繁荣之美,以及演化中的整个大自然的繁荣之美。

100多年来,出于政治上的原因,共和政体缔造者们的话语含义被曲解,意图被歪曲,最终产生了一种与缔造时完全不同的社会框架。具有讽刺意味的是,盖着美利坚合众国印章的美元贬值,反映了合众国的社会与政治框架的贬值。事实上,在撰写本书时,美元的价值与1913年联邦储备委员会(Federal Reserve Board)创立时相比,1美元只值12美分。货币贬值几乎总是伴随着文明水准的下降。

我们的朋友理查德·罗素是这样描述这个问题的:

> 我坚信,如果人人都对自己负起全部**责任**,这世上的麻烦都会得到解决(因而地球会像天堂一样)。在与数百人的谈话中,我发现50个人中都没有一个人能够挺身而出,对他自己的生活负责,做他自己的事,接受他自己的痛苦(而不是将其强加于人)。这种拒绝承担责任的态度蔓延到了金融界。今天,人们对一切事物主张他们的权利——只要你我埋单。有工作的权利、上大学的权利、幸福的权利、一日三餐的权利。谁对每个人承诺了所有这些权利?我信仰各种自由,但不包括成了许

可证的自由，以及造成危害的自由。但是美国人把自由与权利混为一谈。

100多年前，英国历史学家兼政治家托马斯·巴宾顿·麦考利勋爵（Lord Thomas Babington Macaulay）⊖ 在1857年5月23日写给纽约的 H.S.兰德尔（H.S. Randall）⊜ 的信中，正确查明了这个问题的根源，以下我们引用其中的一部分：

> 我衷心祝愿你完全解脱。但是我的理智与愿望在交战，我不禁预感到最坏的情况。很明显，你们的政府永远无法抑制烦恼苦闷且心怀不满的大多数人。因为对你们来说，多数人就是政府，而富人总属于少数人，完全可以任由政府摆布。总有一天，在纽约州，一大群人将选定州议会，他们中没人吃过半顿以上的早餐，或者企盼有半顿以上的晚餐。有可能怀疑他们将选定何种州议会吗？一边是政治家，宣扬耐心、尊重既得权利、严格遵守公众信仰。另一边是蛊惑民心的政客，大骂资本家和高利贷者的暴政，并质问为何要允许任何人喝香槟、乘马车，而成千上万老实巴交的老百姓却缺乏生活必需品？
>
> 我真担心，在某个如我说的逆境中，你们会干出阻碍繁荣回归的事情；你们会表现得像那些在物资匮乏的年份里狼吞虎咽地吃光所有谷种的人，从而让来年不是匮乏而是绝对饥荒。

⊖ 纽约的一名律师，撰写过美国第三任总统托马斯·杰斐逊（Thomas Jefferson）的传记，并担任过纽约州务卿。——译者注

⊜ 1800—1859年。麦考利认为，既然在所有的文明社会中都出现了一小部分富人和一大批穷人，那么如果穷人能享有公民权，他们确实会利用他们的政治权力去掠夺富人，因为这符合穷人的利益。——译者注

第八章　艾略特演说

要么是某个凯撒（Caesar）㊀或拿破仑（Napoleon）㊁用强有力的手控制政府，要么是你们的共和国像5世纪的罗马帝国一样，在20世纪被野蛮人可怕地劫掠和摧毁；区别是，重创罗马帝国的匈奴人（Hun）㊂和汪达尔人（Vandal）㊃来自外部，而你们的匈奴人和汪达尔人将由你们自己制度在你们的国家内部产生。

资本（种子）的功用是产生更多的资本和收入，确保子孙后代的福祉。一旦被政治家的支出政策挥霍一空，资本就没了；人可以用浆果制作果酱，但永远无法复原出浆果。

随着20世纪的发展，越来越明显的是，为了满足某些个体和某些群体对他人产出的需求，人类已经开始通过政府部门榨取自己所创造的东西。人类不仅抵押了现在的产出，还通过吃掉需要几代人积累的资本来抵押后代的产出。

以一项自然法则中不存在的权利的名义，人类被强迫接受一文不值但代价高昂的纸币，人类以指数级的速率购物、花钱和承诺，在此过程中创造出世界历史上最大的债务金字塔，而且拒绝承认这些债务终究必须以这种或那种形式偿还。剥夺无技能劳动者就业的最低工资制，扼杀多样性和阻碍创新的学校社会化，消耗住房供给的租金管制，通过转移支付的勒索，以及扼杀市场的管制，凡此种种都是人类的政治图谋，以废除经济学与社会学的自然法则，以及大自然的法则。常见的结果是摇摇欲坠的建筑物

㊀ 前100—前44年。罗马将军兼政治家，为罗马帝国制度打下了基础。——译者注
㊁ 1769—1821年。法国皇帝。历史上最伟大的军事指挥家之一，征服过欧洲的大部分地区。——译者注
㊂ 一个或两个古代生活在欧亚大陆的游牧民族。——译者注
㊃ 属日耳曼民族，公元4世纪至5世纪进入高卢、西班牙、北非等地。——译者注

和锈蚀的铁路、无聊且未受过教育的学生、减少的资本投资、减少的产量、通货膨胀、经济停滞、失业以及最终随处可见的怨恨与骚乱。诸如此类的制度化政策导致社会愈加不稳定，而且能把一个勤恳生产者的国家，变成一个充斥着急躁赌徒的私营部门，以及一个充斥着无原则掠夺者的公共部门。

当第五浪中的第五浪见顶时，我们不必问它为何这样运行。现实将再次被强加在我们身上。当被榨取的生产者消失或被耗尽时，剩下的水蛭就会失去它们的生命维持系统，因而就得静下心来重新学习自然法则。

正如波浪理论指出的那样，人类演化的趋势永远向上。但是，这种演化的路径不是一条直线，而且也永远不会是一条直线，除非自然法则之一的人性被废除。问问任何一位考古学家。他知道。

附 录

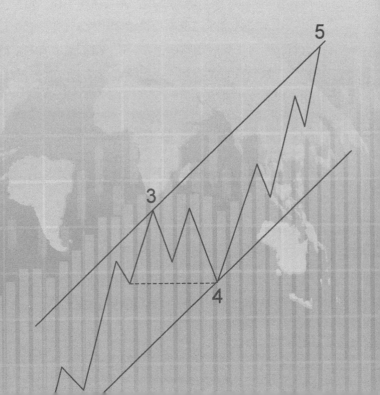

长期预测更新，1982 年至 1983 年[一]

《艾略特波浪理论》曾推断出，道琼斯工业股平均指数的浪 IV 熊市已经于 1974 年 12 月在 572 点结束。本书作者将 1978 年 3 月的最低点 740 点标记成新牛市中的大浪②的终点。这两个点位在日收盘价或 60 分钟收盘价上从未被跌破过。因此，这种波浪标记方案仍然有效，只是浪②的最低点最好是放在 1980 年 3 月。

随后的分析——出自罗伯特·普莱切特的《艾略特波浪理论家》，详细说明了他的实时结论，也就是 1982 年的最低点或许还能标记成浪 IV 熊市的最低点，尤其是在考虑"定值美元"道指的时候。本文包含了《艾略特波浪理论家》1982 年 9 月的精彩市场分析。经通货膨胀调整的道指，历经 $16\frac{1}{2}$ 年的下跌趋势后到达最低点，这篇分析是在那一个月之后发表的，它为循环浪 V 确定了伟大"起飞"的开始。

[一] 这篇附录最早出现在本书的 1983 年 4 月版中，它已经扩充过，包含了至牛市第一年为止的全部长期评论。

附录

下列所有文字引用自所示日期的小罗伯特·R.普莱切特撰写的《艾略特波浪理论家》

1982年1月　80年代的蓝图

有时,要想了解当前情况,就需要仔细审视以往发生的事情。这篇报告着眼于长期走势,以了解20世纪80年代这十年将要发生什么。最有启迪作用的数据展示之一是回溯至200多年前的美国股票市场走势图,这是此类数据可获得的最长时期。附图(图A-1)首次出现在1978年由阿尔弗雷德·J.弗罗斯特和我撰写的《艾略特波浪理论》中(见图5-4),尽管接近尾声的数浪方案已经过修正,以反映我们现在的知识。

在附图上,18世纪末至1965年的波浪结构,现在清楚地显示出了五浪的**完整模式**。第三浪一如既往地长,第四浪没有与第一浪重叠,而且满足交替准则,因为浪(II)是一个平台形调整浪,而浪(IV)是一个三角形调整浪。此外,第一浪与第五浪按0.618倍的斐波那契比率相关联,因为浪(V)的百分比涨幅大约是浪(I)的0.618倍。

某些分析人员辩称,在"现值"美元走势图(实际的道指,图5-5)上,至1966年波浪数显示出一个完整的五浪。正如多年来我一直主张的那样,这样一种数浪方案即便不是不可能的,也是非常可疑的。为了接纳这样一种数浪方案,人们就必须接受艾略特在1942年结束的三角形构造的观点(详见《R.N.艾略特名著

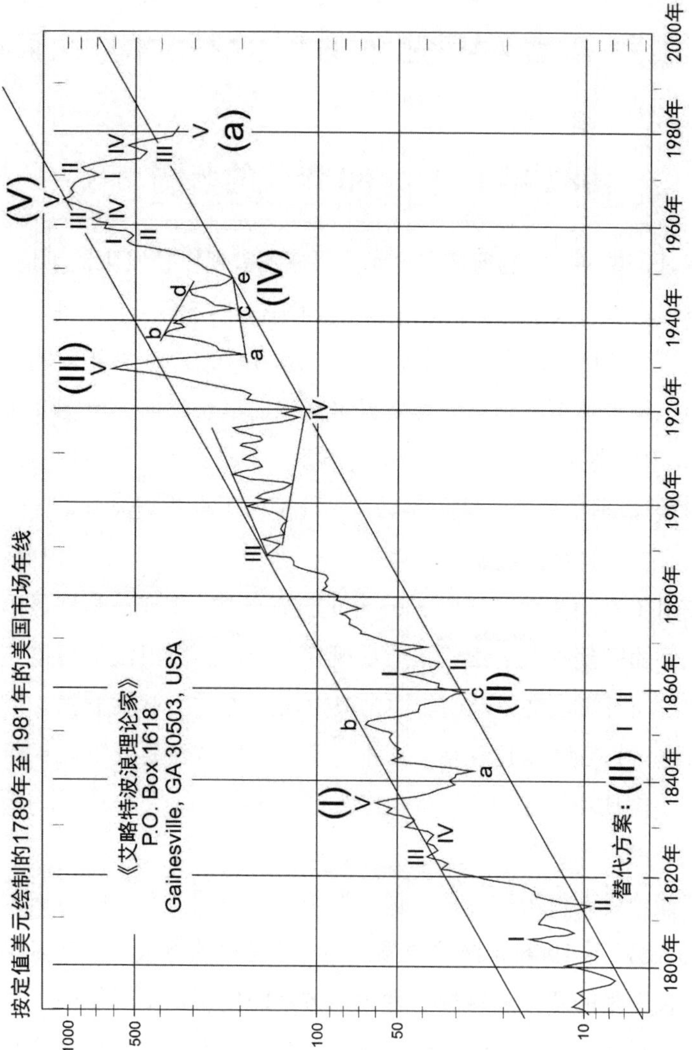

艾略特波浪理论

图 A-1 按定值美元绘制的1789年至1981年的美国市场年线

集》），在 1960 年的专论《艾略特波浪理论：一份审慎的评价》[见《A.汉密尔顿·博尔顿的波浪理论文集》（*The Complete Elliott Wave Writings of A. Hamilton Bolton*）]中，已故的 A.汉密尔顿·博尔顿相当正确地证明这种数浪方案行不通。如随附的经通货膨胀调整的走势图所示，博尔顿的替代方案是一个在 1949 年结束的三角形调整浪（换句话说就是接受 1932 年至 1937 年的走势为一个"三浪"），这种数浪方案在他提出的时候也存在几个问题，随后的证据已经证实这种研判是不可能的。

从（横向运动趋势）的角度看，道指（从 1965 年以来）一直处于"熊市"中，尽管所有其他指数自 1974 年以来一直处于牛市中。艾略特大概是唯一一位认识到这种横向运动趋势是熊市的分析人员。要证明这一论点，只需查看道指从 1966 年开始的经通货膨胀调整的走势（并将其与图 5-5 中的同一时期相比较）。严重的通货膨胀加上熊市导致横向运动结构。㊀

更重要的是，从 1965 年的顶点开始的清晰的五浪下跌艾略特模式，似乎正处于最后阶段。从短期考虑，我们可以从这张走势图中看出，股市目前已经极度超卖，而且（跌破了长期支撑线），相对批发价格指数来说，是历史性的便宜时刻。因此，**以实际美元计算，未来几年会见证一轮逆势的三浪（a-b-c）反弹，这次反弹应该会转化为道琼斯工业股平均指数激动人心的"突破"，达到以现值美元计算的历史新高**。这样一轮上升行情，会满足 1932 年以来按名义美元计算的道指波浪数，因为它让道指完成了从 1974 年开始的最后一个第五循环浪。因此，我们仍然需要道琼斯工业

㊀ 最后三句话取自刚出版的 1979 年 12 月的《艾略特波浪理论家》。

股平均指数再创一个激动人心的新高,这给我们带来实际指数中的第五浪,以及经通货膨胀调整的指数中的 B 浪。㊀

1982 年 9 月 13 日　长期波浪模式——接近结论

对于波浪分析人员来说,这是一个惊心动魄的时刻。自 1974 年来头一次,某些难以置信的大型波浪模式可能已经完成,这些模式对今后 5～8 年有着重要的含意。接下来的 15 周应当会澄清,自 1977 年市场变得凌乱以来就一直存在的所有长期问题。

艾略特波浪分析人员有时会因为在预测中引用很高或很低的指数而受到指责。但是波浪分析的任务经常需要退一步,着眼于大局,并使用各种历史模式的证据来判断趋势中重大变化的来临。循环浪以及超级循环浪会在宽广的价格范围内运动,因而确实是最需要考虑的重要结构。只要市场的循环浪级趋势是中性的,那些满足于只做 100 个点波动的人就会做得非常好,但是如果一轮**真正**持续的趋势启动了,他们在某个时刻就会被甩在后面,而那些着眼于大局的人会一直跟着趋势。

1978 年,阿尔弗雷德·J.弗罗斯特和我曾预测道指的目标位是 2860 点,作为当前从 1932 年开始的超级循环浪的最终目标。这个目标位依然有效,但既然道指仍处于四年前的水平,因此时间目标显然要比我们原先认为的更遥远。

在过去五年里,有数不清的长期波浪数浪方案穿过我的办公桌,每一种数浪方案都试图解释道指模式自 1977 年以来的杂乱本

㊀ 这篇报告的后续部分——代表了对随后最终出现的熊市的看法,在《在潮浪的顶峰》的第三章中重印。

性。其中大多数都提出过失败的第五浪、缩短的第三浪、不合标准的斜纹浪，以及立刻暴涨（通常出现在市场波峰附近）或者暴跌（通常出现在市场波谷附近）的情形。极少的数浪方案显得符合波浪理论的规则，因此我认为它们无关紧要。但**真正的**答案仍然是个谜。调整浪难以研判是出了名的，举例来说，鉴于市场特征与模式中的变化，我已经为两种研判方案中的一种或另一种轮流标记上"最可能出现"。此时此刻，我一直在使用的两种备选方案仍然有效，但出于已经解释过的原因，我已经对两者都不满意了。然而，还存在符合波浪理论规则及准则的第三种研判，而且现在成了一种明确的备选方案。

双重三浪调整仍在演化中

这种数浪方案认为，从 1966 年开始的巨大的循环浪调整仍在演化之中。最终的最低点（在大牛市出现之前）会出现在道指的 563 点至 554 点之间。然而，只有道指跌破了 766 点，才能确定这种数浪方案，而这种跌破尚未发生。

演化中的一系列 1 和 2

1974 年以来的大部分时间里，这种数浪方案（见图 A-2）一直都是我假设的走势，尽管 1974 年至 1976 年波浪数的不确定性，以及第二浪剧烈的调整，使我在应对这种研判下的市场时感到很痛苦。

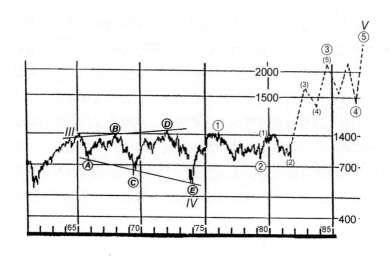

图 A-2

这种数浪方案认为，从 1966 年开始的循环浪级调整在 1974 年结束了，而循环浪 V 伴随着急剧增加的广泛性在 1975 年至 1976 年启动。浪 IV 的技术名称是扩散三角形调整浪。到目前为止，浪 V 中的复杂子浪说明这是一轮**相当长的牛市**，它也许会再持续十年，其中的长期调整阶段——浪(4)和浪④，会中断它的演化。浪 V 会在浪③中包含一个界定清楚的延长浪，细分成(1)-(2)-(3)-(4)-(5)，其中的浪(1)和浪(2)已经走完。在理想情况下，浪 V 的顶点会出现在 2860 点，这是我在 1978 年计算出的最初目标。按照波浪等同准则，这种数浪方案的（主要）缺点是整个浪 V 的持续时间过长。

优点

1) 满足波浪理论的所有规则。

2) 允许保留阿尔弗雷德·J.弗罗斯特 1970 年对浪 IV 的极限最低点在 572 点的预测。

3）解释了 1975 年至 1976 年急剧增加的广泛性。

4）解释了 1982 年 8 月的广泛性激增。

5）使 1942 年开始的长期趋势线几乎保持完整。

6）符合四年循环底的观点。

7）符合基本面背景在第二浪的底部，而不是实际的市场最低点这一显得最暗淡的观点。

8）符合康德拉蒂耶夫波的稳定阶段部分结束的观点。与 1923 年时的类似。

缺点

1）1974 年至 1976 年很可能最好数成一个"三浪"，而不是一个"五浪"。

2）浪(2)的完成时间是浪(1)的六倍，这使两个浪的比例严重失调。

3）1980 年反弹行情的广泛性不符合第一浪的标准，它应当是一个强劲的中浪级的第三浪。

4）整个浪 V 的持续时间过长，它应当类似于 1932 年至 1937 年的浪 I，是短暂而简洁的一浪，而不是类似于 1942 年至 1966 年延长的浪 III 的复杂浪（见《波浪理论》，图 5-5）。

在 1982 年 8 月结束的双重三浪

按这种数浪方案，浪 IV 的技术名称是"双重三浪"，其中的第二个"三浪"是一个上升（屏障）三角形（见图 A-3）。这种数浪方案认为，从 1966 年开始的循环浪调整在上个月（1982 年 8 月）结束了。从 1942 年开始的趋势通道的下边界，在这个模式的终点被短暂跌破，这类似于 1949 年时的市场行为，因为那时横向运动的市场在发动一轮长期牛市之前，短暂地跌破过一条主要的趋势线。我应当指出，短暂突破长期趋势线，只能当作是第四浪的一种偶发特性，正如（《R.N.艾略特名著集》）描述的那样。这种数浪方案的（主要）缺点是，这种结构中的双重三浪尽管完全可以接受，但非常罕见，因为在最近的历史中，在任何浪级都没有过这种例子。

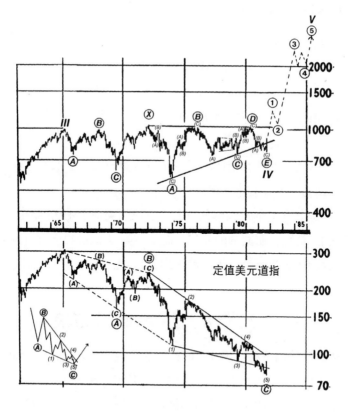

图 A-3

还存在一个令人惊讶的时间对称成分。1932 年至 1937 年的牛市持续了 5 年，而且被 1937 年至 1942 年的 5 年熊市所调整。1942 年至 1946 年的持续 $3^1/_2$ 年的牛市，被 1946 年至 1949 年的 $3^1/_2$ 年熊市所调整。1949 年至 1966 年的持续 $16^1/_2$ 年的牛市，被 1966 年至 1982 年的 $16^1/_2$ 年熊市所调整！

（经通货膨胀调整的）定值美元道指

如果市场已经创造了循环浪的最低点，那么它就会与"定值美元道指"走势图上圆满的波浪数相吻合，"定值美元道指"走势图是用道指除以消费者价格指数来绘制的，以补偿美元购买力的损失。这种数浪方案是一个向下倾斜的Ⓐ-Ⓑ-Ⓒ，其中的浪Ⓒ是一个斜纹浪（见图 A-3）。像在通常的斜纹浪中一样，它的最后一浪——浪(5)，在下边界线的下方结束。

我已经在走势图的上半部分加上了扩展的边界线 ⊖，这仅仅是为了说明市场构建的对称钻石形的模式。请注意，钻石形每条长边的那一半都持续了 9 年又 $7^1/_2$ 个月（1965 年 5 月至 1974 年 12 月，以及 1973 年 1 月至 1982 年 8 月），同时每条短边的那一半都持续了 7 年又 $7^1/_2$ 个月（1965 年 5 月至 1973 年 1 月，以及 1974 年 12 月至 1982 年 8 月）。该模式的中心（1973 年 6 月至 7 月）在 190 点将价格元素平分，并将时间元素分成了两个 8 年多的时段。最后，从 1966 年 1 月开始的下跌行情持续了 16 年又 7 个月，正好与 1949 年 6 月至 1966 年 1 月的前一轮上升行情等长。

优点

1）满足波浪理论的所有规则与准则。

⊖ 图中的虚线。——译者注

2）使1942年开始的长期趋势线几乎保持完整。

3）市场在浪Ⓔ跌破三角形的边界线是一种正常现象。

4）允许有一个简单的牛市结构，就像原先预计的那样。

5）符合对（紧缩过的）定值美元道指的研判，而且符合对其下边界线的相应突破。

6）考虑到了在1982年8月开始的突如其来的戏剧性反弹，因为三角形产生"冲击"。

7）最后的底部出现在经济萧条时期。

8）符合四年循环底的观点。

9）符合康德拉蒂耶夫波的稳定阶段——一段经济稳定和股票指数飞涨的时期——刚刚开始的观点。与1921年末时的类似。

10）庆祝通货膨胀时代的结束，或者伴随着"稳定的通货再膨胀"。

缺点

1）这种结构的双重三浪，尽管完全可以接受，但非常罕见，因此在最近的历史中，在任何浪级都没有过这种例子。

2）一个重要的底部会出现，并得到大众媒体的广泛认同。

展望

三角形调整浪预示着"冲击"，或者称在相反方向上的快速运动，运行大约是三角形最宽部分的距离。这条准则表明，从道指777点开始至少有495点（1067-572）的运动距离，或者说涨至**1272**点。既然三角形调整浪的边界线延长到1973年1月以下，将会使"三角形的宽度"再增加70多点，因此这轮冲击可能远至1350点。**即使是这个目标也只是第一站**，因为第五浪的长度不仅取决于三角形调整浪,还取决于整个浪 IV 的模式,而三角形调整浪只是其中的一部分。因此,人们必定得出结论,从 1982 年 8 月开始的牛市最终将发挥其五倍于起始点指数的全部潜力,使其与 1932 年至 1937 年市场的百分比涨幅相同,因此道指的目标位指向 **3873** 至 **3885** 点。这个目标位应该在 1987 年或 1990 年到达,因为第五浪将会是一种简单的结构。关于这个目标位的一项有趣观察所得是,它与 20 世纪 20 年代时的相似,当时市场在 100 点的高度下横向活动了 17 年(类似于最近在 1000 点高度下的经历)之后,几乎不做停留地飙升至 383.00 点的盘中最高点。就这个第五浪而言,这样一轮市场运动不仅会结束循环浪级的上升行情,而且会结束超级循环浪级的上升行情。

近期的波浪结构

在(8 月 17 日的)"临时报告"中,我曾提到斜纹浪已经在 8 月(12 日星期五)的最低点结束的可能性。下面两幅日线图说明了这种数浪方案。从上个 12 月开始的斜纹浪,可能是从 1980 年 8 月的顶点开始的巨大 A-B-C 中的浪 C(中的浪ⓥ)(见图 A-4),或者是从 1981 年 6 月的顶点开始的巨大(A)-(B)-(C)中的浪(C)(见图 A-5)。从 8 月的最低点开始爆发的力量支持这种研判。

1982 年 10 月 6 日

自 20 世纪 60 年代以来,这个牛市应当是第一个"买入并持有"的市场。过去 16 年的经历已经把我们都变成了短线客,而这种习性必须得抛弃。市场在后面不是只有 200 点的空间,而是还有 2000 多点向上拓展的空间!道指应当会触及 **3880** 点的最终目标位,期间会在 **1300** 点(根据三角形调整浪后的冲击长度推算的

浪①顶点的估计值）和 **2860** 点（根据从 1974 年的最低点量起的目标位推算的浪③顶点的估计值，）停留。⊖

图 A-4 （从属于图 A-2）

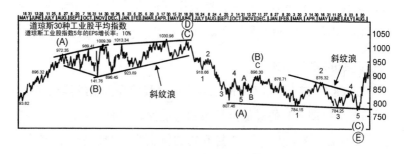

图 A-5 （从属于图 A-3）

股票市场长期趋势的确认状态有着巨大的意义。它意味着：（1）平均指数在接下来的反作用行情中不会产生新低；（2）1983 年不会出现崩盘或衰退（尽管"小危机"可能会很快发展起来）；以及（3）对于那些惧怕危机的人来说，**世界大战至少在十年内不会出现**。

⊖ 浪①在 1983 年至 1984 年的 1286.64 点（大约是日内 1300 点）见顶。后来，《艾略特波浪理论家》曾降低了对浪③的 2860 点的粗略估计目标位，因为精确的数值算出来是 2724 点。1987 年，浪③在 2722.42 点见顶。浪⑤到达了，且大大超过了普莱切特的"天空中的馅饼"的 3880 点的目标位。

1982 年 11 月 8 日

从艾略特波浪分析的视角来看,股票市场清晰可辨。纵观过去 200 年来所有的市场行为,知晓你在波浪数中的确切位置让人安心。图 A-6 是证券研究公司(Seurities Research

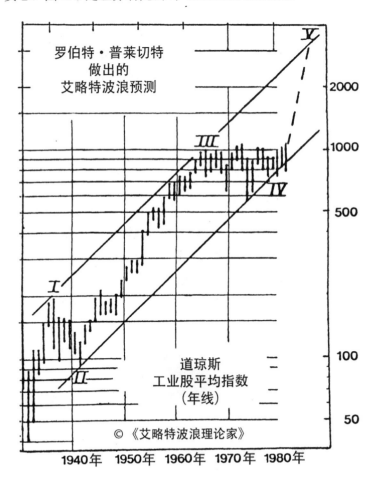

图 A-6

Company）制作的年线。请注意，DJIA 的浪 II 和 IV 准确反映了交替准则，因为浪 II 是短而陡直的锯齿形调整浪，而浪 IV 是长且横向的联合型调整浪。尽管 1966 年至 1982 年的道指结构不同寻常，但它是完美的艾略特波浪，这说明，无论波浪模式有时多么难以解读，总能被完美地解析成一种经典的模式。

可别误会了！今后几年的利润将超出你最疯狂的想象。**确保你在赚钱容易的时候投资**。将你的头脑调整到 1924 年。计划在这五年中赚钱。然后准备安全地锁定利润，以应对随后必定会出现的坏年景。

1982 年 11 月 29 日　一图值千言

下面一幅走势图（见图 A-7）上的箭头，表明了我对当前牛市中的道指位置的研判。现在，如果一位艾略特理论家告诉你，道指正处于浪 V 中的浪①中的浪(2)，那么你就会确切知道他的意思。当然，只有时间能证明他是否正确。

最容易预测的是牛市**将要**出现；其次容易的是价格估算；最后是时间。我目前预期在 1987 年出现顶部，但它可能会拖到 1990 年。重要的是**波浪形态**。换言之，比起提前预测，当我们将来处在波浪中时，形态容易**识别**得多。我们只是需要耐心等待。

相比在第一浪至第三浪中，广泛性指标几乎总是在第五浪上升期间开始显露疲态。为此，我预期在整个浪③期间会出现一个广泛性很强的市场，然后选择性越来越强，直至浪⑤的顶点，到那时，道指中的领涨股可能几乎是唯一的选择。眼下，玩任何你喜欢的股票。以后，我们或许得更加谨慎地挑选。

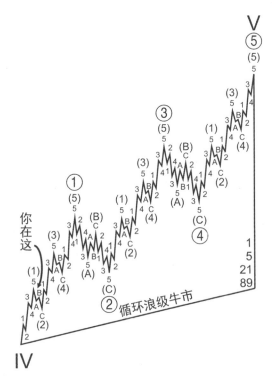

图 A-7

1983 年 4 月 6 日
一轮上升浪潮：道琼斯工业股平均指数中的浪 V

1978 年，阿尔弗雷德·J.弗罗斯特和我曾写过一本书，名为《艾略特波浪理论》，该书在当年 11 月出版。在那本书的预测章节中，我们曾做出以下的评估：

1）为了完成道琼斯工业股平均指数在 1932 年开始的波浪结构，需要有浪 V，即一轮巨大的牛市上升行情。

2）在浪 V 完成以前，市场不会出现"1979 年的崩盘"，而且实际上不会有 1969 年至 1970 年或者 1973 年至 1974 年那样的下跌行情。

3）1978 年 3 月的最低点 740 点标志着大浪②的结束，而且不会被跌破。

4）正在进行的牛市会表现出一种简单的形态，不同于 1942 年至 1966 年延长的上升行情。

5）道琼斯工业股平均指数会涨至上通道线，并到达浪 IV 的最低点 572 点五倍的目标位，因而算出来是 2860 点。

6）如果我们关于 1974 年标志着浪 IV 结束的结论是正确的，那么第五浪的顶点会出现在 1982 年至 1984 年期间，1983 年是最可能出现实际顶部的年份（而 1987 是下一个最有可能的年份）。

7）在整个上升过程中，"次级"股票会发挥领涨作用。

8）待浪 V 结束，随后出现的崩盘或许是美国历史上最惨重的。

自我们提出这些观点以来，有一件事一直使我们感到惊讶，即道琼斯工业股平均指数用了很长时间才最终起飞。自 1978 年起，其他各种市场平均指数持续上升，但道指似乎更准确地反映了人们对通货膨胀、经济萧条和国际银行业崩溃的担忧，从 1966 年开始直至 1982 年才结束其调整模式。（关于该浪的详解，见 1982 年 9 月的《艾略特波浪理论家》。）尽管经过了漫长的等待，但是道指仅短暂地跌破了长期趋势线，因而当这次向下跌破未能招致进一步的抛售时，道指的暴涨式起飞终于开始了。

如果我们的总体估计是正确的，那么弗罗斯特和我在 1978 年根据波浪理论做出的预测仍然将会出现，但有一处主要例外：时间目标。正如我们在书中解释的那样，R.N.艾略特几乎没有提到时间，事实上我们对时间顶部的估计不是波浪理论所要求的，而只是基于道指的浪 IV 在 1974 年结束的结论，做出的一个有根据的猜测。当最终发现长期横向运动的浪 IV 调整直到 1982 年才结束时，时间元素就必须向未来移动，以补偿市场评估中的变化。我从来没有怀疑过浪 V 的出现；这只是个在什么时候，以及在什么之后出现的问题。

我想用以下篇幅回答这些重要的问题：

1）从 1966 年开始的道指横向调整，真的结束了吗？

2）如果结束了，我们可以期待多大的一轮牛市？

3）它将有什么特征？

4）之后会发生什么？

1）1982 年，DJIA 完成了一个浪级非常大的调整。这个结论的证据非常充分。

第一，正如那些认真对待波浪理论的人自始至终认为的那样，1932 年以来的模式（见图 A-8）仍未完成，因而需要一轮最后的上升，以完成五浪的艾略特模式。既然超级循环级的崩盘并不存在，因此 1966 年来已经出现的行情，对于循环浪级的调整来说，已经足够了（与 1932 年至 1937 年、1937 年至 1942 年，以及 1942 年至 1966 年的浪级相同）。

第二，从 1966 年（也可以说是 1964 年或 1965 年，如果你乐于谈论理论的话）开始的横向运动模式，将 1932 年以来的长期平行趋势通道推到了绝对极限。正如你能在取自艾略特自己写的《自然法则》的插图（见图 A-9）中看到的那样，在第五浪开始之前，

艾略特波浪理论

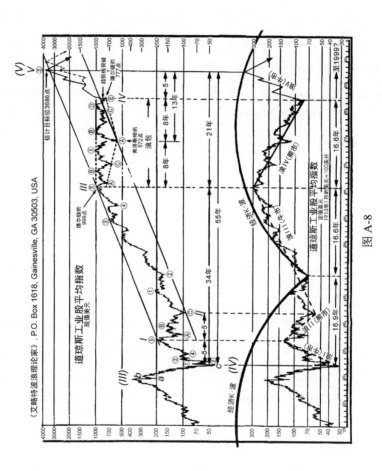

图 A-8

附录

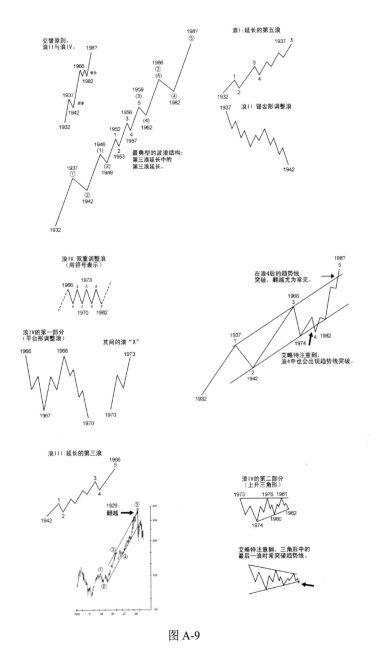

图 A-9

第四浪会跌至上升通道的下边界线下方，这是一种偶尔出现的第四浪特性。1982年的价格行为根本没有给调整的持续留下更多的空间。

第三，20世纪60年代中期至1982年的模式，是另一个艾略特在40多年前勾勒出的标准调整构造的精彩实例。这种结构的正式名称是"双重三浪"调整浪，它是两个基本调整模式背靠背。在这种情况下，市场首先勾画出一个"平台形调整浪"（或按照另一种数浪方案，是一个从1965年开始的非正统的三角形调整浪），然后勾画一个"上升（屏障）三角形调整浪"，中间是一个标记成"X"的简单三浪上升，用来分隔这两个分量模式。艾略特还识别出并说明了三角形调整浪的最后一浪偶尔会有跌破下边界线的倾向，如1982年出现的那次。双重调整浪很少见，而且由于1974年的最低点已经触及长期上升趋势线，所以弗罗斯特和我都没预料到。此外，第二个位置上是**三角形调整浪**的"双重三浪"极为少见，在我自己的经验中没有先例。

第四，如果当作单一的构造，也就是一个调整浪，那么这个模式就有些有趣的特性。例如，这个构造的第一浪（996点至740点）与**最后**一浪（1024点至777点）的运动距离几乎完全相同。而且，这个构造的上升部分与下跌部分的运行时间相同，都是八年。该模式的这种对称性，促使弗罗斯特和我在1979年提出了"包裹浪"（Packet Wave）的标识，以描述一种从"静止"开始，经过先放宽后收窄的波动，然后回到起始高度的模式。（在1982年12月的《艾略特波浪理论家》中，这个概念有详尽的介绍。）如果使用两个三角形调整浪的替代数浪方案，那么每一个三角形调整浪的中间浪（浪C）恰好覆盖了相同的价格区间，也就是从1000点运行至 740 点的高度。无数的斐波那契关系出现在了这个模式中，其中许多已经在 1982 年 7 月的《艾略特波浪理论家》的"专题报告"中做了详细介绍。然而，更重要的是，它的**起点**和**终点**与**前一个牛市**的一部分的斐波那契关系。汉密尔顿·博尔顿在 1960 年有过这个著名的观察：

> 艾略特指出过其他一些巧合。例如，1921 年至 1926 年的点数是 1926 年至 1928 年的最后一浪（正统的顶部）的 61.8%。相似的情形曾出现在 1932 年至 1937 年的第五浪上升中。同样，从 1930 年的顶部（DJIA 的 297 点）至 1932 年的底部（DJIA 的 40 点）的这一浪，是 40 点至 195 点（1932 年至 1937 年）的 1.618 倍。而且，1937 年至 1938 年的下跌行情是 1932 年至 1937 年上升行情的 61.8%。**如果 1949 年的市场到目前为止遵循这个公式，那么从 1949 年至 1956 年（DJIA 的 361 点）的上升行情，就应当在 1957 年的最低点 416 点加上 583 点（361 点的 161.8%）时，或者说是在 DJIA 的 999 点时完成。**

因此，在预测斐波那契关系时，博尔顿曾预测出一个顶点，结果只与 1966 年顶部的 60 分钟确切读数相差三个点。但是，（随着阿尔弗雷德·J.弗罗斯特成功预测出浪 IV 的最低点在 572 点之后，这在 1974 年的 60 分钟最低点 572.20 点得到证实）人们基本上忘记了博尔顿的下一句话：

> 另一种情况是，416 点加上 361 点将要求 DJIA 达到 777 点。

不用说，777 点曾经根本找不到。也就是说，在 1982 年 8 月之前无处可寻。8 月 12 日，60 分钟读数上的确切正统最低点是 **776.92** 点。换言之，博尔顿的计算结果（见图 A-10），事先明确了浪 IV 的确切起点与终点，**依据的是它们与先前价格结构的关系**。在价格点数上，1966 年至 1982 年的，是 1957 年至 1982 年的以及 1949 年至 1956 年的 0.618 倍，后两者的点数都相等，每一个都是 1957 年至 1966 年的 0.618 倍，误差均在 1%以内！当周线的模式

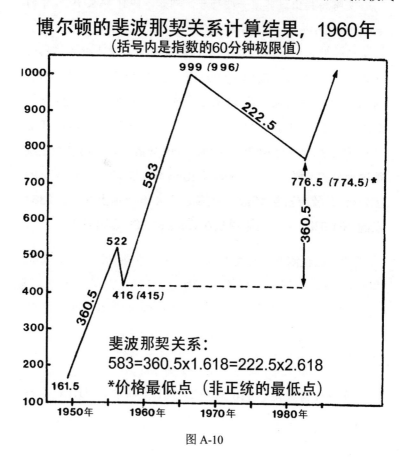

图 A-10

和月线的模式一次又一次地达到斐波那契倍数时，华尔街观察家们的典型反应就会是，"又一次巧合"。如果这种规模的模式继续产生这种现象时，继续相信斐波那契倍数**不是**股票市场特征就成为一个信仰问题。据我所知，博尔顿是唯一一位预测持续符合华尔街实际情况的逝者。

从这些观察结果中，我希望已经确定 DJIA 的循环浪 IV，即"定值美元道指"明确支持的单一熊市阶段，于 1982 年 8 月结束了。

2）这次调整之后的上涨将是一轮比过去 20 年所见的任何牛市都大得多的牛市。许多涉及波浪行为的准则都支持这个观点。

第一，正如弗罗斯特和我坚定主张的那样，自 1932 年以来的艾略特波浪结构尚未结束，因而需要一轮第五浪上升行情来完成这个模式。在我们写这本书的时候，还没有可靠的波浪研判考虑到从 1932 年开始的上升行情已经要结束了。这个第五浪会具有相同的浪级，而且应当与 1932 年至 1937 年、1937 年至 1942 年、1942 年至 1966 年以及 1966 年至 1982 年的各个波浪模式成相对的比例。

第二，根据艾略特的通道分析法，正常的第五浪将到达**上通道线**，在这个情形中，这条上通道线会在 20 世纪 80 年代的后半期，在 **3500** 至 **4000** 点的范围切入到市场价格活动中。艾略特曾指出，当第四浪突破趋势通道时，第五浪经常会出现翻越，或者说短暂穿越同一价格通道的另一侧。

第三，波浪理论中的一条重要准则是，当第三浪延长时，就像 1942 年至 1966 年的波浪，第一浪和第五浪会在时间和幅度上倾向于等同。这是一种倾向，而不是必然，但它的确表明，1982年以来的上升行情应当与出现在1932年至1937年的第一浪上升行情相似。因此，这个第五浪应当运行与浪Ⅰ相等的百分比距离，浪Ⅰ从估计的60分钟最低点41点（具体数字不详）至60分钟最高点194.50点几乎涨了五倍。既然浪Ⅴ的正统起点是1982年的777点。所以4.744等效倍数预测出3686点的目标位。如果知道1932年的60分钟确切最低点，就能有信心预测出一个精确的数字，即博尔顿式的数字。按照现在的情况，应当认为"3686"点很可能会落在理想预测值的100点之内（是否成真是另一个问题）。

第四，对于**时间**而言，1932年至1937年的牛市持续了5年。因此，对于可能的市场顶点，需要关注的一个时刻是从1982年开始的5年，或者说是**1987**年。巧了，正如我们在书中指出的那样，1987年正好是从1974年的调整最低点开始的第13（斐波那契数）年，与1966年的浪Ⅲ顶点，相距**21**年，而且与1932年的浪Ⅰ起点，相距**55**年。为了使画面更完整，1987年是道指达到3686点的完美日期，因为要达到这个点位，道指就得在"翻越"中短暂突破上通道线，这是典型的竭尽运动（如同1929年的顶点）。根据浪Ⅰ持续时间的1.618倍，以及与20世纪20年代第五循环浪的等同关系，一个时长8年的浪Ⅴ会指向1990年，作为下一个最可能出现顶点的年份。到了1987年，如果道指仍然大大低于价格目标，那么1990年就尤其可能出现顶点。请记住，在波浪预测中，**时间是一个完全次要的考虑因素，而波浪形态和价格高度这两个因素才是最重要的。**

第五，尽管在循环浪Ⅴ中，道琼斯工业股平均指数仅处于其**第一个大浪级的上升阶段，但其他成分股更多的指数在1974年开**

始了浪 V，而且已经深入了它们的第三大浪（见图 A-12）。这些指数，如价值线平均指数（Value Line Average）、指标文摘平均指数（Indicator Digest Average）以及福斯贝克总回报指数（Fosback Total Return Index），正在勾画出传统的延长的第三浪，或者说中间浪，而且它们刚刚进入最有力的部分。保守地估计，60%的五浪序列有延长的第三浪，因此这种研判是根据教科书的模式做出的，而试图研判其他成分股更多的指数正处在第五浪中或者说最后一浪中的做法则不然。随着第三浪延长在其他各种指数中展开，市场需要大量的时间来完成这个第三浪，然后再勾画出第四浪和第五浪。因为这些都还在我们前头，所以当前牛市的规模将是巨大的。

3）既然第五浪出现的可能性已经确定，而且其规模与形状也被估计了出来，因此评估它最可能有的特征或许有帮助。

第一，这个上升行情应该很有选择性，因此从一个股票群到另一个股票群的轮动应该会很明显。相对于 20 世纪 40 年代和 50 年代浪 III 期间整体市场中惊人的广泛性，浪 V 期间的**广泛性**即便不那么糟糕也应该是平淡无奇的，然而，由于它是一个驱动浪，其广泛性无疑将高于我们在 1966 年至 1982 年的浪 IV 中所看到的。

⊖ 稍作考虑就可以解释，为何相对于浪 I 和浪 III 的上升行情，浪 V 的行情会清淡。在第五浪中，持续已久的"牛市"运动正在接近终点，相对于这个牛市阶段内的调整，大破坏将随之而来。在长期浪中，基本面的背景条件到那时已经恶化到越来越少的公司会在市场上涨的环境中提高它们的繁荣度。（对我来说似乎很清楚，以超级循环浪的标准，这些状况目前就存在。）因此，正如表

⊖ 下面两段文字取自五天后出版的 1983 年 4 月 11 日的《艾略特波浪理论家》。脚注符号前后的句子包括取自 1982 年 12 月的内容。

现欠佳的上涨—下跌线，以及大批股票创"新高"的日子越来越少所反映的那样，这个牛市虽然提供了巨大的盈利机会，但明显变得更有选择性。你有没有注意到，自1974年的最低点以来，股票已经很少一次全都上涨，而是有选择性地一次只有几个股票群在涨。

所有浪级的非延长的（甚至大多数延长的）第五浪都这样运行，这正是引发基于背离的标准"卖出信号"的原因。问题是，大多数分析人员仅将这个概念应用于**短期市场波动或中期市场波动**。然而，**这对于超级循环浪级的波动以及较小浪级的波动同样适用**。实际上，对于从1857年开始的整个上升行情来说，20世纪20年代的平坦上涨—下跌线（见图A-11）是一个"卖出信号"。

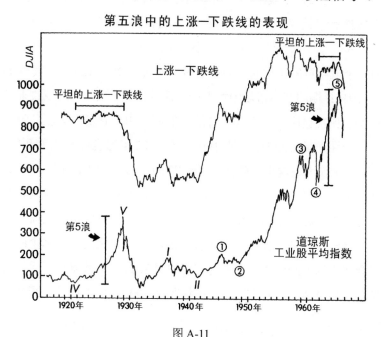

图A-11

同样，对于1942年至1966年的牛市来说，20世纪60年代中期的平坦上涨—下跌线也是一个"卖出信号"。对于从1832年开始的整个超级循环浪来说，1982年至（我预计的）1987年表现相对欠佳的上涨—下跌线是一个"卖出信号"。现在的教训是，**不要将那种表现欠佳作为过早卖出的理由**，而错过了有望成为股票市场历史上最有利可图的上升段。

第二，这个牛市应该是一个简单的结构，更类似于1932年至1937年的市场，而不是1942年至1966年的市场。换言之，**请预期一轮快速且持续的，并伴有短暂调整的上升行情**，而不是均匀间隔着调整阶段的长期滚动式上涨。**避免市场时机策略，专注于选股，保持重仓直至可以数出完整的五个大浪，这样大型机构将很可能做到极致。**

第三，道指的波浪结构与其他成分股更多的指数的应该是一致的。如果我们在1978年研判的数浪方案（见图A-12）依然正确，那么它与其他成分股更多的指数的数浪方案是一样的，因而它们的波浪会重合。如果首选的数浪方案是正确的，那么我预计其他成分股更多的指数的第三浪将在道指完成其**第一**浪的时候结束，而其他成分股更多的指数的第五浪将在道指完成其**第三**浪的时候结束。这将意味着，道指在第五浪期间实际上会独自创出新高，因为市场的广泛性开始更加明显地减弱。那么，在最终的顶部，道琼斯工业股指数处于新高地，但得不到其他成分股更多的指数以及上涨—下跌线的印证，这创造出经典的技术性背离，看到这种情况我不会惊讶。

最后，鉴于技术面的状况，我们可以对浪V的心理面得出什么结论？20世纪20年代的牛市是**第三超级循环浪中的第五浪**，而循环浪 V 是**第五**超级循环浪中的第五浪。因此，作为最后的狂欢，机构投资者对股票几乎难以置信的狂热，以及公众对股指期货、股票期权以及指数期权的狂热，是浪 V 在其终点时具有的特征。在我看来，长期情绪指标将在最后的顶部出现之前的两三年发出大趋势的卖出信号，而市场将继续上扬。为了使道指到达预计会在 1987 年或 1990 年出现的最高点，**而且**为了引发美国股票市场历史上最大的崩盘——按照波浪理论必在浪 V 之后出现，投资者的群体心理应该会在 1929 年、1968 年和 1973 年的因素共同作用下达到狂躁的程度，并在浪 V 终点变得更加极端。

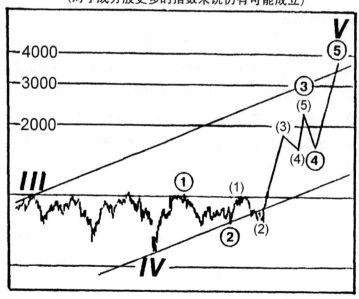

图 A-12

4）如果一切都按照预期运行，那么剩下的最后一个问题就是，"在浪 V 见顶之后会发生什么"？

波浪理论认为 3686 点的顶部是浪(V)中的浪 V 的终点，是甚超级循环浪的顶峰。然后，一个甚超级循环浪级的熊市将"调整"从 18 世纪末开始的所有涨幅。下跌的目标区域将是前一个小一浪级第四浪的价格区域（理想的是接近其最低点⊖），也就是道指从 381 点跌至 41 点的浪(IV)区域。世界范围内的银行体系失效、政府破产以及纸币制的最终毁灭，或许是对这种程度熊市阶段的合理解释⊖。既然武装冲突经常发生在严重的金融危机之后，人们不得不考虑这种规模的金融资产价值暴跌是否预示着超级大国之间的战争。关于时间，根据一些观察，甚超级循环浪级调整浪中的浪(A)或浪(C)，应该在 1999 年（误差±1 年）见底。从 1987 年的顶部开始的，与始自 1974 年的 13 年上涨相匹配的下跌将指向 2000 年。从 1990 年的顶部开始的，与始自 1982 年的 8 年上涨相匹配的下跌将指向 1998 年。此外，反转点以 16.6 年至 16.9 年的时间间隔非常有规律地重复出现（见图 A-8 的底部），预示下一个反转点出现在 1999 年。最后，由于康德拉蒂耶夫经济周期应该在 2003 年（误差±5 年）见底，那之前几年的股票市场最低点将符合这种历史模式。

⊖ 更可能是接近最高点；见《在潮浪的顶峰》。（日收盘最高点是 381.17 点；日内最高点是 383.00 点。）
⊜ 实际上是结果。

1983 年 8 月 18 日
80 年代的超级牛市：最后的狂欢真的开始了吗？

1978 年，当阿尔弗雷德·J.弗罗斯特与我在撰写《艾略特波浪理论》时，人们普遍的看法是，康德拉蒂耶夫周期正在缓慢下行，因而会导致"可怕的 80 年代"。《如何在即将到来的萧条中幸存》(*How To Survive the Coming Depression*)和《79 年大崩盘》(*The Crash of '79*)这样的书曾高居销量榜。金价与通货膨胀火箭般地飞升，而吉米·卡特（Jimmy Carter）⊖ 正在与人们记忆中的赫伯特·胡佛（Herbert Hoover）⊖ 争夺美国历史上最差总统的位置。

在撰写一本关于如何应用艾略特波浪理论的书时，几乎不可能避免做出预测，因为对过去的波浪研判几乎总是暗示着未来。当时，有大量的证据表明，股票市场正处在一轮惊人大牛市的黎明时分。即使在这个阶段，波浪理论也揭示出这场牛市可能出现的一些细节：价格模式中经典的五浪形态、道琼斯工业股指数在短短的 5～8 年内上涨 400%，以及道指的目标位接近 3000 点。尽管这个数字在当时遭到嘲讽，甚至在今天也受到诸多怀疑，但是根据艾略特理论做出的波浪预测（甚至是有效的预测）往往会

⊖ 1924 年—。美国第 39 任（1977—1981 年）总统。不同于罗斯福之后的民主党总统，卡特没有对美国的社会问题提出任何新的解决方案。民意测验显示美国公众喜欢其人品，但对其领导才能却不敢恭维。——译者注

⊖ 1874—1964 年。美国第 31 任（1929—1933 年）总统。赫伯特·胡佛入主白宫没过多久便遭遇了历史上空前严重的经济危机。胡佛政府被迫采取一些反危机措施，但影响不大，接着 1931 年的国际金融危机又加深了美国国内的危机。但是，在美国激烈动荡急需一场伟大社会变革运动到来之时，胡佛却老调重弹，坚决反对由国家援助失业的群众，因此很快便失去了大多数美国人的信任。——译者注

显得极端。其原因是，波浪理论是为数不多的能帮助分析人员预测趋势**变化**的工具之一，包括相当长期的、被人们当作正常状态的趋势。我毫不怀疑，到这场牛市即将结束的时候，我们对大崩盘和大萧条的呐喊会让人笑掉大牙。实际上，如果有机会证明我们的观点是正确的话，这种嘲笑正是我们应该预料到的。

如果我们正在进行的分析是正确的话，那么目前的市场环境正在提供一个一代人仅此一次的赚钱机会。然而，这个机会具有更大的重要性，因为它很可能不仅出现在康德拉蒂耶夫周期下行之前，而且可能出现在美国建国以来最大的金融灾难之前。换言之，我们最好现在就发财，以防"艾略特"对创伤的预测是正确的。但是对于这篇文章，让我们忘记预测中的"崩盘"部分，而专注于"牛市"部分。关于预期的牛市年份，仍有大量的问题有待解答。毕竟，任何预测在实现以前都无法被证明是正确的，而道指离我们最近精炼出的1987年3600点至3700点的目标还有一段长路。我们是否有任何证据显示，股票市场已经启动了我们所说的从1932年的大萧条深渊开始的长期上涨中的"浪Ⅴ"？一句话，答案是坚定的"有"。让我们来考察几个强有力的印证迹象。

波浪理论

从1982年8月的底部走出来的波浪结构，与之前的调整浪漫步形成了极为鲜明的对比。上升浪都是"五浪"，而下跌浪都采用了某一个艾略特调整浪模式。市场活动很顺畅，不含任何"重叠"，并且遵循了艾略特在40多年前阐述的各项规则与准则。一路上，成交量与内部动量数值在各个方面都印证了优选的数浪方案。与调整期间频繁出现的不确定性相比，数浪方案的调整一直很少。所有这些因素都有力地支持了一场牛市正在演化的情况。详细的证据会在《艾略特波浪理论家》中不断呈现，因此没理由在此一一赘述。在这个阶段，特别有趣的是标准技术分析、社会环境和最近构建的金融投机机制提供的佐证，所有这些都示意市场状况出现了重大变化。

动　　量

股票市场的各种动量指标几乎总在"宣告"巨大的牛市开始了。这是通过在上升行情的最初阶段创造出极度超买状态来实现的。尽管这种倾向在所有浪级的趋势中都显而易见，但是对于循环浪级和超级循环浪级的巨型波浪，在判断其"启动"动量的强度方面，S&P 500 指数的年变化率（Annual Rate of Change）尤为有效。计算当月 S&P 500 指数的平均日收盘价与一年前同月读数之间的百分比差值，就可以得出该指标。正是由于这种构建方法，动量指标的峰值读数通常在市场运动开始一年后左右才得到记录。重要的是该指标达到的**水平**。正如你在（在图 A-13 中）可以看到的那样，**当前牛市开始一年后左右的** 1983 年 7 月底的"超买"**水平，是** 1943 年 5 月以来最高的——**大约在循环浪 III 开始一年后**。它们都达到了 50%的水平，这一事实有力地证实了它们标志着同等浪级波浪开始。换言之，1982 年 8 月标志着一种超常状态的开始，也就是两年牛市又两年熊市。另一方面，它也**没有**预示着一个光辉"新时代"的开始。如果一个**超级循环**浪级的波浪开始了，那么我们会期望看到市场在 1933 年产生的那种超买读数，当时该指标在始于 1932 年的浪(V)运行一年后达到 124%。现在市场已经没有机会接近那样的水平了。因此，40 年来最高的超买状态向我们发出信号，我们对浪 V 正在启动的艾略特波浪预测对极了。

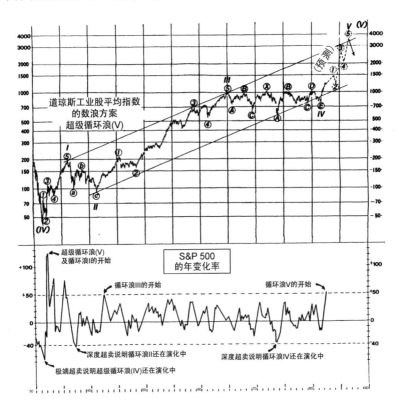

图 A-13

情　　绪

预知各种指标会如何表现，是艾略特波浪理论视角起作用的另一个例子。正如我从本轮上升行情初期以来所主张的那样,情绪指标应该会达到比 20 世纪 70 年代所见更极端的水平。这一估计到目前已经得到证实,因为相比情绪指标根据旧参数首次发出卖出信号时,道指已经高出了 300 多点。情绪指标是演化中的市场的活力与范围的一个函数。以十年为参数的指标已被超过,这一事实更能证明循环浪 V 已经开始。

社 会 场 景

到了顶部,当前社会场景的怀旧保守主义将会让位给 **20 世纪 20 年代末**以及 **20 世纪 60 年代末**的疯狂放纵特征。[本文的其余部分见《社会经济学探索研究》(*Pioneering Studies in Socionomics*),第 41 页。——编者注]

开 始 明 朗

由于情绪、动量、波浪特征以及社会环境全都支持我们最初的预测,我们是否可以说,华尔街的环境有助于发展出一场彻头彻尾的投机狂热?在 1978 年,艾略特波浪分析人员还无从知晓投机狂热的机制到底是什么。"让 20 世纪 20 年代的那种牛市成为可能的 10%上涨空间在哪?"这种反驳很常见。好吧,说实话,当时我们也不知道。但是现在看看!整个波浪结构正在构建,就像被计划好了一样。

数百只股票(现在再加上股票指数)期权允许投机分子交易数千股股票,而成本只是这些股票价值的一个零头。承诺无需交割的股票指数期货合约，在很大程度上就是作为高杠杆的投机工具创建出来的。**在期货上**设置的期权，将杠杆的潜力又推进了一步。而且还不止于此。主流的金融报刊正在呼吁取消对股票交易的任何保证金要求。"回望（Look-back）"期权⊖首次亮相。储贷社（S&L）⊜正在涉足股票经纪业务，向小老太太们发送业务宣传单。纽约城市的银行正在建造股票报价机亭，以便储户们在吃午饭的中途停下来购买他们最喜欢的股票。期权交易所正在创造新的投机工具——猜中 CPI 就能赚一大笔钱！换言之，金融活动场所正在成为**必去之地**。而且，仿佛是在变戏法，媒体正在以几何级数增加对财经新闻的报道。每隔几个月就会有几本新的金融通讯与金融杂志创刊。金融新闻网（Financial News Network）⊝现在每天播出 12 小时，通过卫星和有线电视把最新的股票报价和期货报价传到千家万户。

请记住，这还只是**创建**阶段。在道指突破 2000 点之前，普通人很可能不会加入到这场派对中。到那时，市场气氛无疑会变得出乎意料地兴奋。**那时**，你就可以开始观察公众的活动，就好像那是一个巨大的情绪指示器。当股票市场每天都在发布新闻报道时（就像黄金在见顶前的两个月开始出现的情形，记得吗？），当你的邻居发现你在"炒股票"而开始告诉你**他们的**最新持仓时，当炒股暴富的故事登上普通报纸的版面时，当畅销书榜有《如何在股票中赚几百万》(*How to Make Millions in Stocks*) 时，当华登

⊖ 一种奇异期权。其收益取决于标的资产在期权存续期间内的最高价和最低价。有两种回望期权：固定行权价期权与浮动行权价期权。——译者注

⊜ 美国专门从事吸收存款并放贷的金融机构。美国的第一家储贷社费城储蓄基金协会（Philadelphia Saving Fund Society）诞生于 1816 年 12 月 20 日。——译者注

⊝ 创立于 1981 年的电视网。20 世纪 80 年代在美国全境营运。1991 年被消费者新闻与商业频道（Consumer News and Business Channel，CNBC）收购。——译者注

书店（Walden's）㊀和道尔顿书店（Dalton）㊁都开始备货《艾略特波浪理论》时，当几乎无人愿意讨论金融灾难或核战争时，当迷你裙回归而男人穿着光鲜时，当你的朋友不去上班而是呆在家里盯着阔创机（Quotron Machine）㊂时（因为这比上班赚钱），那么你就知道我们将要接近顶部了。在第五浪的顶点，奇特的景象足以与郁金香狂热（Tulipomania）㊃和南海泡沫（South Sea Bubble）㊄相媲美。

任何浪级的**第五浪**的部分特性是出现大规模的心理否认。换句话说，对于任何冷静分析形势的人来说，基本面的问题显而易见而且险恶，但普通人却选择敷衍这些问题，忽视它们，甚至否认它们的存在。这个第五浪应该也不例外，因而它会更多地构建在毫无根据的**希望**之上，而不是构建在完全改善的基本面上，正如美国在20世纪50年代和20世纪60年代初经历的那样。而且，由于这个第五浪——浪V，是从1789年开始的**大一浪级的第五浪——浪(V)——中的第五浪**，所以在它到达顶点的时候，这种

㊀ 美国零售连锁书店，专门开设在大卖场内。创立于1933年。2011年清算歇业。——译者注

㊁ 美国零售连锁书店。创立于1966年。2010年清算歇业。——译者注

㊂ 由美国斯堪特林电子公司（Scantlin Electronics, Inc.，SEI）开发股票行情报价机。首台报价机架设于1960年。至1961年年末，全美国的股票经纪商共租赁了800台阔创机。——译者注

㊃ 荷兰黄金时代的一个时期。1554年，郁金香经土耳其传入西欧，它与当时欧洲人所知的花卉完全不同，其花瓣有着浓郁的色彩，因此很快成为令人垂涎的奢侈品。1635年，炒买郁金香的热潮蔓延至荷兰全境，人们期望其价格能无限上涨并因此获利。1637年2月4日，郁金香市场突然崩溃，六周内，价格平均下跌了90%。在郁金香热的高峰，某些品种的单个球茎的价格，相当于一个技艺娴熟的荷兰手工艺人的年收入的10倍。——译者注

㊄ 英国南海公司成立于1711年，从政府获得权力垄断英国对南美洲及太平洋群岛地区的贸易。投资者对南海公司的期望很高，购买踊跃。公司的股票价格因此狂飙，从1720年1月的每股128英镑，暴涨到8月初的每股1000英镑。随后，南海股价一落千丈，9月底跌至每股150英镑。"南海泡沫"由此破灭。——译者注

心理否认现象应该会被放大。到那时，我们应该会听到全球债务金字塔"不再是个问题"，市场与经济已经"学会与高利率共存"，而计算机已经迎来了一个"空前繁荣的新时代"。当那个时候来临时，不要失去你的客观判断力。在这个牛市中赚钱需要很大的勇气，因为在早期阶段，很容易谨慎过度。然而，在接近顶部时离场需要**更大的**勇气，因为那时全世界都会说你是个卖股票的大傻瓜。

视　角

在牛市期间过早卖出股票很常见，避免的方法之一是对现状有一个**长期的视角**，而这正是大多数投资者所缺乏的。波浪理论如此有价值的原因之一是，它通常迫使分析人员着眼于大局，以便对市场的当前位置得出所有相关的结论。熊牛比（Put/Call Ratio）⊖以及10日均线就其本身而言是有价值的，但最好是在市场活动的大背景下研判它们。

再看一眼道指的长期走势图，对一些被认为是常识的观点问自己几个问题。

——今天的市场真的比过去"更加动荡"吗？不。看看1921年至1946年的市场，就会发现这种观点不成立。

——1000点的高度是"高"位吗？就此来说，1200点是"高"位吗？不再是！自1966年以来，就"现值美元"而言，市场的长期横盘已经使道指回到了50年上升通道的下端（并就"定值美元"

⊖ 又称看跌/看涨比，是一种衡量总体市场情绪的指标。它有两种计算方法：一、以成交量计算，也就是用看跌期权的成交量除以看涨期权的成交量；二、以未平仓合约量计算，也就是用看跌期权的未平仓合约除以看涨期权的未平仓合约量。——译者注

而言，降到了一个极低的估值点）。

——当前的牛市是从 1974 年开始的"老"牛市，因此"时间已经不多了"吗？不太可能。无论就"定值美元"而言，还是参照 40 年的上升趋势，相比在 1974 年暴跌的最低点，道指在 1982 年的价值更加被低估了。

——我根据艾略特理论预测道指将在 5～8 年内上涨 400%疯狂吗？与最近的历史相比，似乎是这样。但与市场在 1921 年至 1929 年的 8 年中上涨 800%相比，或者与市场在 1932 年至 1937 年的 5 年中上涨 400%相比，就不是了。

——你总是能从当前的趋势推知未来吗？肯定不能。市场的一条规则是变化。

——有什么循环永远"与前一个相同"吗？很少见！实际上，艾略特对此制定了一条规则，称作交替规则。从广义上说，它指导投资者在每一个新阶段开始时寻找不同风格的模式。

——最近的市场活动"过于强劲""过度延伸""前所未有"甚至是一个"新时代"吗？不是，今天所讨论主题的变体以前都出现过。

——市场活动是随机游走，还是无规律地狂奔，也就是没有形态、趋势和模式地来回猛然移动？如果是这样，那么它已经"徘徊"进了趋势清晰、循环重复有韵律，以及各种艾略特波浪模式完美无缺的持续时期中。

至少，图 A-13 有助你在广阔的历史长河中描绘出市场的行为，从而使下周的货币供应量报告显得无关紧要，因为它确实如此。此外，它还能帮助你直观地了解为何一轮牛市很可能超出过去 16 年涨幅的 30%～80%，同时描绘出一个比 **50** 年来的任何牛市都更有**潜力**的牛市。

尽管波浪理论是现存最好的预测工具,但它**主要**不是一种预测工具;它是对市场行为的细致刻画。到目前为止,市场的行为方式正在强化我们最初的浪 V 预测。只要市场满足预期,我们就可以假设我们仍处于正轨。但归根结底,市场即消息,而市场行为的变化可以决定前景的变化。预测有效用的原因之一是,它们为判断目前的市场活动提供了一种良好的背景。但无论你的信念是什么,永远别让你的视线离开波浪结构中出现的实时情况。

词 汇 表

交替（准则）[Alternation (guideline of)]
——如果浪二是陡直调整，那么浪四通常将是横向调整，反之亦然。

端点（Apex）
——收缩三角形调整浪或屏障三角形调整浪的两条边界线的交叉点。

调整浪（Corrective Wave）
——与大一浪级的趋势逆向运动的三浪模式或三浪模式的联合。

斜纹浪（Diagonal）
——包含波浪重叠的楔形模式，通常以第五浪或 C 浪出现，偶尔以第一浪或 A 浪出现。细分成 3-3-3-3-3。

双重三浪（Double Three）
——两个简单横向调整模式的联合，标记为 W 和 Y，被一个标记成 X 的调整浪分开。

双重锯齿形调整浪（Double Zigzag）

——两个锯齿形调整浪的联合，标记为 W 和 Y，被一个标记成 X 的调整浪分开。

等同（准则）[Equality (guideline of)]

——在一个五浪序列中，如果浪三是最长的一浪，那么在价格长度上，浪五和浪一就倾向等同。

扩散平台形调整浪（Expanded Flat）

——相对前面的推动浪，浪 B 进入新价格区域的平台形调整浪。

失败（Failure）

——见缩短的第五浪。

平台形调整浪（Flat）

——标记成 A-B-C 的横向调整浪。细分成 3-3-5。

推动浪（Impulse Wave）

——细分成 5-3-5-3-5 的五浪模式，而且没有重叠。

不规则平台形调整浪（Irregular Flat）

——见扩散平台形调整浪。

驱动浪（Motive Wave）

——与大一浪级的趋势同向运动的五浪模式，即任何推动浪或斜纹浪。

一—二，一—二（One-two，one-two）

——五浪模式中最初的发展阶段，正好出现在浪三中心的加速以前。

重叠（Overlap）

——浪四进入浪一的价格区域。不允许出现在推动浪中。

前一个第四浪（Previous Fourth Wave）

——前一个同一浪级推动浪中的第四浪。调整模式通常在这个区域内结束。

顺势调整浪（Running）

——指一种平台形调整浪或三角形调整浪，其中浪 B 的运动超过浪 A 的起点，而浪 C 没有走到浪 A 终点的下方。

陡直调整（Sharp Correction）

——任何不包含到达或超过前一个推动浪结束水平的极端价格的调整模式；与横向调整交替出现。

横向调整（Sideways Correction）

——任何包含到达或超过前一个推动浪结束水平的极端价格的调整模式；与陡直调整交替出现。

词汇表

第三浪中的第三浪（Third of a Third）
——推动浪中强有力的中间部分。

冲击（Thrust）
——三角形调整浪结束后的推动浪。

三角形调整浪（屏障）[Triangle (barrier)]
——与收缩三角形调整浪相同，但是 B-D 趋势线是水平的。可以根据方向命名为"上升"三角形调整浪，或者"下降"三角形调整浪。

三角形调整浪（收缩）[Triangle (contracting)]
——调整模式，细分成 3-3-3-3-3，并标记为 A-B-C-D-E。以第四浪、B 浪或 Y 浪出现。趋势线在模式演化时会聚。

三角形调整浪（扩散）[Triangle (expanding)]
——与收缩三角形调整浪相同，但趋势线在模式演化时岔开。

三重三浪（Triple Three）
——标记为 W、Y 和 Z 的三个简单横向调整模式的联合，每个模式都被一个标记为 X 的调整浪分隔。

三重锯齿形调整浪（Triple Zigzag）
——标记为 W、Y 和 Z 的三个锯齿形调整浪的联合，每个锯齿形调整浪都被一个标记为 X 的调整浪分隔。

缩短的第五浪（Truncated Fifth）

——在推动浪模式中，未能超过第三浪的极端价格的第五浪。

锯齿形调整浪（Zigzag）

——陡直调整，标记为 A-B-C。细分成 5-3-5。

原出版者后记

正如你刚才所读到的,作者强有力的股票市场分析把读者带到了一个惊人大牛市的起飞点。这是一个有利的位置,给历史与未来都提供了极为清晰的视角。

如果今天有读者偶然翻阅了这本书,那么对于大牛市预言产生的背景,他或许无法做出合格的判断。20世纪70年代末曾是一段普遍忧虑的时期。代表"厄运与阴霾"的队伍吸引了投资者们的注意力。面向硬通货的投资生存研讨会经常举行,吸引的参加者数以百计,甚至常常数以千计。通货膨胀无法得到控制,而被普遍视为股票死亡之吻的利率,不断无情地攀升至历史新高。《79年大崩盘》、《危机投资》(*Crisis Investing*)以及《货币危机带来的新利润》(*New Profit from the Monetary Crisis*)正从各家书店飞出。康德拉蒂耶夫周期的热衷者们要求来一次大萧条。投资组合策略师们正在等待始于1966年的长期熊市的最后一击。当时的美国总统㊀被普遍认为是现代历史上最无能的。正如洛普民意测验(Roper Poll)㊁的结果证实的那样,自20世纪40年代该民意测验诞生以

㊀ 美国第39任总统杰米·卡特。——译者注
㊁ 在第二次世界大战后不久,美国人艾尔默·洛普(Elmo Roper)创办了洛普中心(Roper Center),从事民意测验活动,并收集美国国内和国际上的调查数据。洛普中心保存着世界上最完整的民意测验信息。——译者注

来，美国公众对"未来"的看法比任何时候都要消极。1978年年初，道指运行到了740点这样的低位，距离1974年的最低点不到170点。尽管在本书付印之时，市场正处于回到790点的"十月大屠杀"（October Massacre）中，但本书的作者很愿意维持他们原来的表述，即"当前的股票牛市……应该会突破至历史新高"。

在接下来的几年中，怀疑论依然根深蒂固。1980年，通货膨胀处于失控状态，失业率高企，经济处于衰退之中，伊朗挟持美国公民为人质㊀，约翰·列农（John Lennon）㊁遭枪杀，而苏联入侵阿富汗㊂。一位政府要员㊃公开警告经济萧条。许多人担心罗纳德（Ronald）㊄的"射线枪"㊅会摧毁世界。利率的剧烈波动以

㊀ 1979年11月4日，伊朗学生占领美国驻伊朗大使馆，扣押美使馆人员作人质，要求引渡流亡在美的前国王巴列维和收回巴列维家族在美财产，酿成"人质危机"。1981年1月19日，在阿尔及利亚的斡旋下，伊美双方才达成释放人质的协议，美国将巴列维家族在美财产归还伊朗政府，伊朗政府则释放美国人质。——译者注

㊁ 1940—1980年。英国歌唱家兼歌词作者，甲壳虫乐队的成员。1980年，列农在其纽约寓所外遭枪杀。——译者注

㊂ 1979—1989年，苏联武装入侵阿富汗，与阿抵抗力量之间展开一场侵略与反侵略战争，也称阿富汗战争。——译者注

㊃ 阿尔弗雷德·爱德华·卡恩（Alfred Edward Kahn，1917—2010）。美国康奈尔大学政治经济学名誉教授。曾担任美国第39任总统吉米·卡特政府的工资与物价稳定委员会（Council on Wage and Price Stability）主席。在为吉米·卡特政府供职期间，卡恩以发表直率的而且有时是政治损害性的言论闻名。他深信政府的某些政策会导致经济萧条。——译者注

㊄ 罗纳德·里根（Ronald Reagan，1911—2004）。1981年至1989年任美国第40任总统。——译者注

㊅ 美国总统里根在1983年推出的战略防御计划（Strategic Defense Initiative，又称星球大战计划），设想用激光击落袭击美国的弹道导弹。由于里根当时提出的军事开支估算远远超过国力所能及，同时又不具备拦截导弹的技术能力，因此该方案很快就销声匿迹。——译者注

原出版者后记

及赫特(Hunt)⊖企业帝国近乎破产对金融界产生了冲击波。《如何在即将到来的坏年景发达》(*How to Prosper During the Coming Bad Years*)进入了《纽约时报》(*The New York Times*)的畅销书榜,而本书作者预测的即将到来的乐观主义浪潮,也就是普莱切特在1983年所说的"机构与公众的狂热",却被大多数人忽视了。

尽管被笼罩在一片阴霾之中,但股票市场知道未来会有更好的日子,并用市场模式来宣告。循环浪 IV 的最低点已经出现在了道指的 570 点,而广泛的次级市场在 1979 年、1980 年和 1981 年持续走高,给出了内在力量看涨的明确信号。随着衰退与高利率回归,消极的基本面状况以典型的方式"考验"了 1982 年的最低点。然后,就在道琼斯工业股指数似乎再也无法上涨的时候,普莱切特又将目标位提高了 1000 点,高达 3885 点。"道指涨到 3800 点?你疯了!"但就是在那时,循环浪 V 开始了它的上升之旅。

虽然这些事件证明,对于股票市场预测来说,波浪理论是一种极有用的工具,但作者不得不在两个主要方面改变他们的观点:时间因素,因为循环浪 V 的运行时间比原先预计的甚至比后来预计的长得多;最后,作为大量额外时间的结果,价格的上涨潜力

⊖ 赫特帝国的起源可以追溯到哈罗德森·拉斐特·赫特(Haroldson Lafayette Hunt, 1889—1974)在 1921 年以开采石油起家。邦克·赫特(Bunker Hunt)与赫伯特·赫特(Herbert Hunt)是罗德森·拉斐特·赫特的 14 个子女中最出名的两位。20 世纪 40 年代,他们以与父亲一同做石油生意开始发迹。1961 年,邦克获得了利比亚的一座油田,结果该油田储藏了利比亚的大部分石油,这笔 160 亿美元的交易使他成为当时世界上最富有的人。直至 1973 年卡扎菲上校对利比亚的油田实行国有化,邦克才损失了这 160 亿美元中的绝大部分。但是,兄弟俩最大的赌博在白银市场。20 世纪 70 年代,他们逐步囤积了大量的白银,大约有 2 亿盎司。1979 年,他们几乎已经控制了全球的白银市场。但是,白银的价格在 1980 年见顶之后一泻千里。兄弟俩损失惨重,只能靠抵押他们的石油财产来弥补。当石油价格在 20 世纪 80 年代的大萧条中暴跌时,他们几乎全军覆没,损失估计高达 50 亿美元。兄弟俩分别在 1986 年和 1988 年宣布公司破产和个人破产。——译者注

也大得多。这些新进展无疑揭示了为什么在第二章中讨论的艾略特对波浪"等同"的观察结果被当作一种**准则**,在这种情况下,这个准则并不适用。作者预测的浪 V 不是持续 5 年或 8 年,而是从 1982 年开始持续了 18 年,以及从 1974 年开始持续了 26 年!这样一来,它超过了日经指数(Japanese Nikkei)⊖从 1974 年至 1989 年的百分比涨幅⊖,在价格和时间上都达到了有史以来持续时间最长的股票狂热状态。

令人欣慰的是,弗罗斯特与普莱切特预测仅有三个年份(1983 年、1987 年和 1990 年)可能出现顶部,它们标志着循环浪 V 中的三个最重要的中间市场顶部。即便充分考虑到不完善之处,像普莱切特在本书附录中详述的成功分析,得以公开发表过的其他例子仅有:R.N.艾略特在 1942 年 10 月认为长期前景极度看涨,汉密尔顿·博尔顿在 1960 年预测出道指在 999 点见顶,柯林斯在 1966 年的顶部预测出熊市,以及弗罗斯特预测浪 IV 的最低点在 572 点。回顾那段历史,让人感到惊讶的是,自 R.N.艾略特首次将预测发送给查尔斯·J.柯林斯以来的几十年里,艾略特波浪展望的主题进展一直是一致的。相比之下,大多数经济学家、分析人员和预言家,每六个月、六周或六天就会改变他们的观点。每一条最新的消息都必须被"纳入"他们的分析中。另一方面,市场模式往往暗示了下一条消息会是什么。虽然波浪结构有时可能难以研判,尽管有些数浪方案必须放弃——如果未来的价格行为迫使各种结果的概率顺序发生

⊖ 即日经 225 种股票价格平均指数。由日本经济新闻社(Nihon Keizai Shimbun)编制并公布的,反映日本东京证券交易所股票价格变动的价格平均指数。该指数从 1950 年 9 月 7 日开始编制,指数值可以追溯到 1949 年 5 月 16 日,是一种价格权重指数。——译者注

⊖ 以开盘价和收盘价计算,日经指数上涨了 9.14 倍(4259.20 点至 38915.87 点);以最高价和最低价计算,日经指数上涨 11.60 倍(3355.13 点至 38915.87 点)。——译者注

变化，但总体而言，波浪理论提供了一种稳定的视角，从中可以预先做出理智的规划。

许多关于股票市场、经济或者未来的书籍，通常都站在看涨或看跌的立场上。大多数立场都是错误的，因为这些书是在当前社会心理支持的精神亢奋中写成的，而此时实际上应该采取相反的立场。即使那些对趋势总体方向判断正确的书籍，也必须按着"幸运"因素的程度受到质疑。然而，任何如此具体的且包含完整上涨—下跌循环的预测以前都未曾被尝试过，更不用说被证明是成功的。对一种科学理论有效性的最重要测试之一是其成功预测事件的记录。在这方面，艾略特波浪理论一直不负众望，以至于没有其他市场行为理论能够与之相提并论。诸如在第八章和附录中记载的那种实时预测是一项巨大的智力挑战。模式中间的决策尤其难。然而，有些时候，如 1974 年 12 月和 1982 年 8 月，主要模式终于完成，因而教科书式的画面就呈现在你眼前。在这种时候，人们的确信程度会上升到 90%以上。今天，只有熊市那一半的预测有待实现。如果作者的预期得到证实，那么《艾略特波浪理论》将进一步确立为股市历史上唯一一本不仅正确预测了大牛市，还正确预测了随后的大熊市的书，普莱切特在他的近作《战胜崩盘》（*Conquer the Crash*）中已经概述了那场熊市的细节。

所以在这个时候，我们的伟大旅程已经过半。那半段上升的旅程让心智得到了回报，实现了作者保守的（回过头来看）预期，这同时也超出了大多数市场观察者对市场潜在表现最疯狂的梦想。下一个阶段，也就是下降阶段，或许不会带来那么大的心智回报，但对它的预测很可能重要得多，因为它的开始将标志着一个社会学时代的结束。对于预测者来说，做好准备**头一回**意味着财富，也许还意味着一点名气。**这**一次，对许多人来说，它意味着生存，包括财务上的以及（基于普莱切特的将社会与文化趋势与金融趋势互相关联的工作）最终肉体上的生存。尽管人们普遍相信（并不厌其烦地重申）"市场可以做任何事情"，但我们再次确信，波浪理论将为人类在生命模式和时间模式中的伟大旅程提供一个正确的视角。